Kulinarische Festspiele

HANGAR-7

Gérard Depardieu trifft Roland Trettl
Kulinarische Festspiele

COLLECTION ROLF HEYNE

Inhalt

Festspiele 7

Gérard Depardieu 23

Roland Trettl 55

Ein gemeinsamer Tag in Paris 73

La Fontaine Gaillon 119

Zwei Männer und das Kochen 127

Restaurant »Ikarus« Hangar-7 181

Zwei Männer und die Kunst 233

FESTSPIELE

Festspiele

Sein Wunsch war den Salzburger Festspielen Befehl. Hatte der französische Komponist – und Musikkritiker – Hector Louis Berlioz doch ganz genaue Vorstellungen: Für die Aufführung seines kaum gespielten Werkes »Lélio ou le retour à la vie« aus dem Jahre 1831 forderte er damals »einen sehr guten Schauspieler, das ist das Wichtigste«.

Klare Ansage – und trotzdem war das kundige Publikum der Salzburger Festspiele rechtschaffen überrascht, als der neue Konzertdirektor Markus Hinterhäuser einen Abend der Wiener Philharmoniker mit niemand Geringerem als Gérard Depardieu als Sprecher ankündigte. Tatsächlich, drei Mal trat der große Franzose mit den Philharmonikern unter Riccardo Muti auf – für Gérard Depardieu »eine außergewöhnlich spannende Aufgabe«.

Und eine Aufgabe, in der der Publikumsmagnet einmal mehr zu überzeugen wusste. »Des Künstlers ›Dieu, je vie encore ...‹ klingt noch immer nach. Wir erlebten einen von Wahnvorstellungen gepeinigten, von Leidenschaften zerrissenen Lélio, einen großartigen Interpreten, der mit sonorer Stimme und feiner leiser Ironie überzeugen konnte. Einer der wenigen unumstritten akklamierten Höhepunkte der diesjährigen Salzburger Festspiele«, gab noch Tage später eine Festspielbesucherin euphorisiert ihr Urteil. Ein Urteil, das auch die professionelle Kritik – hier »Die Presse« – gänzlich zu teilen wusste: »Zusammen hielt alles Gérard Depardieu in der Sprechrolle des nach Liebeshölle und Opiumrausch ins Leben und zur Musik zurückfindenden Künstlers: Mit Gänsehaut erzeugendem Pathos, einem Hauch von Ironie, aber gleichsam heiligem Ernst verlieh er dem Werk größte Intensität und Geschlossenheit.«

Gérard Depardieu und Riccardo Muti im Salzburger Festspielsommer 2007 – für den Franzosen war es die Festspielpremiere, für den italienischen Dirigenten bilden die Salzburger Festspiele seit mehr als 30 Jahren einen Fixpunkt in seiner großen Karriere.

»Mit GÄNSEHAUT erzeugendem Pathos, einem Hauch von Ironie, aber gleichsam heiligem Ernst verlieh er dem Werk größte Intensität und Geschlossenheit.« »Die Presse«

GÉRARD DEPARDIEU

Jean-Paul Scarpitta und Gérard Depardieu

»Mein Freund Gérard Depardieu«

Gérard liebt den Anfang – kann man besser beginnen, von Gérard zu erzählen, als mit dem, was mein Freund so liebt? Wenn mich jemand nach Gérard fragt, wenn einer wissen will, was mir als Erstes zu diesem Ausnahmemenschen einfällt, dann ist es stets dies: Ja, er liebt den Anfang. Immer. Von allem. Vor allem aber: den Anfang eines jeden neuen Tages. Weil mein Freund so viele Ideen hat; Ideen, die wie Blitze auf ihn hereinbrechen und die für ihn den ganzen Himmel erhellen. Ja, Gérard liebt den Anfang und deswegen liebt er den Morgen. Jeden Morgen.

Und wenn ich jetzt Morgen sage, dann meine ich das auch so. Gérard ruft regelmäßig sehr früh bei mir an, so zwischen sieben und neun. Und dann spricht er über das Leben, über die Leute und über den Spaß, den er hat. Es tut gut, ihm zuzuhören, denn er ist nie gemein, wenn er so redet. Damit wir uns richtig verstehen: Selbstverständlich kann ein Mann wie Gérard gemein sein – aber er will es nicht. Nein, stattdessen pflegt er lieber seinen ganz speziellen Humor.

Er braucht diesen Humor, weil er so leicht zu verletzen ist. Einerlei, ob bei Frauen oder bei Männern, Gérard hat einen Wahnsinnsinstinkt. In meinem ganzen Leben bin ich nicht einmal auf einen Menschen mit einem solchen Instinkt getroffen. Er weiß genau, dass das Bewusstsein, dass der Geist bloß die Reflexion der Natur ist – und umgekehrt. Und er trägt diese Sicherheit quasi subkutan in sich.

Vor rund 20 Jahren haben wir uns das erste Mal getroffen. Es war ein Treffen, das bis heute für mich reinste Poesie bedeutet. Allein der großartige Anlass: Es war eine ausgesprochen festliche Einladung unseres damaligen Präsidenten, François Mitterrand. Wir beide, Gérard und ich, waren damals völlig unabhängig voneinander große Bewunderer dieses einzigartigen Mannes, der in unseren Augen ein wahrer Humanist war. Natürlich teilten wir nicht immer alle seine Ansichten oder Meinungen, aber zu dieser Zeit hegten wir beide ein sehr starkes Gefühl für diesen Mann.

Also, wie gesagt, es war ein sehr festlicher Empfang. Ein beeindruckendes Dinner, alles sehr elegant – Smoking war selbstverständlich. Dann sah ich Gérard. Auch er im Festanzug und unglaublich gut aussehend. Ich weiß nicht, warum, aber es war ganz einfach, auf ihn zuzugehen. Selbstverständlich entschuldigte ich mich für die Störung, aber anders könne ich ihm nicht sagen, wie sehr ich ihn und seine Arbeit, seine Leistung bewundere. Man muss wissen, für uns alle war Gérard wie ein König, ein König der Poesie.

Ich gehe also auf ihn zu, mache meine Honneurs, und es war seine ungeheure Liebenswürdigkeit, wie er auf diese Störung reagierte, die mich sofort noch stärker für ihn einnahm. Er reagierte wie ein Engel, ganz empfindsam, ganz bescheiden. Er bedankte sich sehr gerührt, er fragte mich nach meiner Telefonnummer, er gab mir sofort die seine. Seitdem habe ich ihn nie mehr verlassen, seitdem sind wir Freunde.

Damit jetzt kein Irrtum entsteht: Gérard ist kein Heiliger, er ist noch nicht einmal der beste Mensch der Welt. Er hat seine Fehler und er hat seine Probleme. Aber, er versucht jeden Tag besser zu werden. Und er ist dabei unglaublich diszipliniert. Man kann nur zu oft eine ganze Menge über Gérard Depardieu hören, und glauben Sie mir, nichts von dem ist interessant. Weil die meisten Leute gar keine Ahnung von ihm haben. Er hat so viel Seele. Ich liebe die Art, wie er sich mit dieser Seele bewegt. Wie er mit jedem in den Straßen spricht. Ein »Salut« hier, ein »Hallo« dort. Gérard ist von einer ganz speziellen Großzügigkeit. Und seine Großzügigkeit macht die anderen ebenfalls großzügig. Das ist das Geschenk seines Wesens.

Ich muss immer wieder darauf zurückkommen: Vergessen Sie nie, dass er der Spiegel der Natur ist. Der Bäume, der Blätter, der Sonne, des Himmels. Er zieht seinen Gewinn aus jedem Moment und Augenblick. Er hat den Sinn für die Unendlichkeit, weil er ein Gespür für den Augenblick hat. Das ist sein großes Geheimnis.

Er denkt immer darüber nach: Was macht das Zeitliche aus? Dieser Gedanke ist ihm stets gegenwärtig. Nein, er kennt keine Angst, überhaupt nicht, noch nicht einmal vor dem Tod. Selbst wenn er müde ist, hat er keine Angst. Er hat den Mut, sich vor dem Tod aufzubauen, ihm in die Augen zu schauen. Er braucht das sogar, er liebt die Gefahr. Der Gefahr in die Augen zu schauen lässt ihn über sich hinauswachsen. Das ist überhaupt die große Herausforderung für ihn: über sich hinauszuwachsen. Er kennt die Schwächen, die wir alle haben, und Gérard ist permanent im Kampf mit eben diesen Schwächen. Die wenigsten wissen darum, viele Leute kennen ihn einfach nicht. Auf jeden Fall wurde uns damals schnell klar, dass wir beide unbedingt zusammen arbeiten wollten. Zumal ich auch noch sehr eng mit Carole Bouquet befreundet war, also jener Frau, mit der Gérard acht gemeinsame Jahre verbringen sollte.

Bis zum ersten gemeinsamen Projekt sollte es dann aber doch noch Jahre dauern, es ergab sich einfach keine passende Gelegenheit. Bis 1996, als die Arbeiten zu Strawinskys »L'Histoire du soldat« begannen. Gérard hatte in dieser Oper die Rolle des Teufels – und er war wunderbar.

Nein, Gérard hat mein Leben nicht verändert, aber er hat mir geholfen, sehr geholfen. Durch ihn wurde es möglich, dass ich auf die Bühne kam. Er unterstützte mich, nahm das Risiko auf sich, und er war unheimlich großzügig. Er ist immer großzügig, wie gesagt, seine Großzügigkeit macht andere ebenfalls großzügig.

Für ihn war es ein großer Spaß, vor 3000 Leuten auf der Bühne zu stehen. In einer großen Oper wie »Don Carlos« in Neapel oder in Paris. Es gibt ja Opern mit einem Vortragenden auf der Bühne, und ich stellte Gérard ganz vorne auf die Bühne, um die Geschichte vorzutragen und zu erklären. Und hinter ihm hatte ich einen transparenten Vorhang arrangiert. Alles sehr aufregend, mit einem 80-Kopf-Orchester, und dann Gérards Stimme, die reinste Musik war. Er hatte eine solch starke Präsenz, es war ein großer Erfolg.

Es war zu der Zeit von Strawinskys »L'Histoire du soldat«, als wir richtige, wahre Freunde wurden. Er gab mir die Möglichkeit, ganz ich selbst zu sein. Er öffnete mir Türen. Ich hatte bereits eine ganze Menge gemacht, auch einige Erfolge gefeiert, aber es war Gérard, der mir die Möglichkeit gab, in meinem Beruf ganz ich zu sein.

Gérard auf der Bühne ist eine Naturgewalt. Er hat ein unglaubliches Raumgefühl. Er hat ein feines Gespür für alles: für Raum, für Zeit, für Abfolgen. Wenn es schnell gehen muss, dann verliert man mit ihm keine Zeit. Wenn man ihn zu einem bestimmten Moment an einem ganz bestimmten Platz im Licht stehend braucht, dann wird er da sein. Auf die Sekunde und auf den Zentimeter genau. Einfach unglaublich, er hat dieses Instinktive halt auch auf der Bühne, ich habe so etwas niemals zuvor gesehen. Die Bühne ist einfach sein Zuhause.

Ich werde immer wieder gefragt: Wie kann das sein? Woher kommt das? Bei einem Menschen mit einem solchen Hintergrund. Die ärmlichen Verhältnisse, aus denen er stammt. Die fehlende Bildung, die viele Jahre sein Leben bestimmte. Die raue Wirklichkeit der Straße, die nur zu oft seine Kinderstube war. Sein ständig schlimmer werdender Sprachfehler, der ihn damals schier verstummen ließ.

Meine Antwort bleibt immer die gleiche: Gérard braucht es, über sich hinauswachsen zu können. Er braucht es, jeden verdammten Tag diesen Kampf mit sich selbst auszutragen. Um sich über sich und seine Schwächen zu erheben. Tag für Tag will er besser werden, was für ein Kraftakt, er will jeden Augenblick verschlingen. Weil er das Leben so liebt. Selbstverständlich ist er manchmal unheimlich traurig. Über die Menschen, wie wir halt so sind. Und manchmal vergisst er einfach, wie wir Menschen so sind, dann ist er einfach zu enthusiastisch. Das können dann die Momente sein, in denen er wirklich verletzlich ist.

Noch mal zurück zu dem Sprachfehler, den er erst in Paris überwinden konnte. Und der sicherlich erklärt, warum er heute die Worte und das Sprechen so liebt. Aber weil er die Worte so verehrt, spricht er sie nicht einfach so dahin. Er umarmt die Worte, er will ernsthaft sein, jedes Wort ist ihm heilig. Man muss darüber reden, wie sehr er die Worte liebt. Er weiß, dass die Worte aus dem Mund und über seine Lippen gehen. Wie ein Kuss. Er ist da ungeheuer gefühlvoll. Die französische Sprache ist so klar, so elegant, raffiniert, poetisch und wahr. Eine große Sprache, und sie ist ein weiteres Geheimnis des Gérard Depardieu.

Sie können gar nicht glauben, wie er seine Muttersprache spricht. Unglaublich, wie ein Poet. Deswegen dränge ich ihn ja auch so, zu schreiben. Er hat eine großartige Schreibe. Unglaublich, dass es früher unmöglich für ihn war, zu reden. Und heute? Wenn er spricht, dann ist er lebendige Literatur. Nicht irgendein verstaubter Schmöker, an ihm ist nichts verstaubt, nein, im Gegenteil, er nimmt sogar den Staub von allem. Aber er könnte ja nicht nur ein Schriftsteller sein. Seine Talente reichen noch weiter, er hat in sich die Begabung zum Bildhauer und Maler.

Überraschend ist, dass es gar nicht so stressig ist, mit diesem Multitalent befreundet zu sein. Gérard ist gar nicht so fordernd, weil wir einen ständigen Austausch haben. Immer. Eine Beziehung mit Gérard ist nie eine Einbahnstraße, er teilt alles mit dir, es ist eine wirkliche Beziehung. Und wenn du ein Problem im Leben hast, dann kannst du dich auf ihn verlassen. Gérard wird da sein.

Wenn man nicht einer Meinung ist, geht das für ihn in Ordnung. Klar versucht er, einen zu überzeugen, aber es passiert auch immer wieder, dass er sagt: Jean-Paul, du hast recht. Allerdings, zu Beginn hatte er tatsächlich Schwierigkeiten, wenn ich anderer Meinung war. Er war es einfach gewohnt, von allen recht zu bekommen. Aber mittlerweile bedankt er sich sogar für Widerspruch. Er hat es verdient, dass man ehrlich zu ihm ist, weil er ehrlich zu dir ist.

Man kann nicht über Gérard reden, ohne über seine Exzesse zu reden. Ich habe nie einen Mann gesehen, der als Betrunkener so ist wie Gérard. In solchen Situationen ist er einfach unglaublich sentimental. Er weint, er bittet jeden darum, ihm zu vergeben, und er ist extrem anhänglich und ernsthaft. Er ist dann wirklich süß, so ein guter Mensch. Und: Er vergisst nie, was er alles so gesagt hat. Am nächsten Tag kann er sich an alles erinnern.

Gérard arbeitet, qualmt, trinkt, isst, dreht Filme, kümmert sich um Kunst und um sein Restaurant, und als Freund weiß man nicht, ob man ihn vor sich selbst schützen soll oder ob man einfach akzeptieren muss, dass er ist, wie er ist. Er verschlingt nun mal alles in seinem Leben. Er ist frei und er hat ein ganz feines Gespür für diese Freiheit. Klar sind wir manchmal besorgt, aber in einer gewissen Weise ehrt er das Leben und zollt ihm seine Anerkennung mit genau dieser Art des intensiven, überbordenden Lebens. Sicher sage ich schon mal hin und wieder, er soll auf sich aufpassen. Ich glaube aber fest daran, dass, wenn Gérard wirklich richtig in Gefahr gerät, er dann ein ganz feines Gespür dafür hat.

Wenn Gérard in Paris ist, dann treffen wir uns fast täglich. Bei mir, bei ihm oder in seinem Restaurant. Manchmal auch nur für eine Viertelstunde oder nur, um zu essen. Oder um mich einfach mal schnell zum Lachen zu bringen. Wenn wir im Restaurant sitzen und er sagt, guck dir den mal an, und dann macht er ihn nach. Er beobachtet irgendwelche Menschen kurz und bringt ihre Persönlichkeit gnadenlos auf den Punkt. Guck mal die da, heißt es dann, die sehen aus wie ein Pärchen bei Beckett. Und dann bringt er sie auf den Punkt. Er hat ein unglaubliches Gefühl für die Eigenart der Menschen, wie sie sich bewegen, wie sie auftreten. Man lacht Tränen, bis man merkt, dass sich in die Tränen des Lachens einige richtige Tränen mischen.

Das Interessante an unserer Freundschaft ist ja auch, dass wir hinsichtlich Kindheit, Erziehung und Ausbildung so völlig unterschiedlich, ja fast diametral sind. Und trotzdem weiß ich gar nicht, ob wir wirklich so unterschiedlich sind. Wir haben vielleicht nicht dieselbe Kultur, auf der anderen Seite haben wir eine unglaubliche Übereinstimmung. Wir haben die gleichen Gefühle für eine Oper, für ein Bild, für einen Text. Klar, ich bin mir unserer Unterschiede bewusst, aber letztendlich kann ich nur eins dazu sagen: Ich bin einfach gerne mit ihm zusammen. Vielleicht liegt es ja daran, dass, wann immer man mit ihm zusammen ist, man sich sicher und beschützt fühlt. Es sei denn, und diese Bemerkung sei erlaubt, Gérard fährt Motorrad. Oft bietet er mir an, mich mitzunehmen. Ganz offen gesagt: Ich gehe dann lieber zu Fuß ...

»Ich lebe mich selbst. Schauspieler, die spielen, sind meiner Ansicht nach uninteressant ...«

Gérard Depardieu in »DER SPIEGEL«

Produktionsdesigner Dean Tavoularis – hier zusammen mit seiner Ehefrau, der französischen Schauspielerin Aurore Clément – zeichnete auch Depardieus Weinetiketten.

Gérard Depardieu mit der Schauspielerin und Sängerin Arielle Dombasle …

… und mit der Schauspielerin Katrine Boorman, Tochter des britischen Regisseurs John Boorman

Isabella Rossellini

»Titus«-Darsteller
Gérard Depardieu
und Françoise Sagan

Menschen seines Lebens (von oben nach unten): Tochter Julie, Riccardo Muti, Dean Tavoularis, Fanny Ardant

Gérard Depardieu in der New Yorker Wohnung von Isabella Rossellini: Tochter Elettra und Mutter Isabella Rossellini …

... der italienische Regisseur
Roberto Benigni – »Das
Leben ist schön« – und die
französische Schauspielerin
Aurore Clément

Für ihn ist immer die Analyse all dieser Gefühle, all dieser Empfindungen und der Fähigkeit zu urteilen, all dieser Stunden des Tages, all dieser Aspekte der Natur vorrangig … Das Unsichtbare holt ständig das Sichtbare ein. Jean-Paul Scarpitta

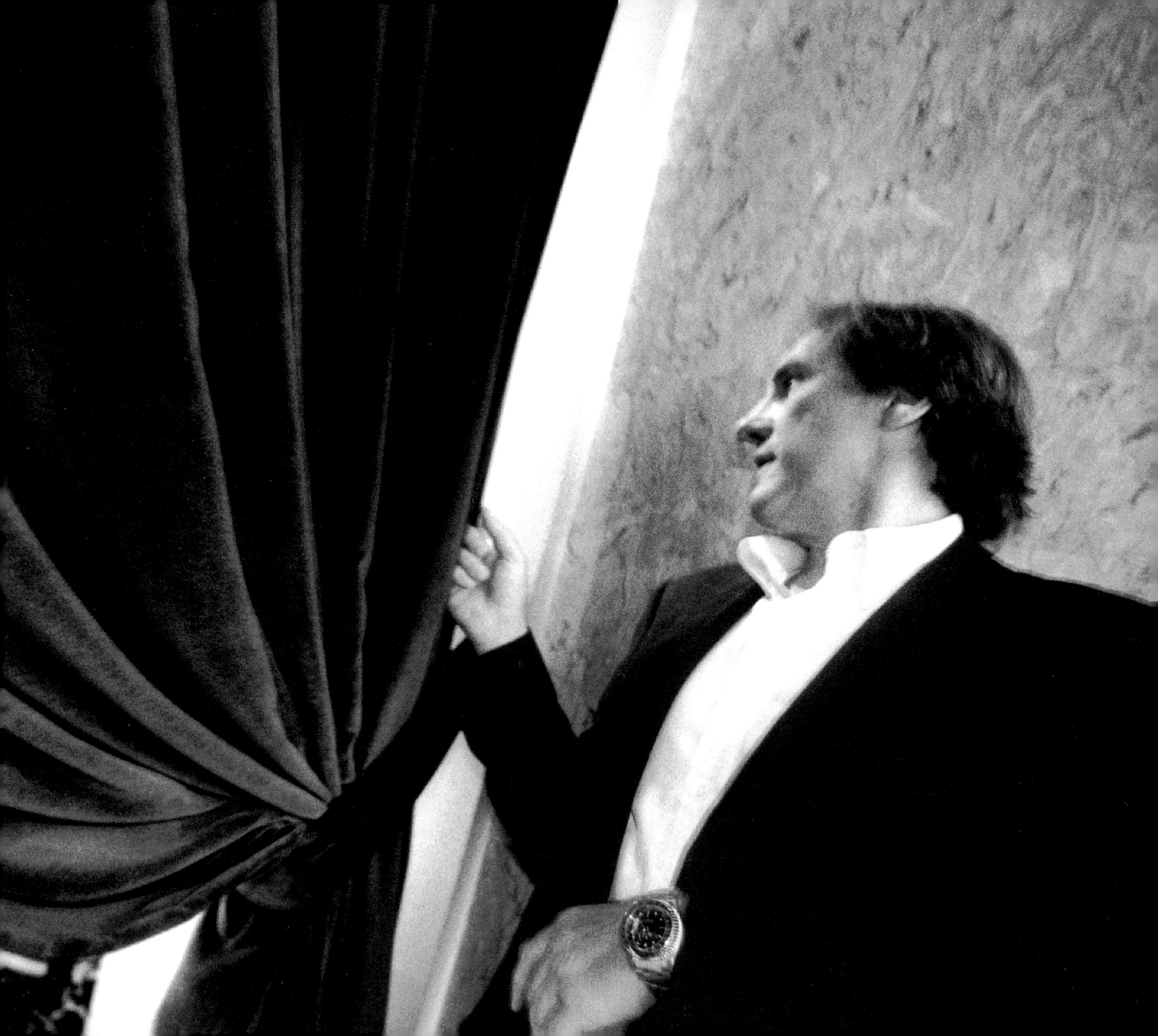

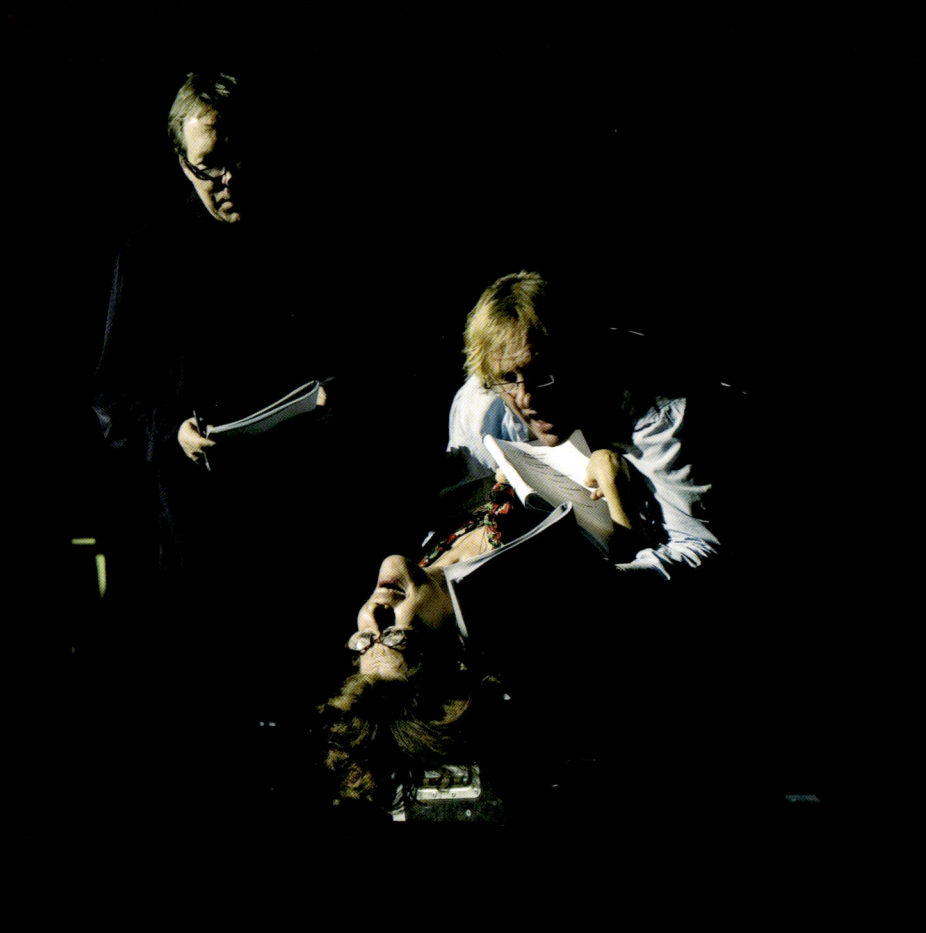

Jean-Paul Scarpitta, Gérard Depardieu und Fanny Ardant

43

Fanny Ardant

Er ist die gewaltige und strahlende Verkörperung einer Intelligenz und Sensibilität außerhalb jeglicher Normen.

Jean-Paul Scarpitta

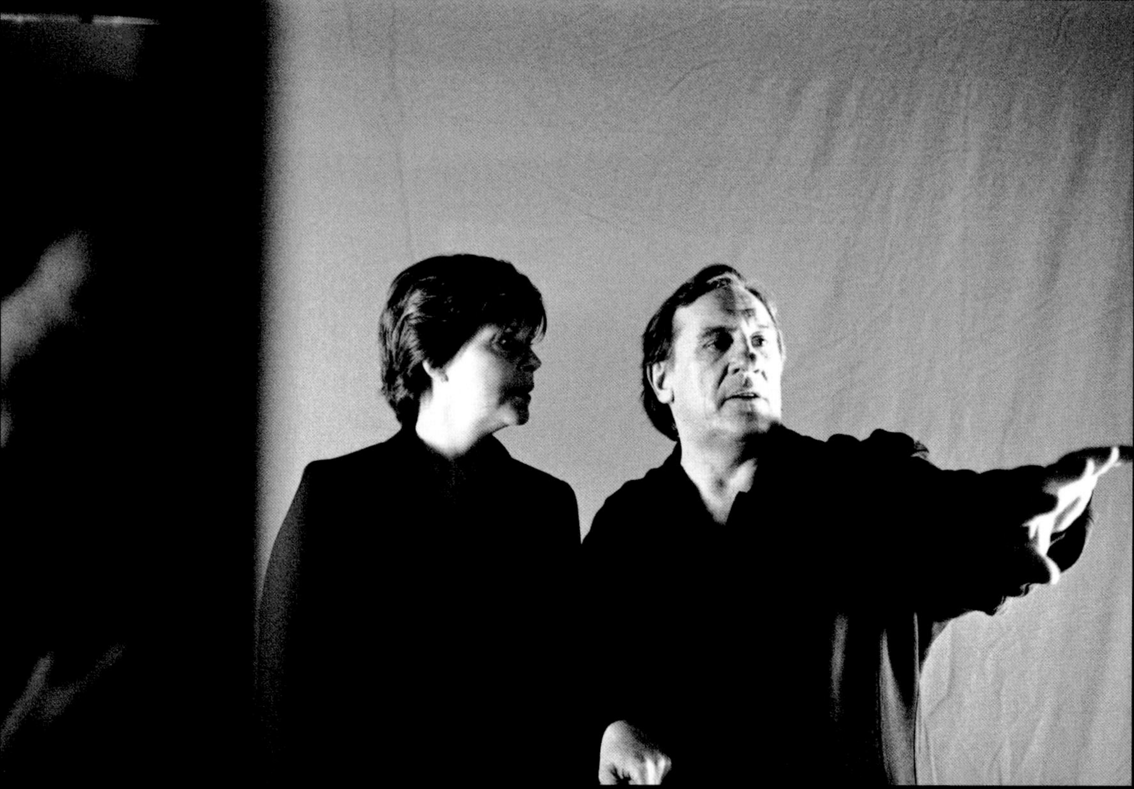

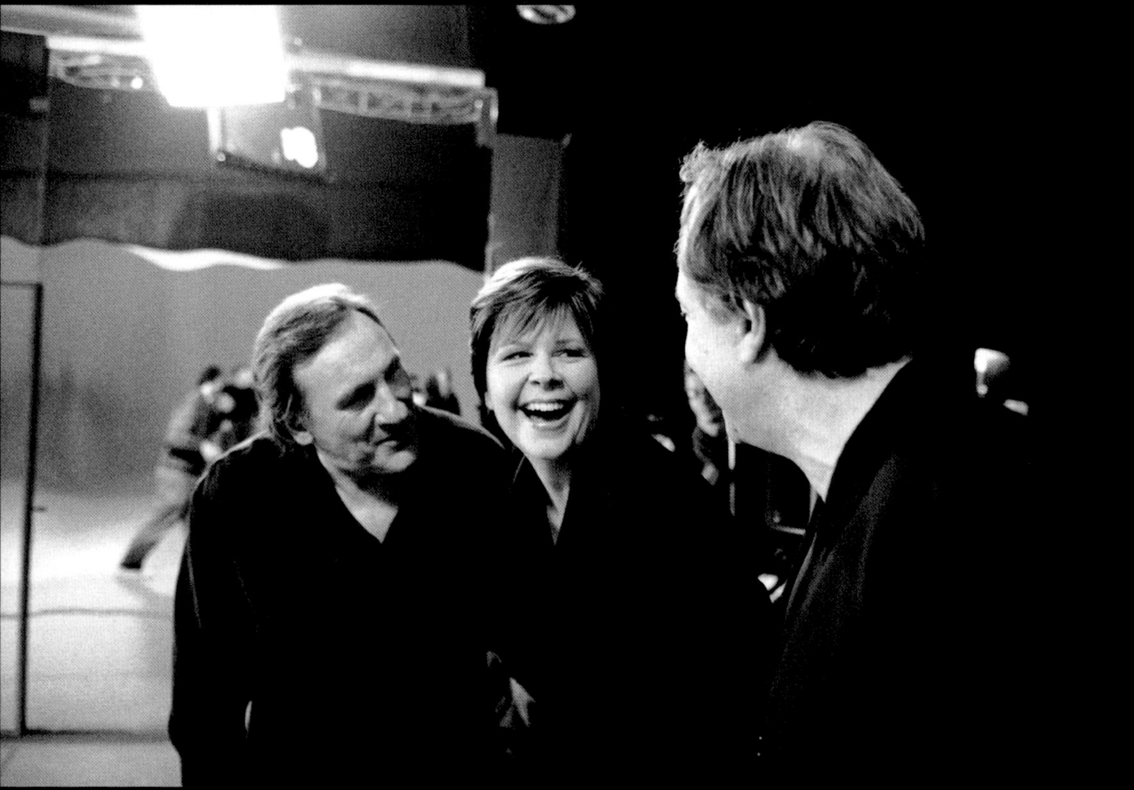

Dreharbeiten eines Werbefilmes: Gérard Depardieu zusammen mit Susan Graham und Jean-Paul Scarpitta. Kritischer Beobachter: René Koering, künstlerischer Direktor des »Festival Radio France«

Gérard Depardieu und Micha Lescot

»Hári János« von Zoltán Kodály; Inszenierung Jean-Paul Scarpitta, Aufführung im Le Châtelet de Paris

GÉRARD kennt gewissermaßen das Unerkennbare, erklärt das Unerklärbare wie manche großen Schriftsteller und das, ohne sich moralisch in eine »Doktrin«, eine Lehre, einzwängen zu lassen oder sich einer Überhöhung der Seele zu rühmen. Er zeigt uns auf seine Weise, wonach Herzensgüte streben und wovor sie fliehen soll.

Mit seiner tiefen Stimme, die uns so viel enthüllen kann, lässt er uns Bilder sehen, aber auch das Spirituelle … und das Echo dieser Stimme lässt sich immer wieder vernehmen.

Jean-Paul Scarpitta

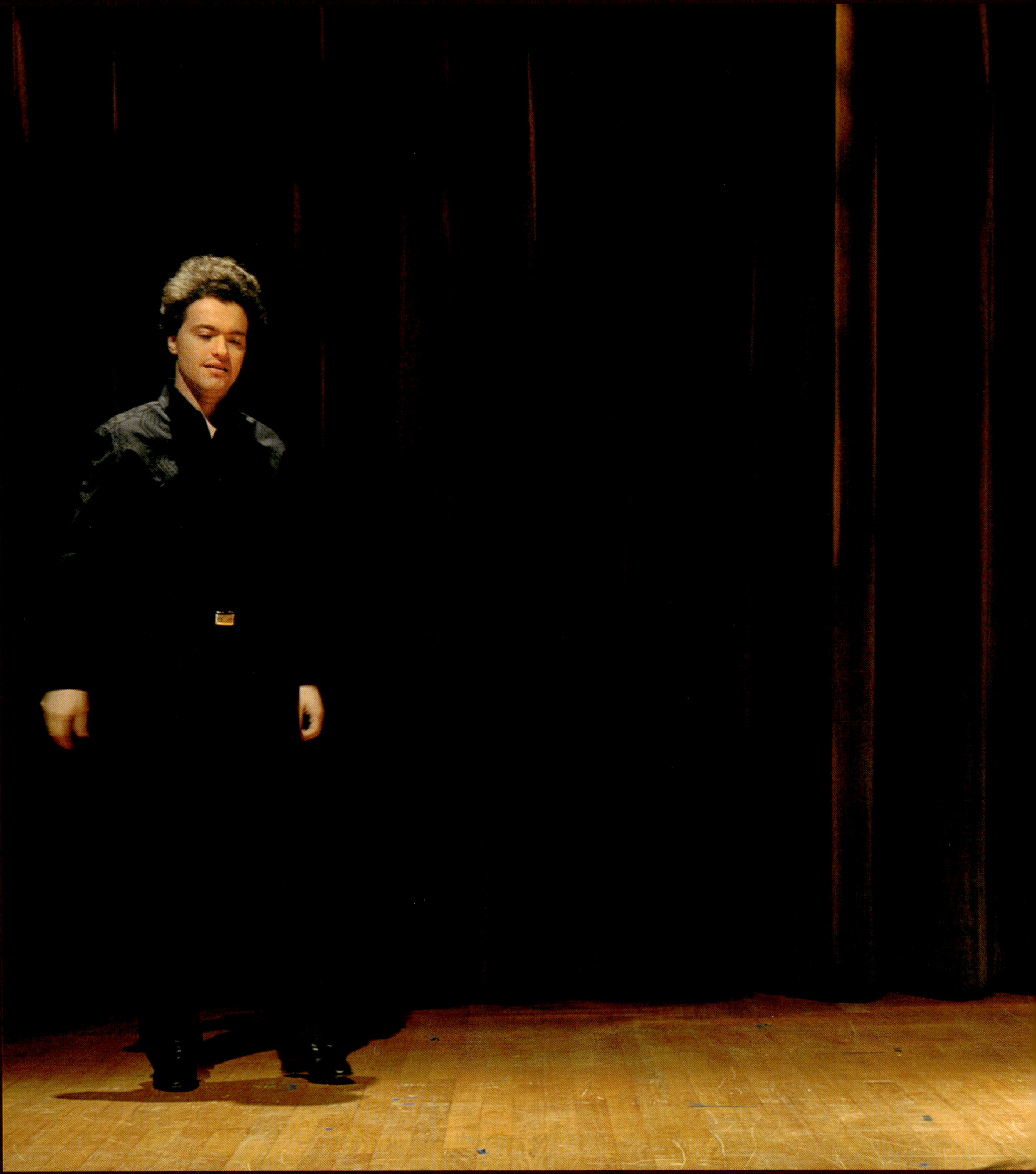

GÉRARD DEPARDIEU ist frei und schöpferisch wie der Aufbruch zu einem Spaziergang. Jean-Paul Scarpitta

Im Rahmen des »Festival de Radio France et Montpellier« tragen der Pianist Evgeny Kissin und Gérard Depardieu in hebräischer und französischer Sprache Gedichte der in den USA lebenden Komponistin und Autorin Lera Auerbach vor.

ROLAND TRETTL

56

Mein Freund Trettl

Wie viele Jahre ist das jetzt schon her, damals, unsere gemeinsame Zeit auf Mallorca? Da hatte ich also einen jungen, sehr, sehr begabten Chefkoch in meiner Küche, der mit gerade einmal 27 Jahren seinen ersten Stern erkocht hatte und als Südtiroler plötzlich zu den Top-15-Köchen Spaniens zählte, und statt ihm von morgens bis abends für seinen tollen Job auf die Schulter zu klopfen, musste ich also eine solche Abmahnung schreiben. So unangenehm mir derartige Briefe waren und sind, Roland war ihn mir wert. Ich fühlte mich damals und fühle mich noch heute in einem gewissen Sinne für ihn verantwortlich. Bei Witzigmann in der Küche gestanden zu haben, können nach so vielen Jahren viele von sich behaupten. Witzigmann-Schüler hingegen sollten sich nur die nennen, die mindestens zwei Jahre das wirklich strenge und fordernde Regime bewältigen konnten. Witzigmann-Lieblingsschüler hingegen dürfen sich nur die nennen, für die ich bereit war, solche Briefe zu schreiben …

Vier Jahre dauerte unsere gemeinsame Zeit auf Mallorca. Sie endete mit einem Abend im Oktober 2001. Die Saison neigte sich ihrem Ende zu, es war zwar noch spätsommerlich warm, aber die Touristen hatten bereits die Insel verlassen. Roland und ich saßen allein auf der Terrasse des Ca's Puers und schauten in den aufziehenden Abend. Ich spürte an der Schweigsamkeit Rolands, dass er mir etwas Wichtiges zu sagen hatte: »Chef, das war meine letzte Saison hier im Ca's Puers.« Meine Reaktion darauf war typisch – typisch für mich und ebenso typisch für unser Verhältnis: »Dann wird es auch meine letzte Saison gewesen sein«, antwortete ich, »dann hast du mich nicht verlassen und ich dich nicht.« Beide waren wir froh, dass die einbrechende Dunkelheit das feuchte Schimmern in unseren Augen verdeckte.

Solche Momente gibt es nur, wenn man gemeinsam eine gewisse Strecke Lebensweg zurückgelegt hat. Unvergesslich sein Aufzug, in dem dieser Roland Trettl erstmals vor mir auftrat. Abenteuerlich seine Kleidung: ausgelatschte Schuhe, zerrissene Jeans, eine knallgrüne Lederjacke mit jahrzehntealter, nennen wir es mal freundlich, Patina. Viel später erst erfuhr ich, dass ihm diese Jacke ein kanadischer Eishockeyspieler geschenkt hatte. Das Ganze wurde dann noch von einem roten Baseballkäppi abgerundet. So hat er in der »Aubergine«-Bar auf mich gewartet. Sagen wir es mal so: Eigentlich hätte ich mir einen solchen Auftritt ja auch denken können. Denn wer seine schriftliche Bewerbung, bloß um aufzufallen, auf ein Holzbrett schreibt, kommt garantiert nicht 08/15 daher.

gedauert. Worüber sollten wir denn auch groß reden? Rolands Bewerbung war mehr von Selbstbewusstsein als von zwingender kulinarischer Erfahrung und nachweisbarem Können geprägt. Aber diese Freiheit nehme ich mir. Zeugnisse sind ja schön und gut. Und noch schöner wären sie, wenn all das drinstehen würde, was man alles nicht reinschreiben darf. Weil das so ist, verlass ich mich lieber auf mein Bauchgefühl. Ich kann es beim besten Willen nicht mehr rekapitulieren, wie viele Jungköche durch meine Küchen gegangen sind, aber 300 werden es mindestens sein. »Tantris« und »Aubergine« darf man ja noch heute mit einem gewissen Stolz als »Schmiede der guten Köche« bezeichnen. Und bei vielen dieser Köche habe ich mich in erster Linie auf mein Gefühl verlassen. Es geht darum, in jemandem das gewisse Etwas zu erkennen. Ihm in die Augen zu schauen und dabei das Gefühl zu haben: Okay, der könnte es sein. Genau diese Schwingungen hatte ich damals bei Roland – was interessiert mich in so einem Augenblick dann seine Lederjacke oder die zerrissenen Jeans?

Zurückkommen muss ich immer wieder auf unsere Zeit auf Mallorca. Zwei Jahre unter meiner Leitung im »Aubergine«, eine ähnlich lange Zeit bei Hans Haas im »Tantris« stellen ein belastbares Fundament dar. Genau das richtige Fundament für die neue Aufgabe auf der Baleareninsel. Dass Roland für mich auf Mallorca gearbeitet hat, war trotzdem eine gewisse Überraschung, denn eigentlich hatten wir beide uns nach der gemeinsamen Zeit in München ein wenig aus den Augen verloren.

Sicher ist, dass all das, was den Roland Trettl als Executive Chef im »Ikarus« heute so ausmacht, eben all das ist, was er in seiner Zeit auf Mallorca gelernt hat. Und zwar auf die ganz harte Art.

Es zeichnet bis heute unser Verhältnis aus, dass wir miteinander und übereinander die Sachen beim Namen nennen dürfen. Und deswegen ganz deutlich: Während seiner Zeit im Ca's Puers war Roland bereits ein großartiger Koch, nicht umsonst gab es da den ersten Stern. Als Chefkoch im Sinne von Menschenführung, aber auch in dem Sinne

Wie man sich selbst präsentiert, war Roland allerdings – milde ausgedrückt – noch sehr, sehr jung. Roland war in jenen Jahren in erster Linie ein Selbstdarsteller mit einem riesigen Ego. Er hat damals viel zu selten seine Mitarbeiter gelobt und mit einbezogen. Im direkten Umgang hatte er eine ganz subtile Art, seine Launen auszudrücken. Er war ja nie der Typ, der großartig in der Küche rumschrie oder gar mit Pfannen schmiss. Nein, Roland war dann mehr still abweisend, das allerdings so massiv, dass es an wirklich keinem wirkungslos abprallte.

Wenn ich heute so voll von Emotionen über Roland spreche, dann liegt das in erster Linie daran, dass ich seine Entwicklung miterleben durfte. Als Koch wie als Mensch. Wer heute die Möglichkeit hat, in die »Ikarus«-Küche schauen zu dürfen, wer vielleicht einen der begehrten Plätze am Chef's Table ergattert hat, der sieht heute einen ganz anderen Roland Trettl. Einen Roland Trettl, der mit ruhiger Hand eine Mannschaft dirigiert, die wirklich zu ihm aufschaut. Es ist eine verschworene Gemeinschaft, in der es jedoch auch Platz für Einzelpersönlichkeiten gibt.

Chefkoch Martin Klein, Andy Sen als Stellvertreter, dann Tommy Dananic oder der ebenfalls hochtalentierte Patissier Christoph Lindpointner – sie alle sind Spitzenkräfte, die Roland viel verdanken, wie Roland ihnen viel verdankt. Diese Spitzenkräfte haben heute in Roland einen Chef, der seinesgleichen sucht. Still, entspannt, locker. Der nicht müde wird, besonders den Medien gegenüber immer wieder zu betonen, wie wichtig die Kollegen an seiner Seite sind. Der auch weiß, wie wichtig der Service im »Ikarus« unter der Leitung von Manuel Lechner ist. Und der ein ganz breites Kreuz hat, wenn Stress von außerhalb auf kommt. Um es mal in der Sprache unseres gemeinsamen Hobbys zu sagen: Roland hat sich von einem Cristiano Ronaldo hin zu einem Franck Ribéry entwickelt.

Ebenso spannend wie seine menschliche Entwicklung ist Rolands Entwicklung als Koch. Auch hier gab es kräftige Phasen des Dissenses zwischen uns beiden. Wir reden an dieser Stelle jetzt nicht von Begabung – daran gab es längst keine Zweifel mehr – oder auch nur von dem Beherrschen des klassischen Repertoires, auch dieses Kapitel hatte

Roland Trettl längst mit der Überschrift »Großartig« versehen. Um was es jetzt ging, war die Formung des persönlichen Stils – also das, was letztendlich einen großen Koch ausmacht. Es ist ungeheuer wichtig, dass ein junger Chef nicht nur versucht, die Dinge einfach abzukochen, sondern dass er eine persönliche Handschrift entwickelt. Genau das hat Roland auf Mallorca getan – und nicht umsonst einen Stern dafür bekommen.

Stilistisch gesehen war ganz klar: Roland wollte Roland sein, das Ganze unglaublich selbstbewusst. Er konnte im Ca's Puers ja auch wirklich in die Vollen gehen. Einen großzügigen Geldgeber im Rücken, eine tolle Mannschaft an seiner Seite, damit konnte man schon arbeiten. Und trotzdem: Sein Kochstil damals war mir zu unruhig. Gut, besonders in Spanien war gerade die Zeit des kulinarischen Um- und Aufbruchs. Stichwort Ferran Adrià halt. Und Roland hat sich sehr stark davon inspirieren lassen. Sowohl, was den Aufbau eines Menüs betraf, wie auch die einzelnen Gerichte. Da gab es zwischen uns einige Meinungsverschiedenheiten. Ich versuchte davor zu warnen, vor lauter Ausgeflipptsein am Gast vorbeizukochen, Roland hingegen sah in der Aufbruchstimmung eher die Chancen als die Gefahren.

Diese Diskussionen sind mittlerweile Historie. Heute hat Roland die Größe des Überblicks. Als er 2006 im Hangar-7 in seinem Monat seinen Auftritt »Back to the roots« nannte, fühlte ich mich sachte bestätigt. Den vier tragenden Säulen seines heutigen Schaffens widmete er je ein Menü: der Südtiroler Heimat, seiner Witzigmann-Zeit, den vier Jahren in Spanien und als vorläufig krönenden Abschluss seiner Zeit im Hangar-7. Dieses »Back to the roots« demonstriert die Phasen und Erfahrungsschätze, derer er sich heute großmeisterlich bedient. Man darf dabei nicht vergessen, wie schwer es für jemanden wie Roland ist, seinen eigenen Stil konsequent aufzubauen und durchzuhalten. Bei der unglaublichen Vielfältigkeit der internationalen Spitzenköche, die er im Lauf eines Jahres intensiv kennenlernen darf, können sich ganz leicht und immer wieder gewisse Fremdeinflüsse in den eigenen Stil hineinschmuggeln. Hilfreich ist da natürlich sein Selbstbewusstsein. Was ihm ebenso dabei hilft, ist das

Vermögen, einen gewissen Druck von sich fernzuhalten. Er will nicht wie andere, die wir gemeinsam gut kennen, auf Teufel komm raus Sterne erkochen. Deswegen muss er sich heute auch nicht im Filigranen verlieren. Drei Tupfen Sauce, drei Tupfen Basilikumöl, alles schön und gut, aber was passiert, wenn man sich mal so richtig in was reinlöffeln will?

Meine Wertschätzung Roland gegenüber kann man vielleicht ganz objektiv daran ablesen, dass ich Roland für das wirklich einzigartige Konzept des Hangar-7 vorgeschlagen habe. Ich muss an dieser Stelle ja nicht besonders betonen, dass, wenn man jemand für eine solch einzigartige Aufgabe vorschlägt, ja wenn man mit dem eigenen Vorschlag einem Dietrich Mateschitz sein Wort gibt, dann sollte man schon hundert Prozent sicher sein mit der Empfehlung. Bei Roland war ich es mir. Kulinarisch sowieso, aber auch organisatorisch und auch – last, but not least – stressmäßig.

Was die meisten, vielleicht sogar seine Jungs in der »Ikarus«-Küche, völlig unterschätzen, ist der gewaltige Reisestress, den Roland zu bewältigen hat. Klar, Roland weiß genau, dass er den interessantesten Kochjob weltweit hat. Aber es ist einfach kein Honigschlecken, sich in diesem Rhythmus in den Flieger zu setzen, irgendwohin auf dieser Welt zu fliegen, sich dort bei jemandem Fremden in die Küche zu stellen und dann alle so von sich einzunehmen, dass sie einem auch wirklich alles verraten. Vor Ort das Vertrauen zu gewinnen ist eine ganz heikle Angelegenheit. Gut, dem Roland hilft natürlich, dass er neben Italienisch und Deutsch auch fließend Englisch und Spanisch spricht. Trotzdem, der Stress bleibt enorm, und jetzt will ich gar nicht groß von Jetlag in Melbourne oder von unreinem Leitungswasser in Lima reden.

Fast so spannend wie der Rückblick auf Rolands Karriere ist für mich als sein väterlicher Freund der Blick in die Kristallkugel. Was kann aus Roland Trettl noch alles werden? Vor zwei Jahren sagte ich mal einem Journalisten, dass Roland Trettl in sich alles vereinige, um sich an die absolute Spitze der Weltelite kochen zu können: die eigene herausragende Begabung, das eigene Wissen um Produkte, der eigene sichere Stil, wenn es um Geschmacker, Zubereitungen und Texturen geht, das alles verbunden mit dem einzigartigen Wissensgewinn, den ihm das singuläre Konzept des Hangar-7 erlaubt. Diese unglaubliche Kombination also lässt selbst die kühnsten Annahmen und die am weitesten entfernten Sterne erreichbar erscheinen. Es gibt weltweit keinen Koch, der einen so umfassenden Überblick hat über das, was sich global kulinarisch abspielt, wie Roland ihn hat. Und das ja nicht in der Theorie, sondern in Hunderten von Tagen ganz praktisch und vor Ort erkocht.

Dieses Privileg ist das eine, was mich für Rolands Zukunft so sicher macht. Das andere ist seine heimatliche Verbundenheit und seine enge Beziehung zu seinen Eltern. Der so rebellische und Unabhängigkeit betonende Roland ist gleichzeitig ein Sohn, der tagtäglich mit seinem Vater telefoniert.

Es fällt mir schwer, das Spezifische unseres Verhältnisses in Worte zu kleiden. Mein Ausdrucksforum ist bis heute die Küche, nicht das weiße Blatt Papier. Fest steht für mich nur, dass diese enge Beziehung nicht zu erzwingen ist, die muss sich halt ergeben. Das ist ja das Schöne daran: Man sieht sich und nimmt sich in den Arm. Wenn ich zum Hangar-7 komme, dann freu ich mich auf den Roland. Der Junge ist gut für mich und Balsam für meine Seele. Diese Beziehung hat sich entwickelt und diese Entwicklung war zur »Aubergine«-Zeit nun wirklich noch nicht abzusehen. Ich empfinde ihn heute als einen wirklich wertvollen Menschen, der fernab von Oberflächlichkeiten genau das nicht ist, wofür ihn manche vorschnell halten: einen Luftikus. Nein, ich bin richtig stolz darauf, dass Roland in mir seinen beruflichen Vater sieht.

Der von mir ins Leben gerufene »Internationale Eckart-Witzigmann-Preis der Deutschen Akademie für Kulinaristik« ging 2005 im Bereich »Nachwuchsgastronomen und Nachwuchsförderung« an Roland Trettl. Die Jury befand damals einstimmig, dass der junge Spitzenkoch Roland Trettl im Restaurant »Ikarus« im Salzburger Hangar-7 das in der Kochwelt derzeit aufwendigste Gastronomiekonzept vertrete. Karl Heinz Hänssler, Vorjahrespreisträger in der Kategorie Nachwuchsförderung und Professor an der Berufsakademie in Ravensburg, lobte in seiner Laudatio ausdrücklich das bemerkenswerte künstlerisch-kreative Talent des jungen Kochs: »Mit nur 34 Jahren gehört Roland Trettl bereits zu den ganz Großen in der Welt der Kulinaristik.«

So weit also die Preisbegründung. Dann hatte ein jeder der Preisträger – neben Roland wurden noch Ferran Adrià und Günter Grass gewürdigt – eine kleine Dankesrede zu halten.

Roland ist kein großer Redner – und trotzdem ließen seine Dankesworte mich trocken schlucken. Mit dem ihm eigenen Schalk in den Augen fingerte er einen Brief aus seinem Sakko. Richtig, es war mein Mallorca-Brief von damals. Langsam und betont las Roland diesen Brief vor – von der ersten bis zur letzten Zeile. Und fand dann Worte, die mir wirklich zu Herzen gingen: «Diesen Brief werde ich aufbewahren, solange ich lebe. Wenn ich in Gefahr bin abzuheben, dann ziehe ich ihn raus. Und dann komme ich wieder runter.«

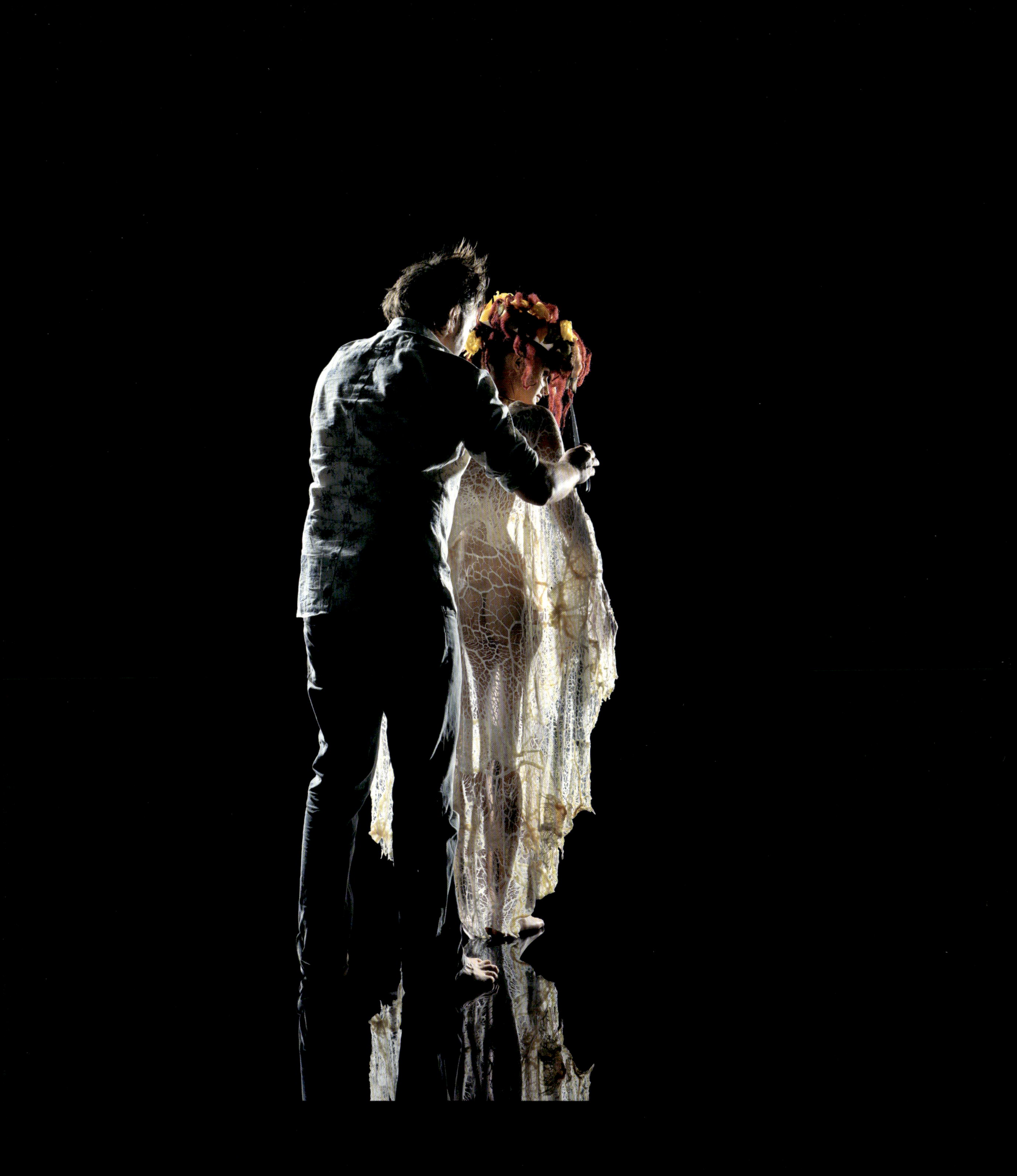

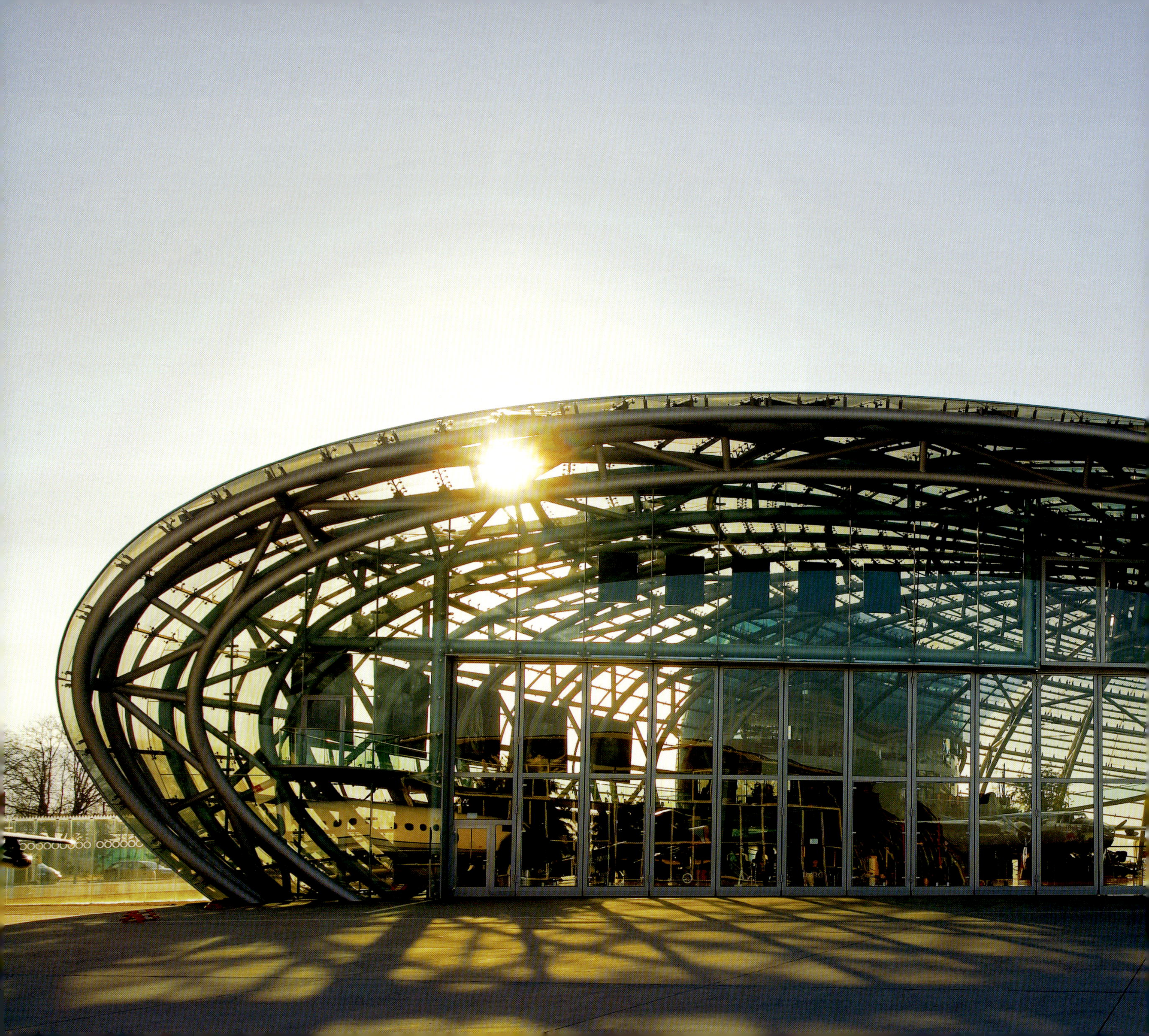

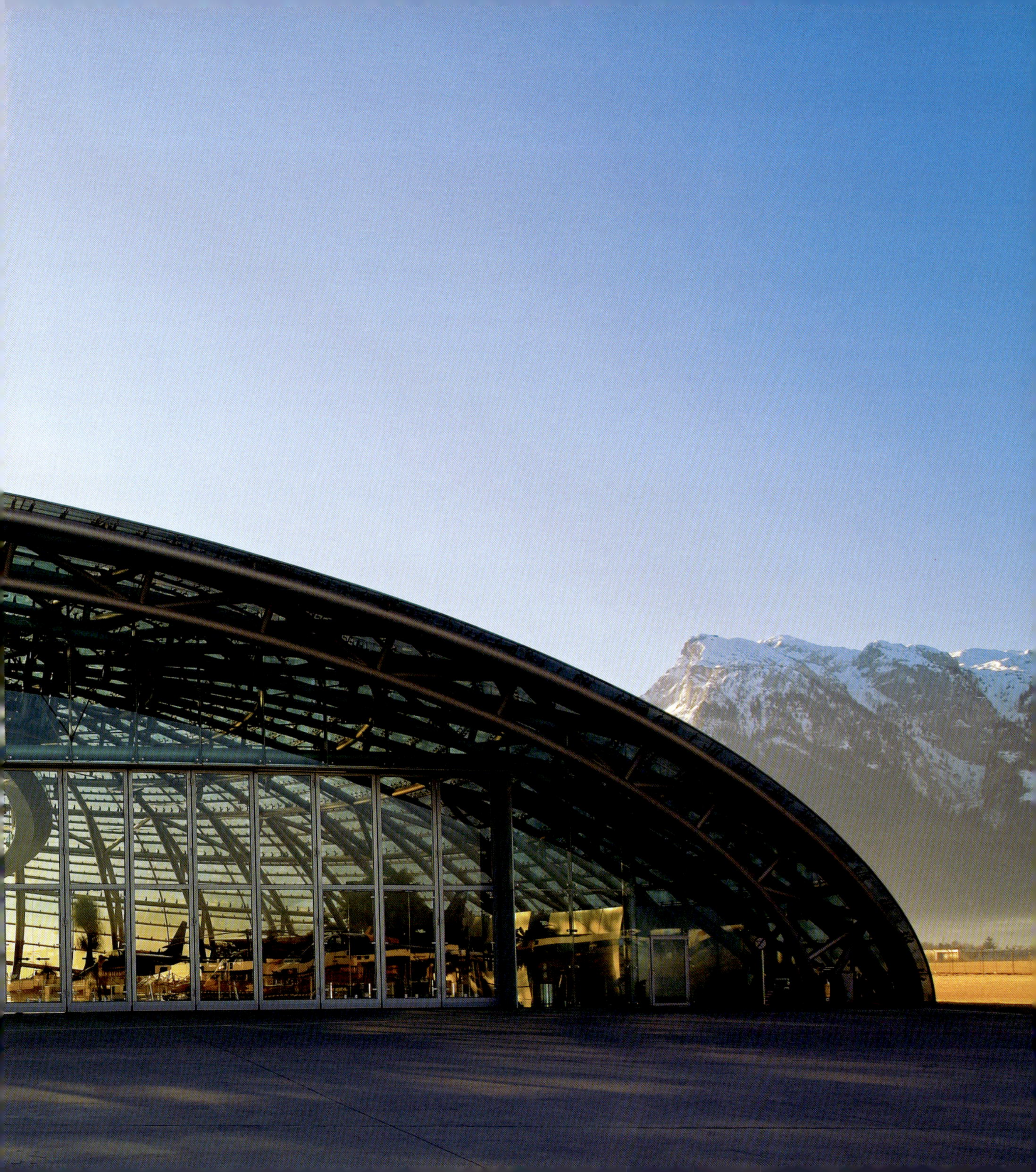

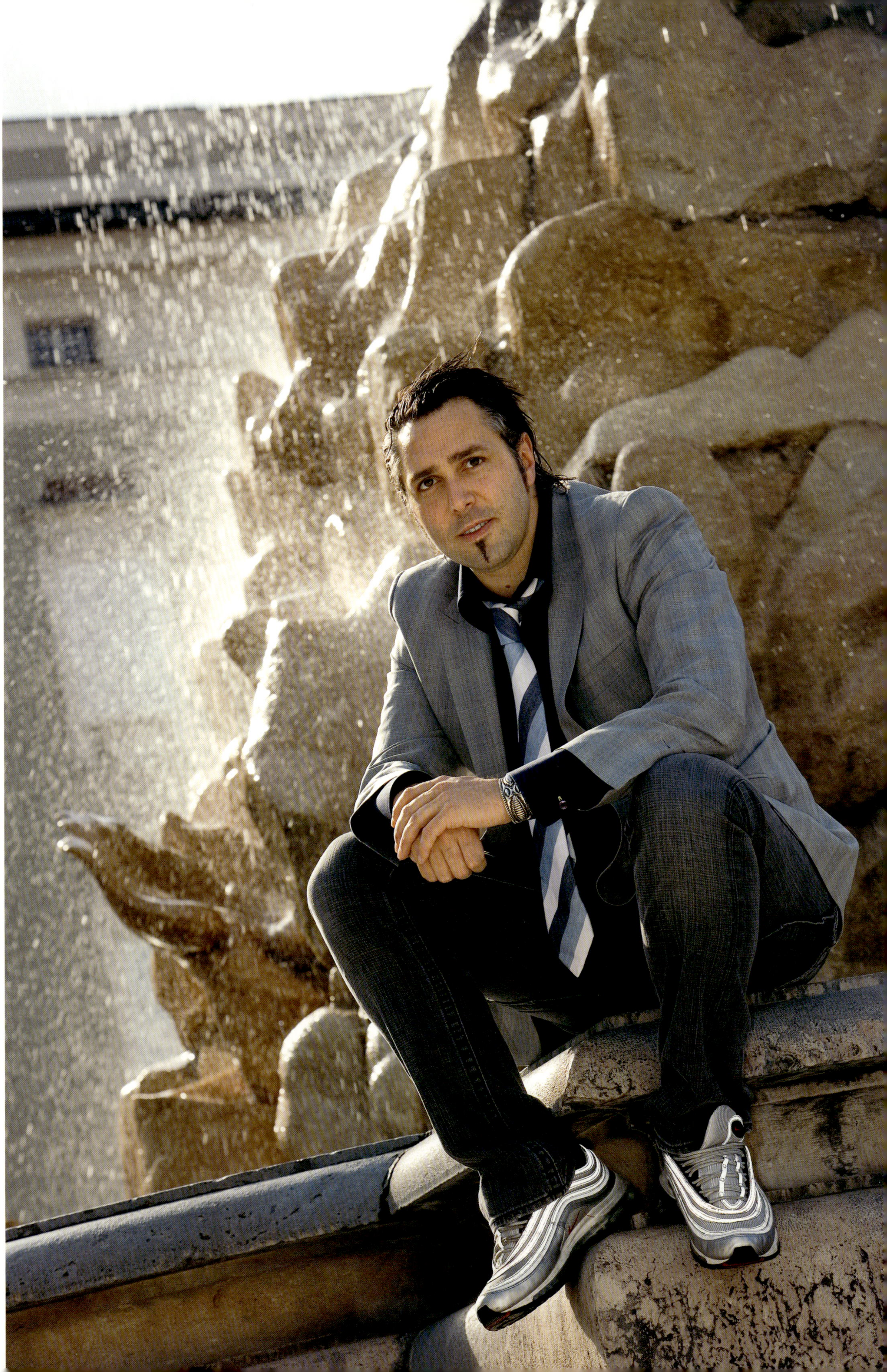

Salzburg

Liebe auf den zweiten Blick – so muss man das Verhältnis Roland Trettls zu der barocken Mozartstadt wohl benennen. In Südtirol und München ausgebildet, auf Mallorca seinen ersten Stern verdient, in Tokio für Eckart Witzigmann die Fahnen hochgehalten – wer mit einem solchen Lebensweg einen draufsetzen will, orientiert sich erst einmal Richtung New York, São Paulo oder Shanghai. »Alles interessant und für einen Koch sehr, sehr spannend, doch nichts davon kann mit Salzburg mithalten«, lächelt der Executive Chef heute entspannt am Tanzbrunnen sitzend. Grund Nummer eins für Roland Trettl: »In Salzburg darf ich das weltweit ambitionierteste und internationalste Restaurantkonzept umsetzen.« Grund Nummer zwei? Ein sonnenverwöhnter Bummel durch die Goldgasse, eine Pause an der Pferdeschwemme, ein inspirierender Gang über den gut bestückten Grünmarkt, eine ausgiebige Zeitungslektüre im »Café Tomaselli« lassen Roland Trettl heute nur noch schwärmen: »Salzburg? Wo denn sonst!«

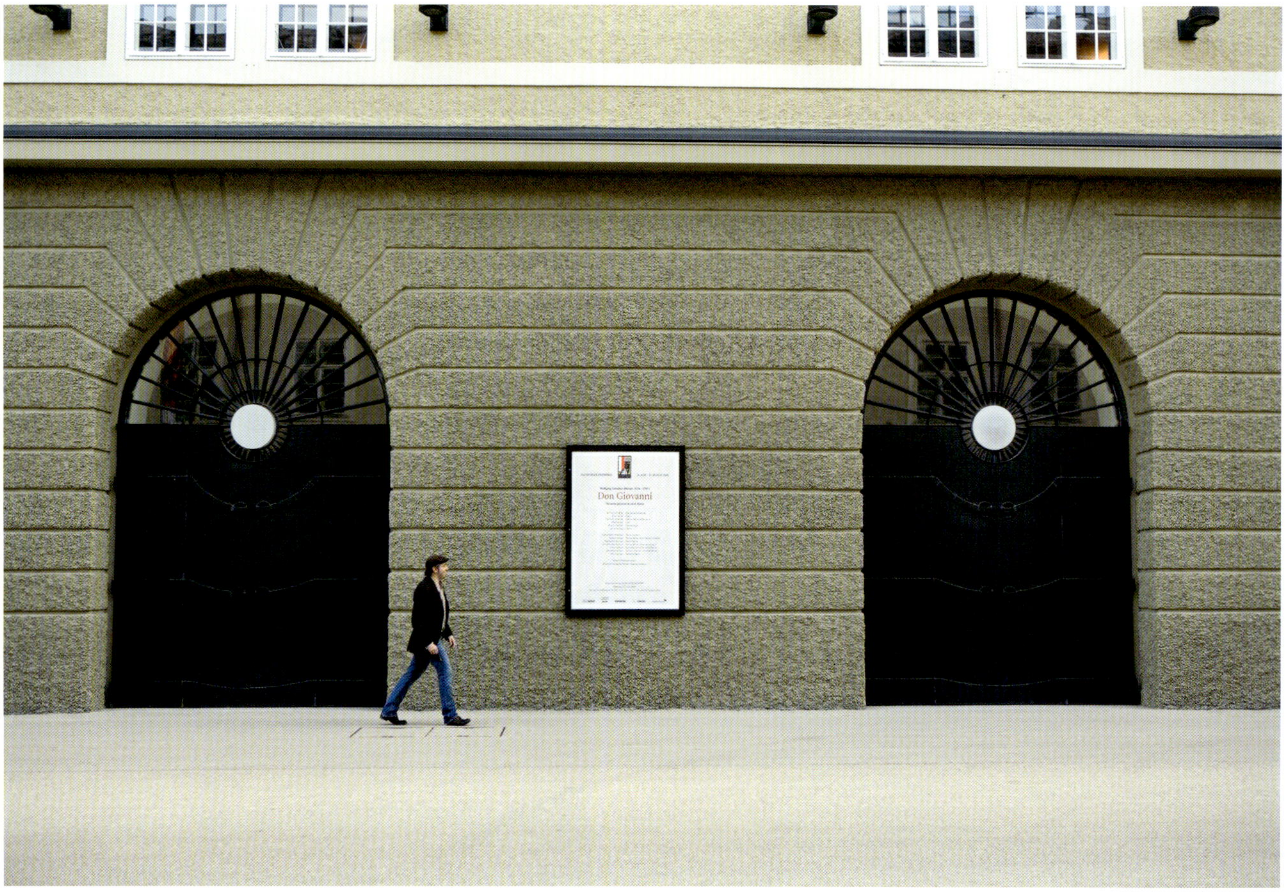
Don Giovanni

TRETTL 67

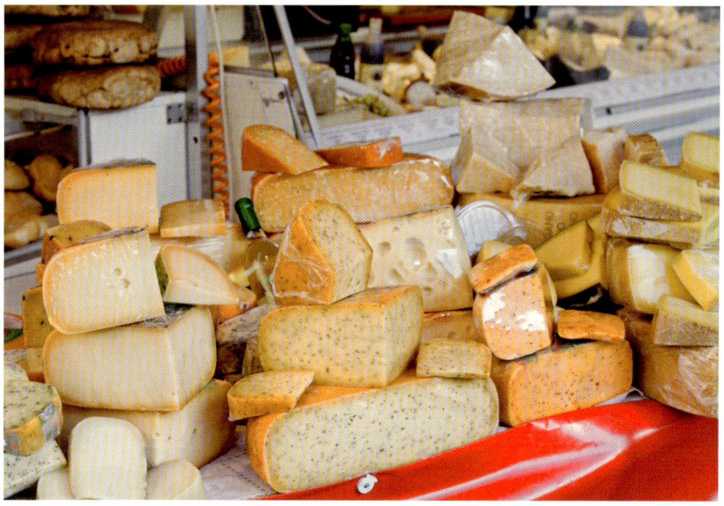

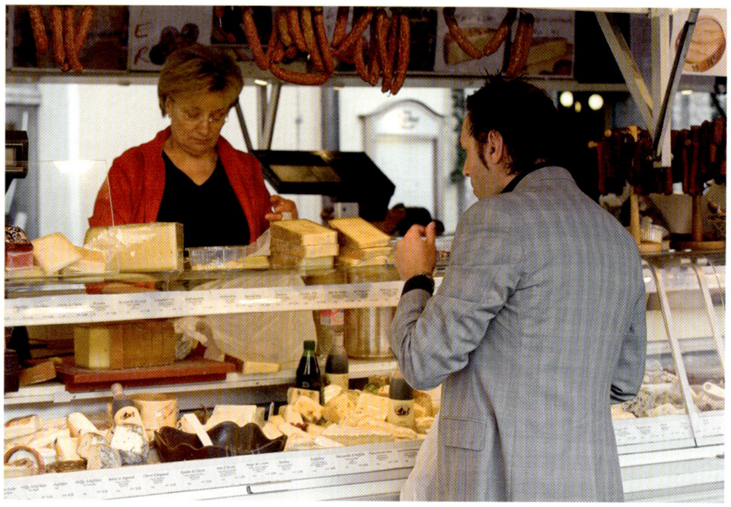

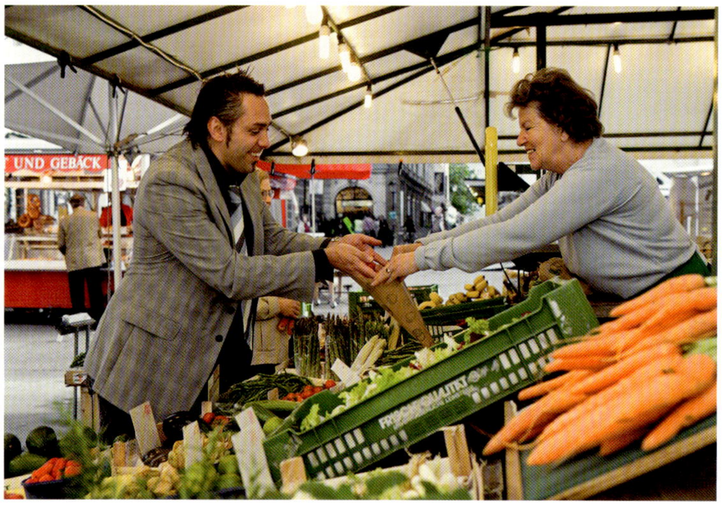
UND GEBÄCK

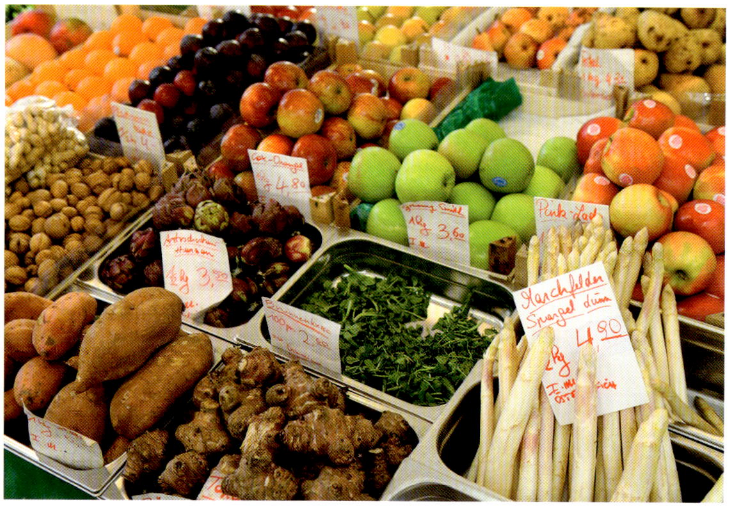

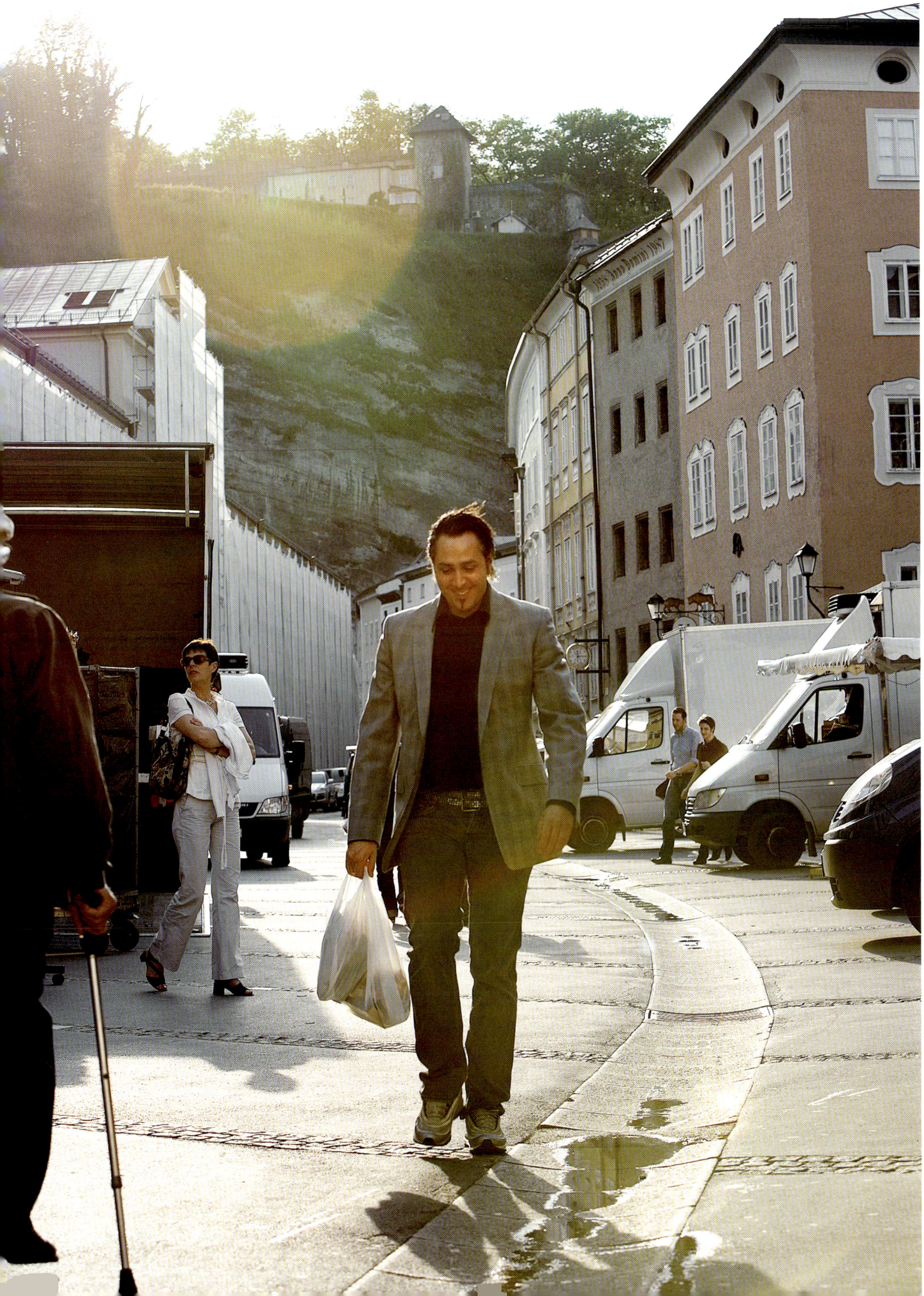

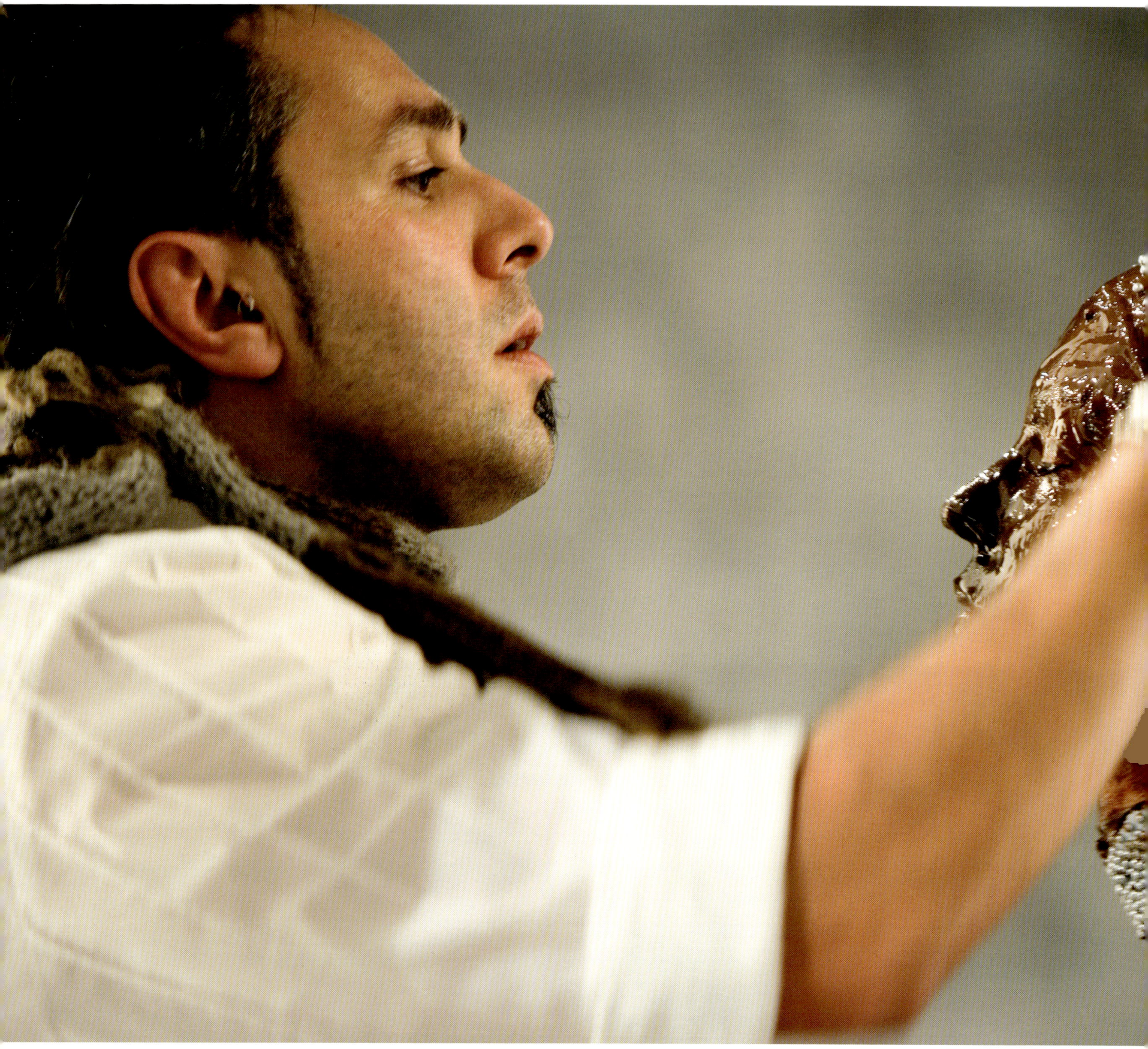

TRETTL 71

**EIN GEMEINSAMER
TAG IN PARIS**

Ein gemeinsamer Tag in Paris

Erst als sie gemeinsam das Musée d'Orsay verlassen, wird Roland Trettl vollends klar, mit wem er es zu tun hat. An den Eintrittskassen zum Museum drängeln sich – von Lehrern geleitet – ganze Schulklassen, Durchschnittsalter acht, neun Jahre. Von ferne erkennen die Schüler Gérard Depardieu, dann geht alles ganz schnell. Als wäre die Kreuzung von Tokio Hotel und Zinédine Zidane aufgetaucht, fangen die Schüler zuerst an zu rufen, dann an zu schreien: »Obelix! Obelix! Das ist doch Obelix!«

Gérard Depardieu winkt vergnügt zu den Kids und Roland Trettl muss unwillkürlich anerkennend schmunzeln: »Schlichtweg genial. Bei den Erwachsenen war Gérard seit Jahrzehnten ein Megastar. Mit seiner Obelix-Rolle hat er jetzt aber auch noch die Kinder gewonnen. Fans von acht bis achtzig – wer kann das schon von sich behaupten?«

Gérard Depardieu hat für solche Überlegungen gar keine Zeit. Es gibt noch viel zu viel zu zeigen an diesem gemeinsamen Tag in Paris. Den Platz im Taxi lehnt er ab, stattdessen sitzt er bereits auf seinem dunkelblau-silbernen Yamaha-Motorroller, den mattschwarzen Jethelm locker auf den Kopf gesetzt. Das Taxi wendet noch, da ist Depardieus Roller in den engen Pariser Gassen bereits verschwunden.

Wo trifft man sich wieder? Auf jeden Fall bei »Fouquet« in der Rue François 1er, Nummer 22. Schokolade und Bonbons seit 1900. »Sind die Fondants nicht wunderschön?«, dröhnt Depardieus Stimme durch den Laden.

Ein weiterer Musstreff: Käse vom Allerfeinsten im »La Maison du fromage Quatrehomme« in der Rue de Sèvres im 7. Arrondissement. Allein die frische Butter »Celles sur Belles« aus unpasteurisierter Milch lässt den Stammkunden Depardieu jubilieren und sofort mit Besitzerin Marie Quatrehomme das Flirten anfangen.

Ein kleines Schlückchen Wein, ein frisch aufgeschnittener Camembert, dann geht es weiter, Richtung Rue Madame im 6. Arrondissement: »Odorantes« – das Pariser Paradies für alle Rosenliebhaber. Erstaunlich, wie zärtlich der sonst so kräftig zupackende Mime mit diesen Blumen umgehen kann. Sofia Coppola kauft hier, die Depardieu-Vertraute Catherine Deneuve, die besten Hotels der Stadt. Die Spezialität des Hauses: Blumenarrangements nicht nach Farben, sondern nach Düften angeordnet.

TRETTL 75

Stichwort Duft: Eine allererste Adresse für dieses Thema ist in der Rue Royale zu finden, bei »Diptyque«. Parfüms, Eau de Toilettes, Haar- und Körperlotionen, Seifen, Duftkerzen, Raumsprays – so schön die Flakons, Schachteln und sonstigen Behältnisse auch sein mögen, hier sollte man einfach nur die Augen schließen und nur der Nase vertrauen. Gérard Depardieu schwelgt – es ist beeindruckend, wie der große Schauspieler, der mit seiner schwarzen Hose, dem knapp sitzenden weißen Hemd und dem schlichten braun-schwarzen Mantel mit sich selbst so extrem unprätentiös umgeht, hingegen all den Dingen, die ihm wichtig erscheinen, mit allerhöchster Expertise begegnet.

Was natürlich erst recht beim Thema Wein zutrifft. Im Weinladen seines Geschäftspartners Bernard Magrez feiert Depardieu ein Heimspiel. Hier gilt es jetzt unbedingt einen Dessertwein zu verkosten. Einen Cadillac, »100 Prozent Semillion, von 55 Jahre alten Rebstöcken«, betont Depardieu, neigt den Kopf und versenkt seinen gewaltigen rechten Nasenflügel schier auf den Grund des Glases.

Dem Star ist jetzt nach einer Ruhepause – und einem guten Essen. Ein »Plateau de fruits de mer« in der Brasserie »Lutetia« schwebt ihm nun vor. Wo man allerdings »très désolée« ist – zwar ist der Meeresfrüchtestand auf dem Trottoir vor der Brasserie gut gefüllt, allein der Austernöffner hat vor dem abendlichen Ansturm seine verdiente nachmittägliche Pause.

Das versteht Gérard Depardieu, trotzdem will er Roland Trettl unbedingt mit frischem Meeresgetier verwöhnen – und geht selbst raus auf den Bürgersteig. Ein Griff zum Austernmesser und die Platte füllt sich in Windeseile. Belons und Fines de Claires aller Größen – alles nach demselben Muster: Drei werden geöffnet, zwei kommen auf die Platte, eine wird sofort genossen. Die Perlmuttschalen splittern, das salzige Wasser rinnt durch Depardieus Pranken, sein Mantel kriegt alles mit und ab – den Schauspieler interessiert es nicht. Ebenso wenig wie die gut zwei Dutzend Passanten, die den Weg säumen und es schier nicht glauben wollen, ebenso wenig wie Roland Trettl, der von innen die ganze Szene beobachtet: der unumstritten größte Schauspieler des Landes mitten in Paris auf dem Trottoir, als Austernöffner, in rasender Hektik, völlig selbstvergessen.

Irgendwann ist Gérard Depardieu fertig, noch schnell eine Handvoll »Langoustines« als Krönung des Arrangements. Ein prüfender Blick, alles ist in Ordnung, erstmals schaut Depardieu wieder auf und registriert erst jetzt, erstaunt, sein Pariser Publikum. Depardieu stutzt, dann muss er lachen – über sich selbst …

TRETTL 77

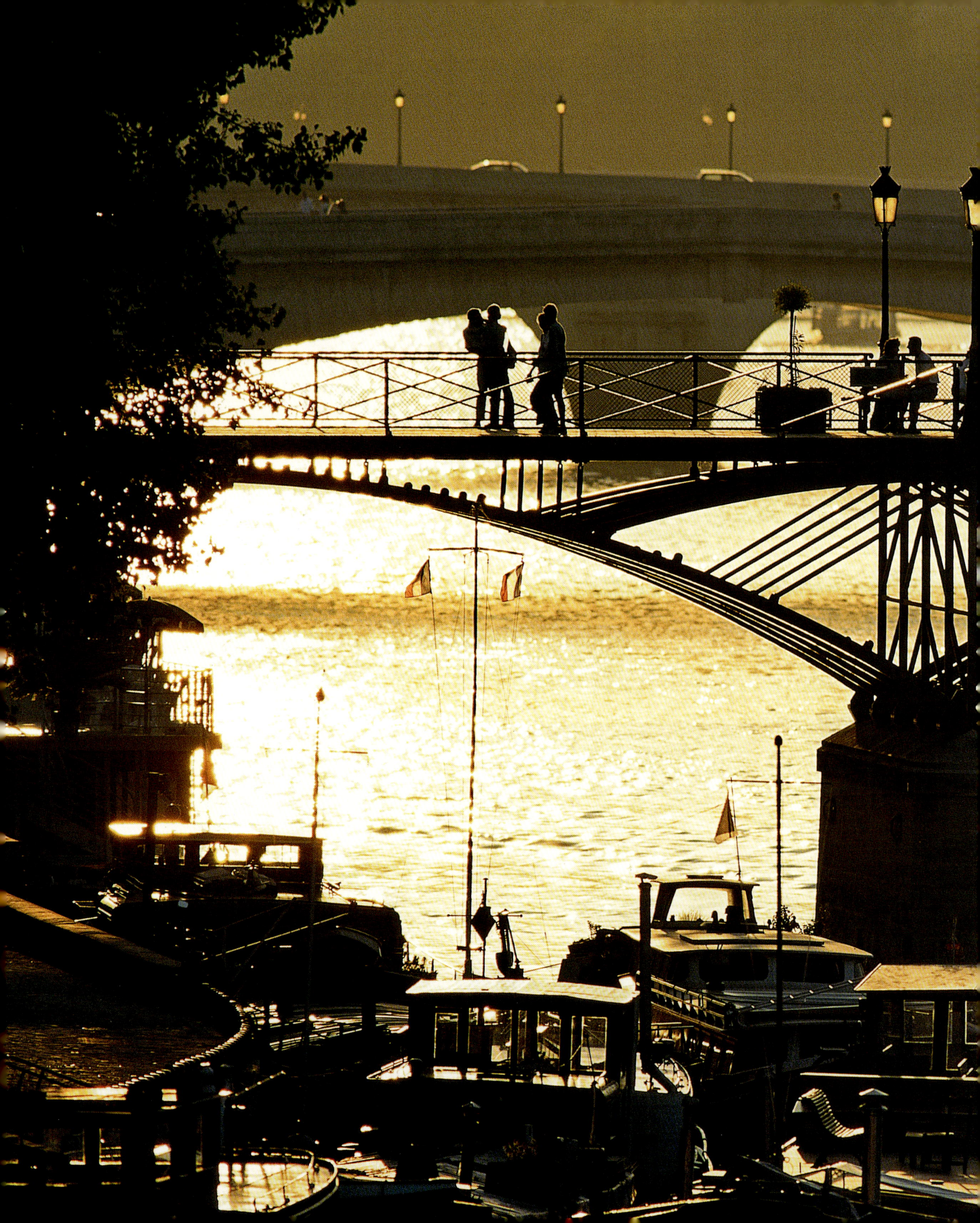

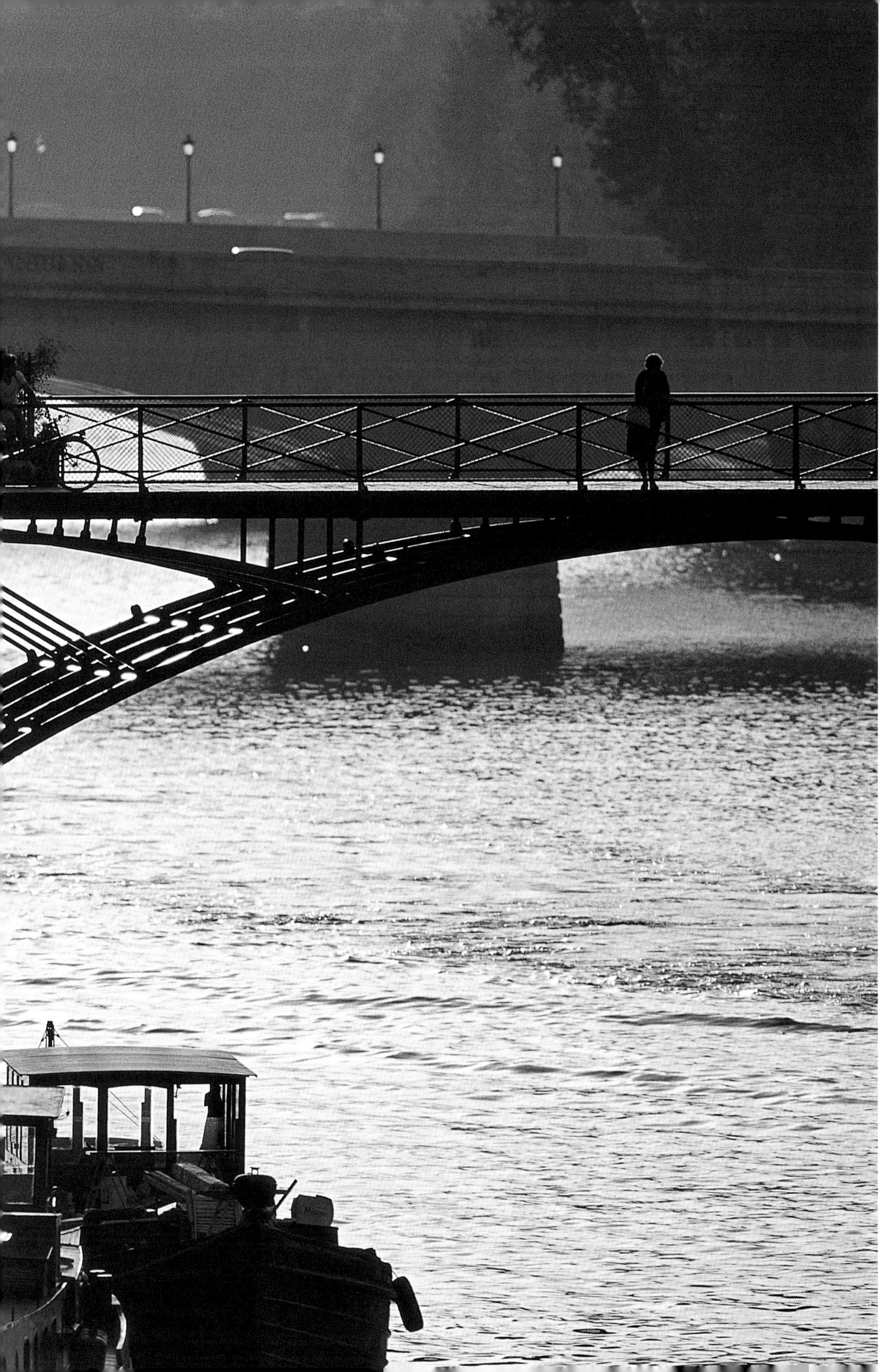

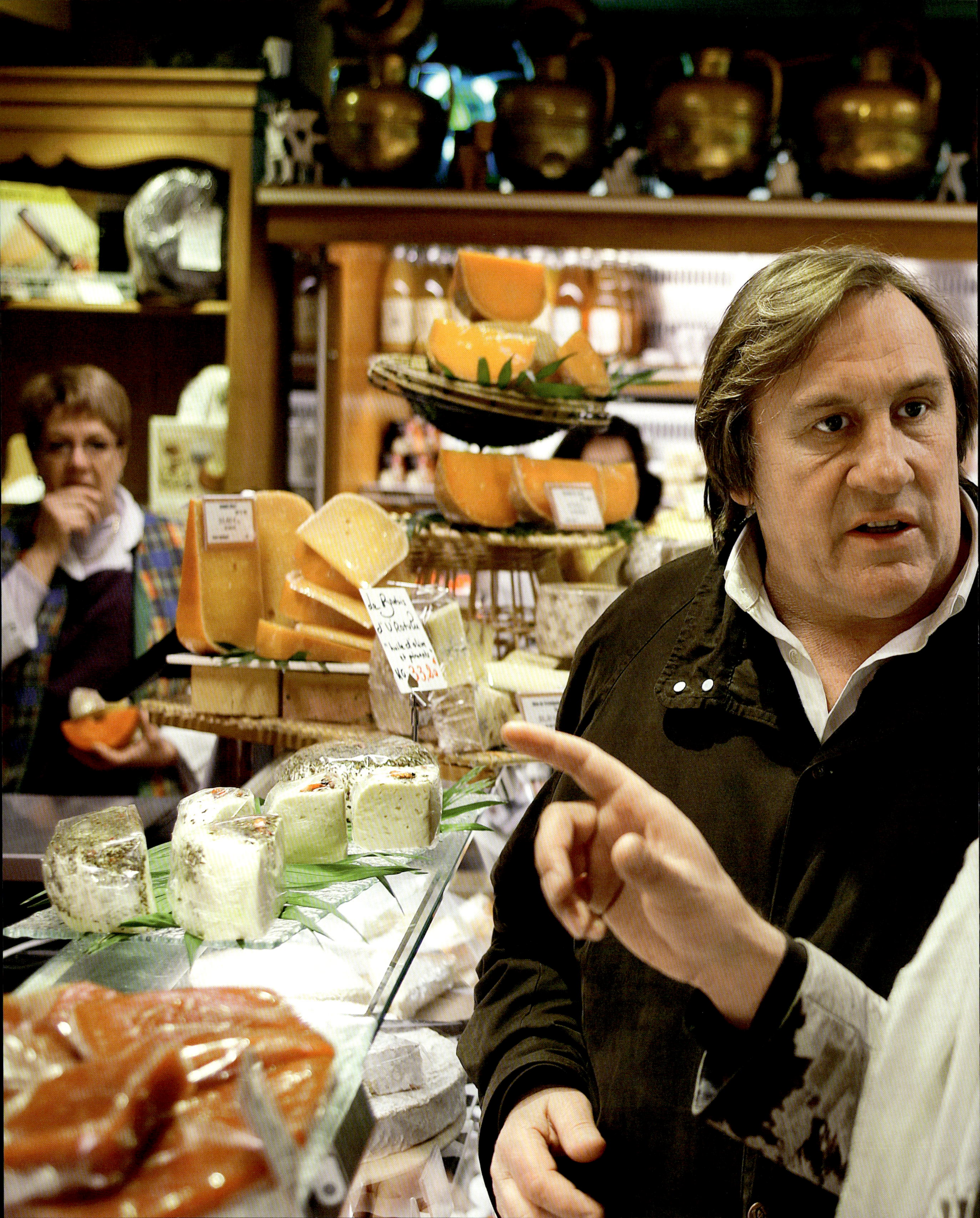

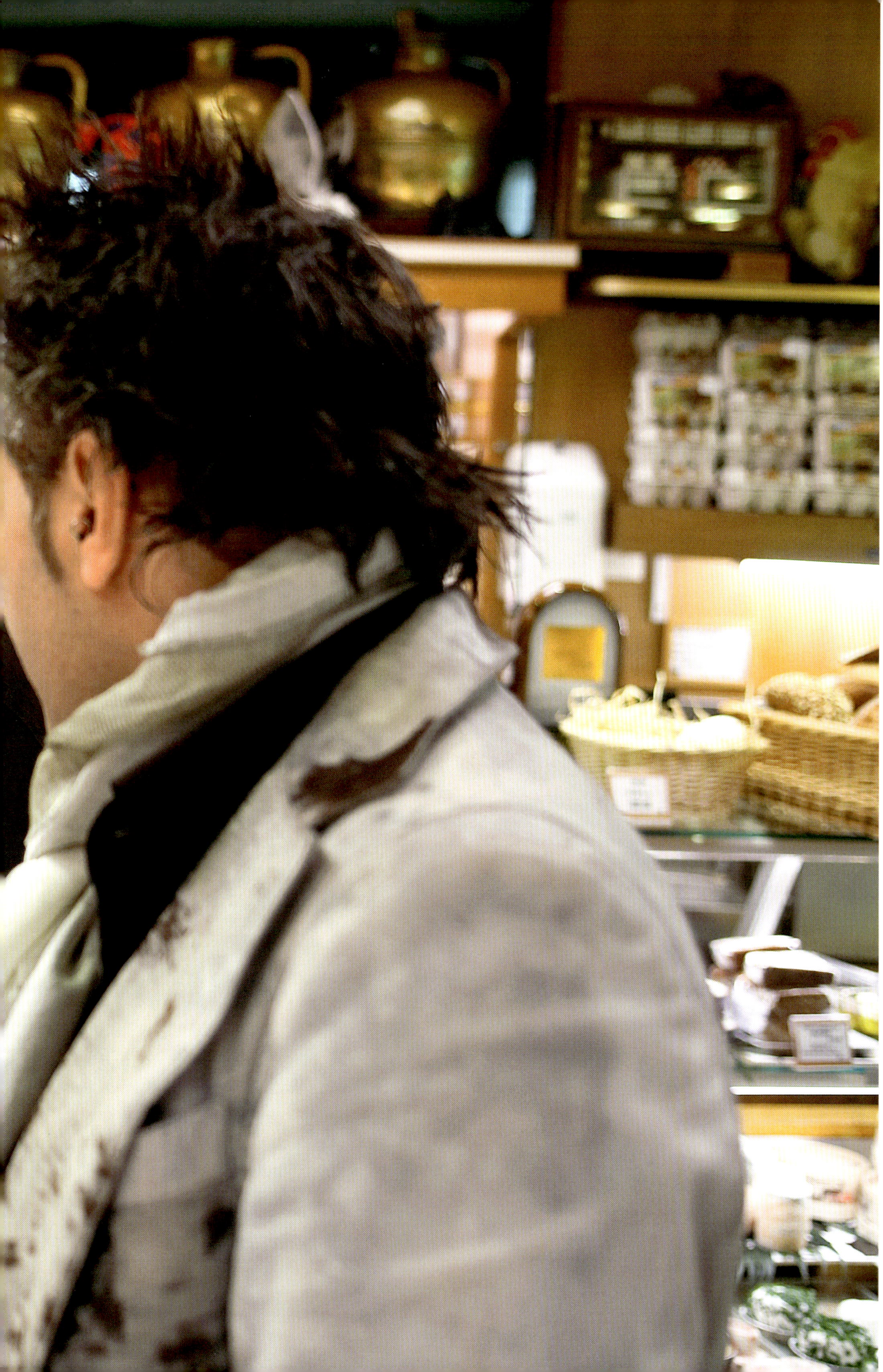

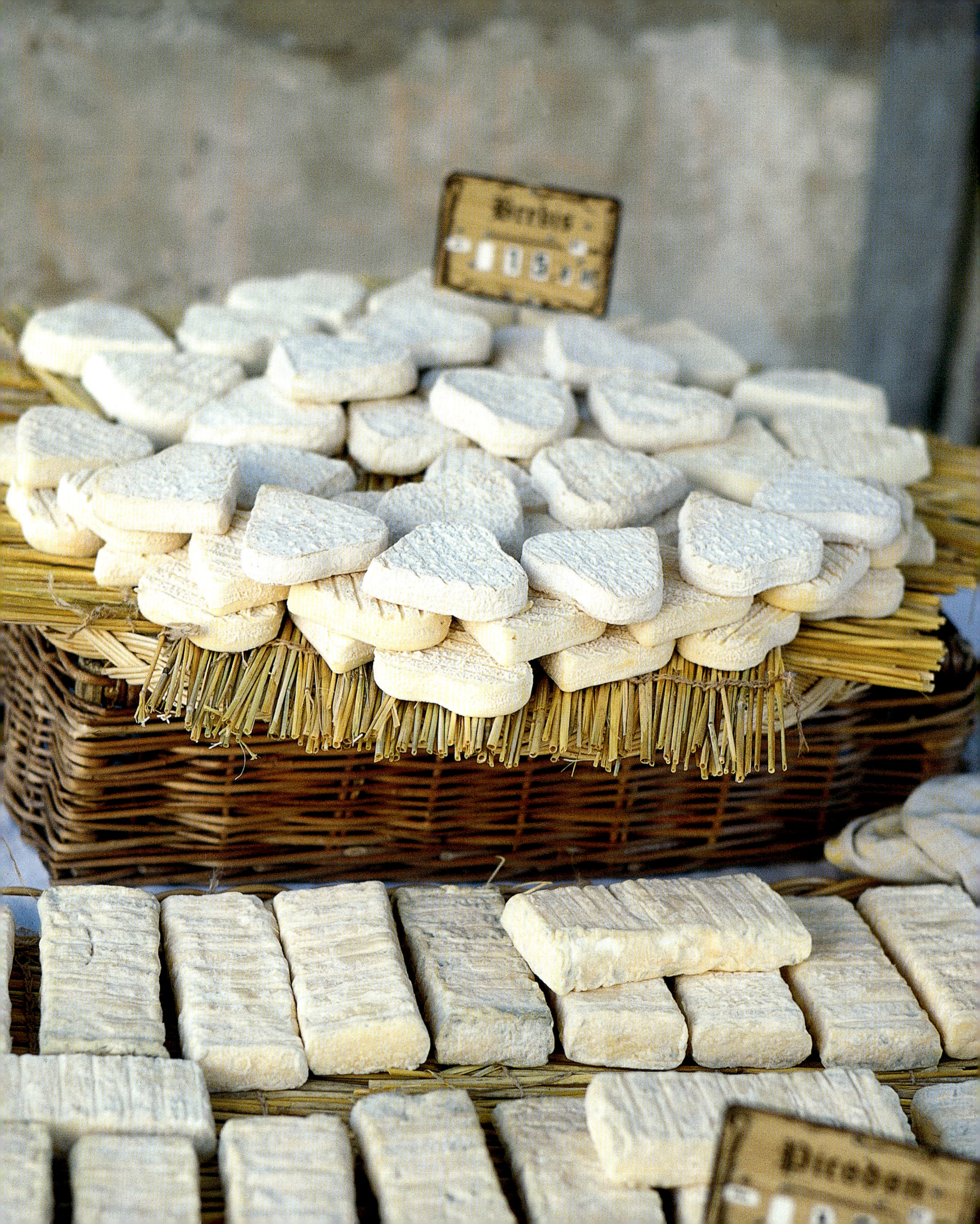

»Klar bin ich eitel. Aber wenn ich perfekten Käse sehe, pfeif ich auf alle Kalorientabellen.«

Roland Trettl

»ICH genieße mit allen Sinnen. Darum fasse ich die Dinge auch gern mit bloßen Händen an. Und ich esse gerne mit den Fingern statt mit Messer und Gabel.«

Gérard Depardieu

TRETTL 85

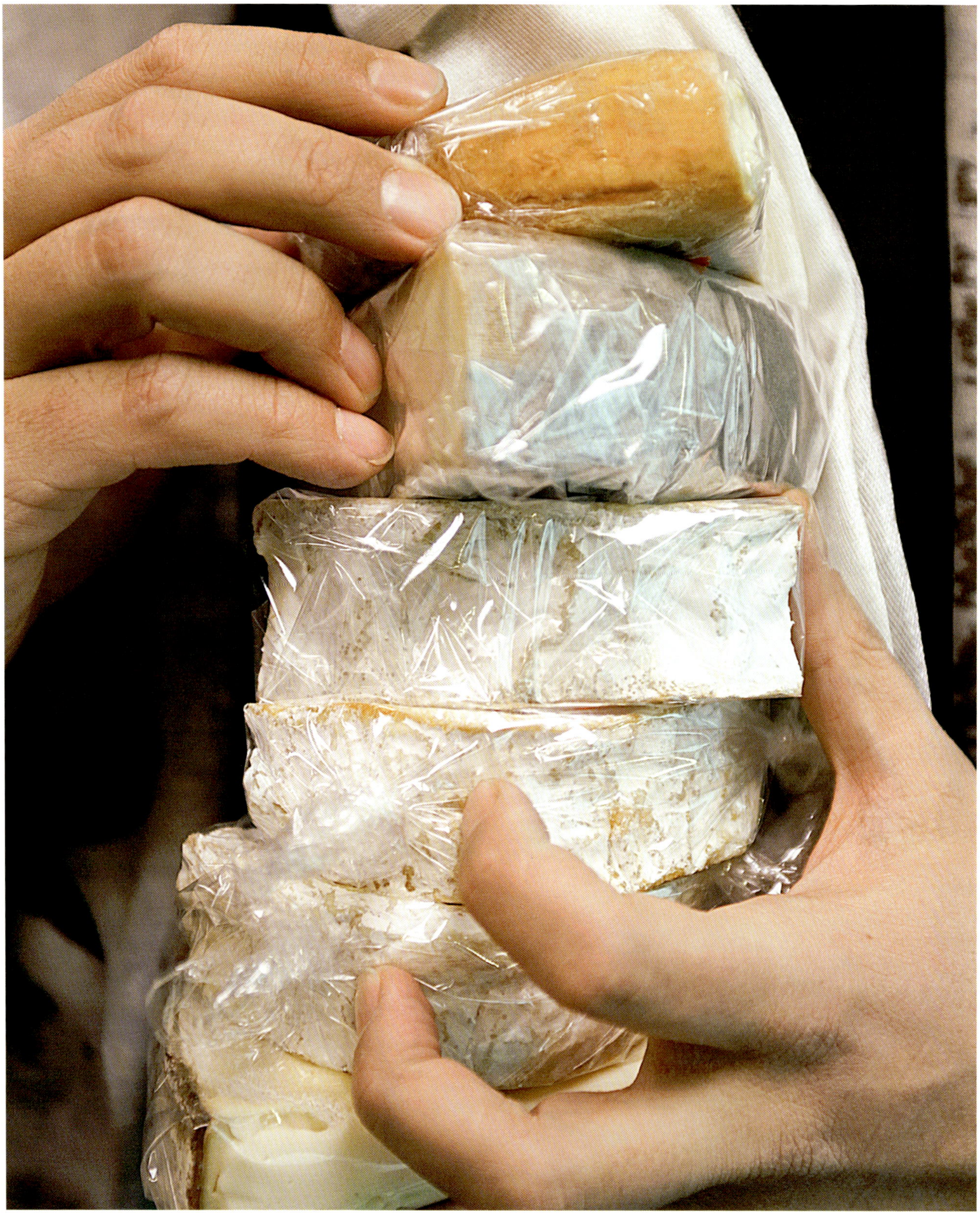

TRETTL 87

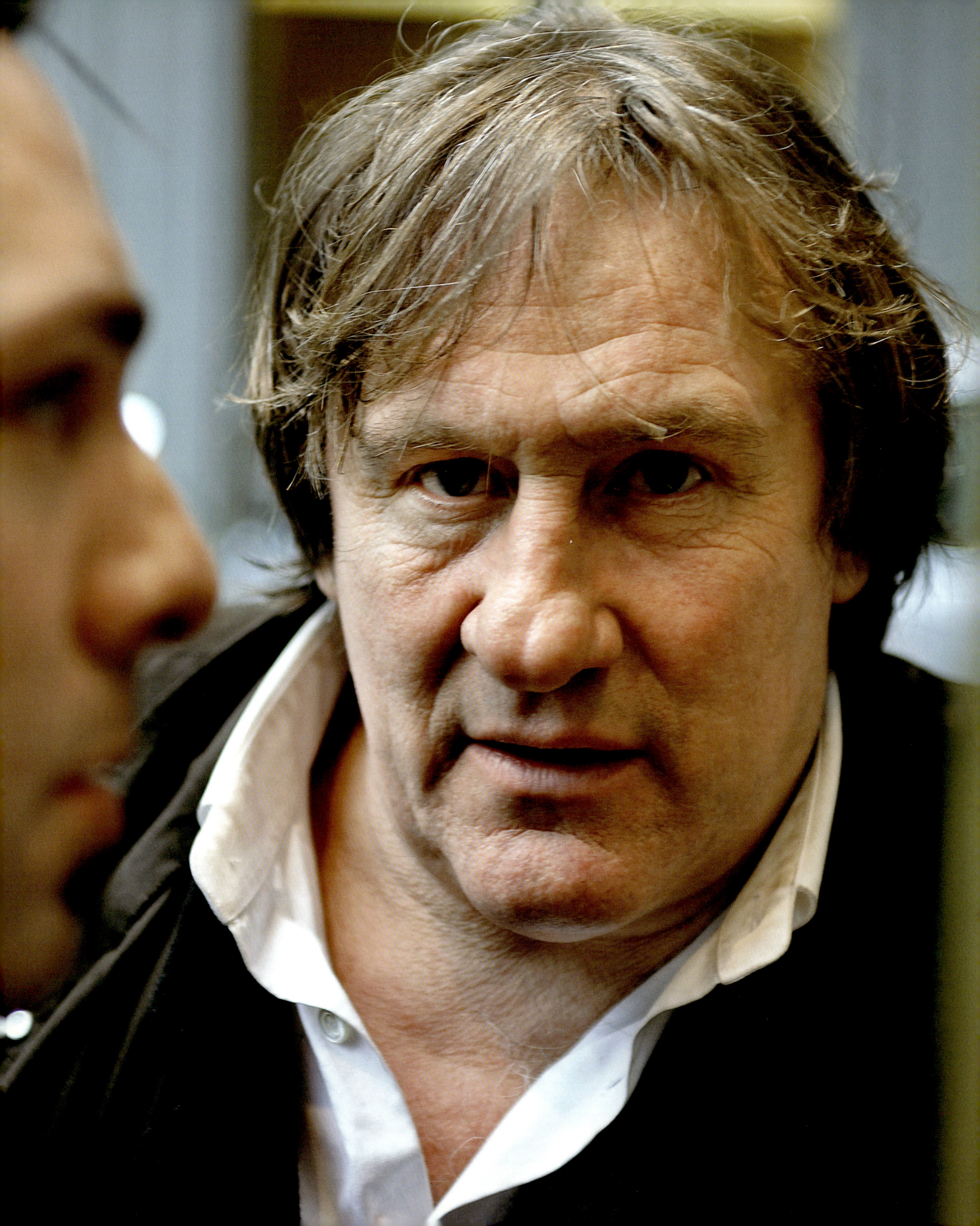

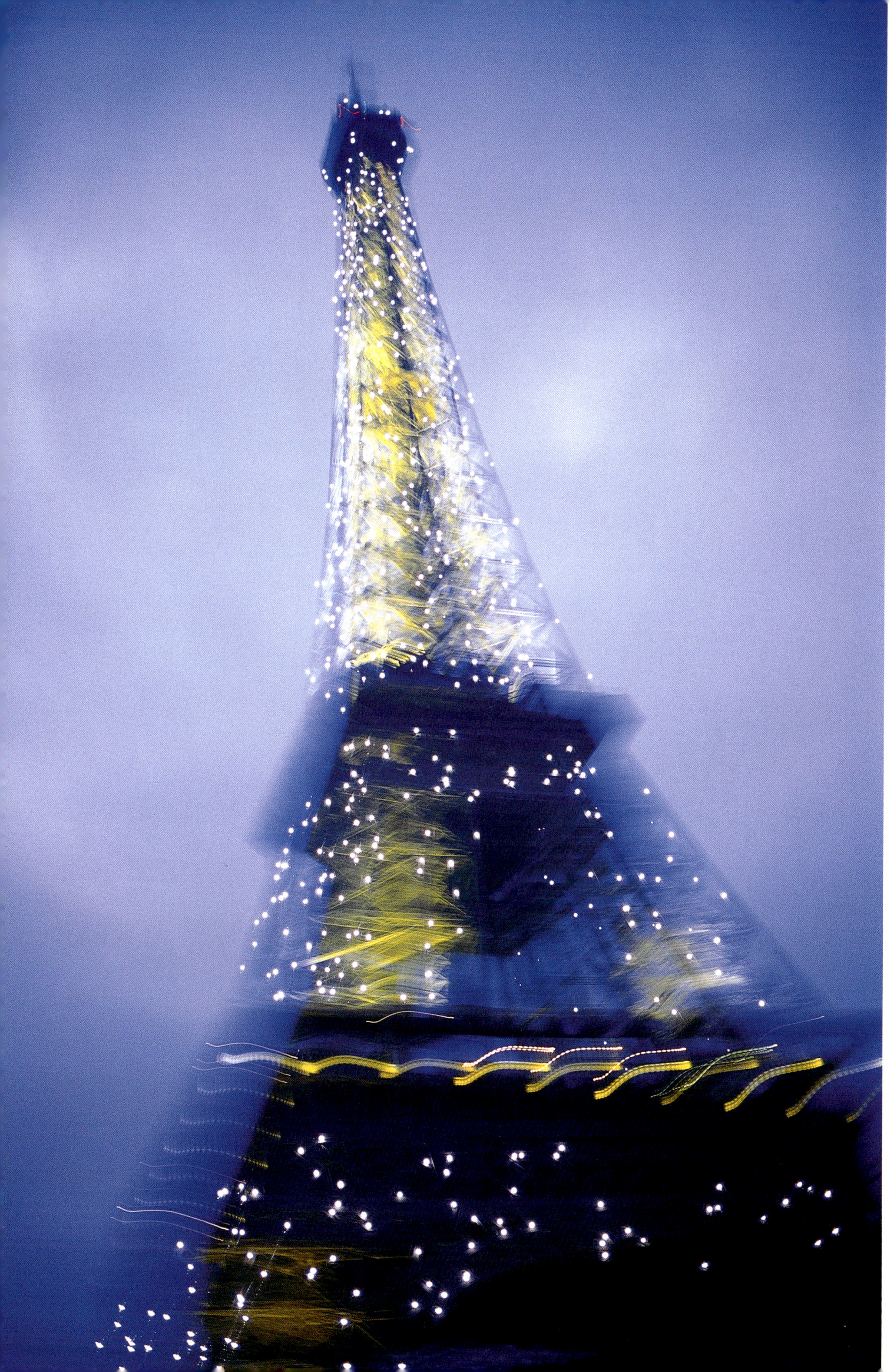

90 DEPARDIEU

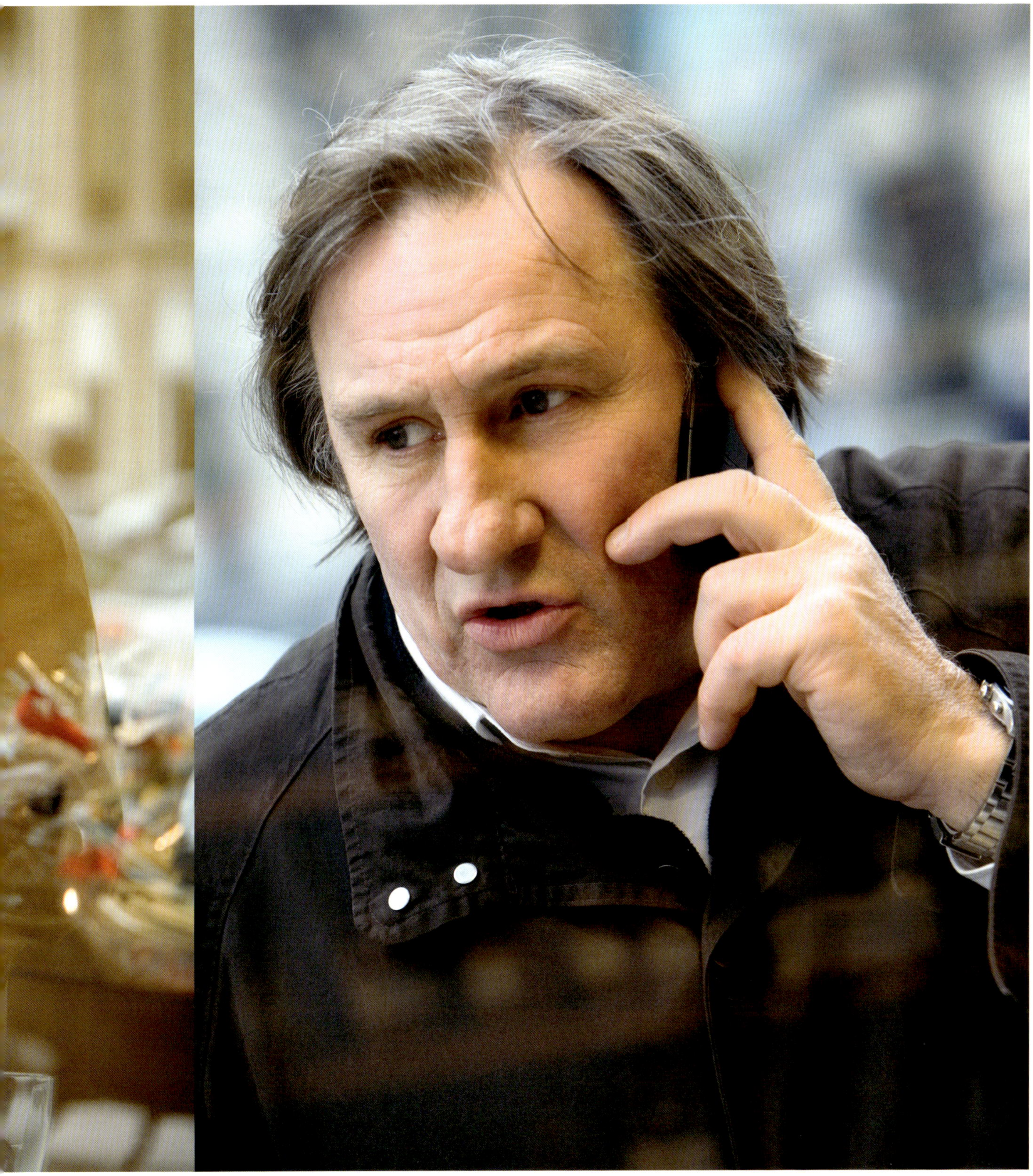

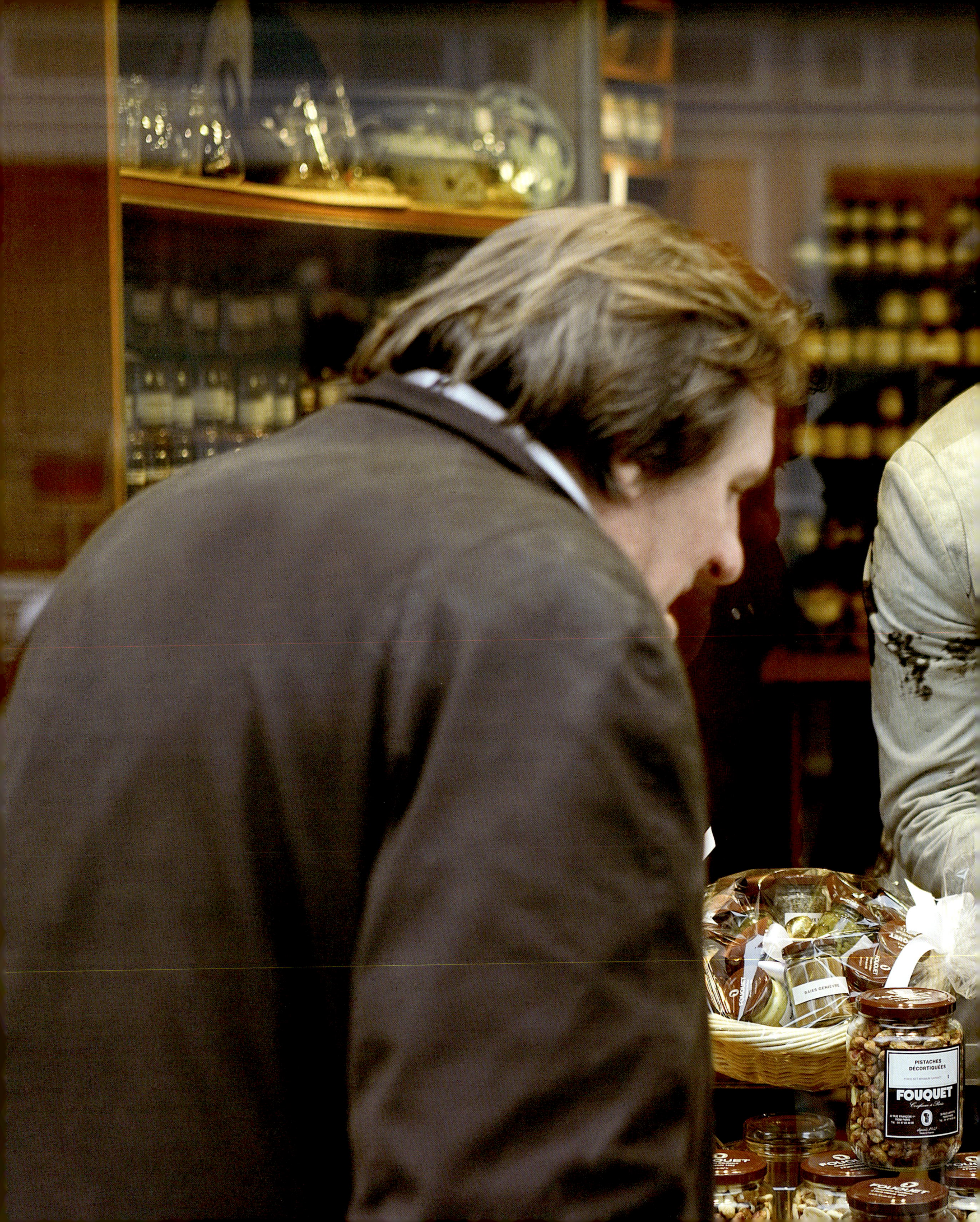
BAIES GENIÈVRE
PISTACHES DÉCORTIQUÉES
FOUQUET

FLEUR DE SEL
DIT LA MARIÉE
CHUTNEY
DE TAHITI
BURMESTER
VINAIGRE DE JEREZ
FOUQUET
FOUQUET

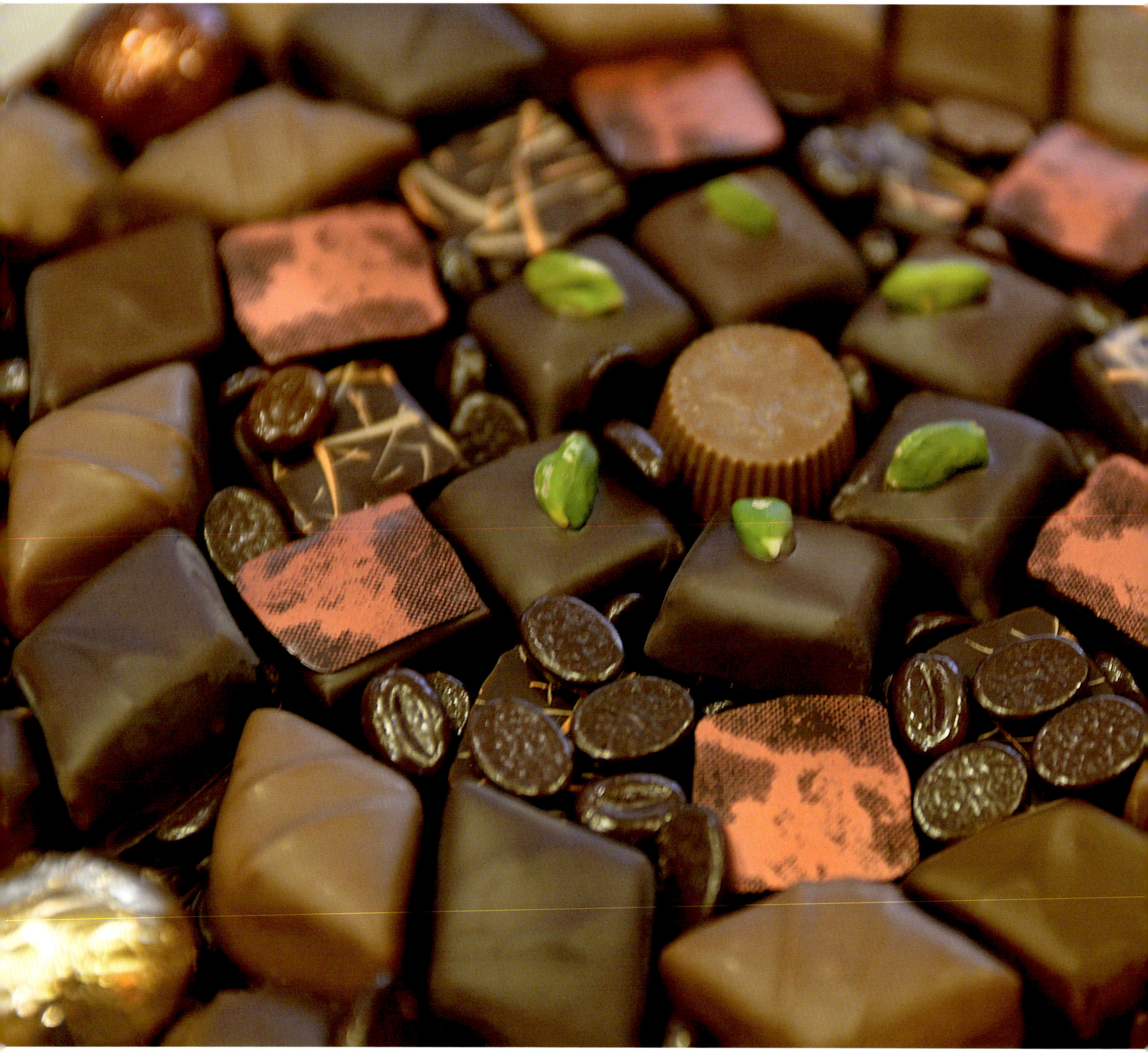

FOUQUET
CONFISEUR
22, RUE FRANÇOIS 1er
33, RUE LAFFITTE
PARIS

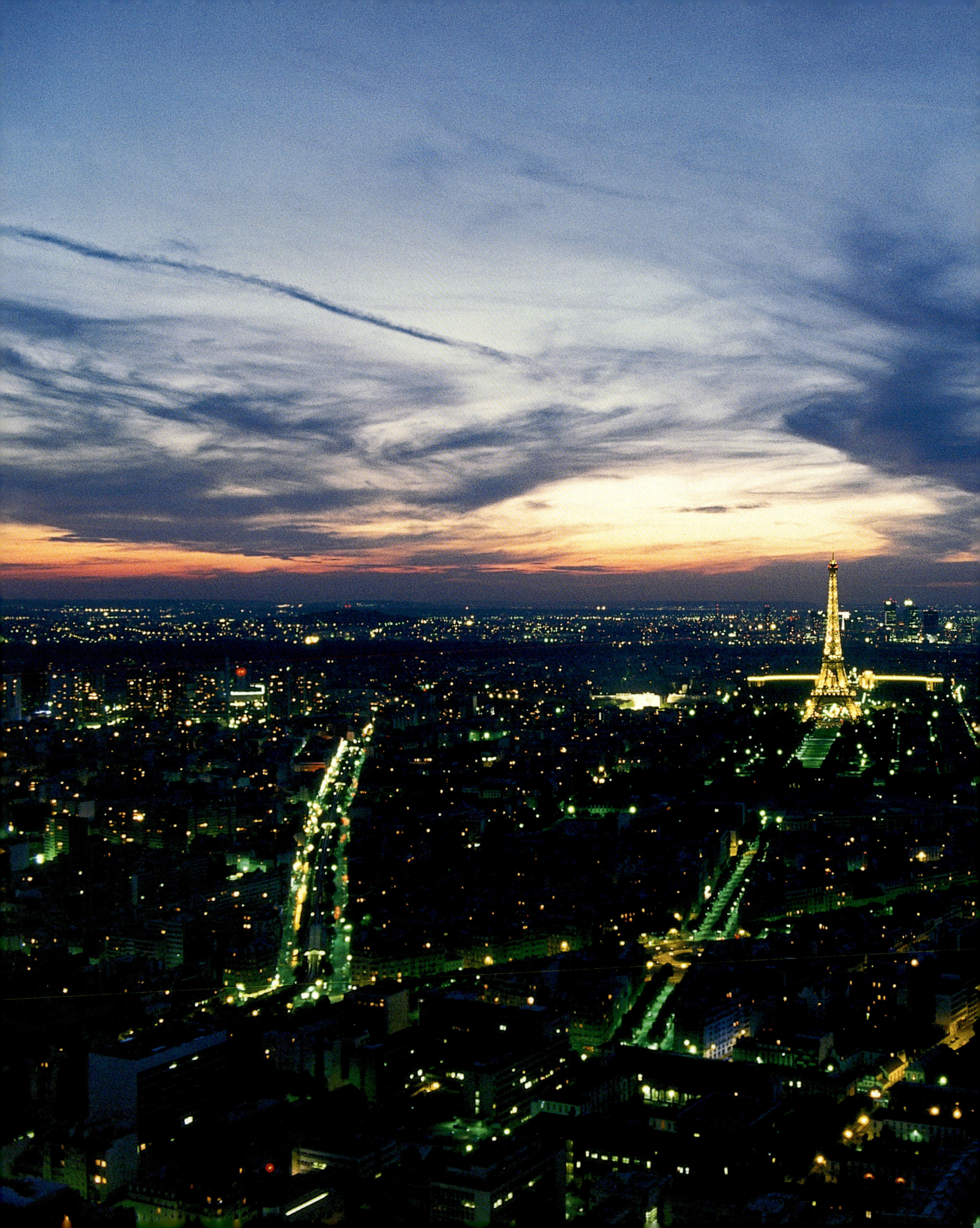

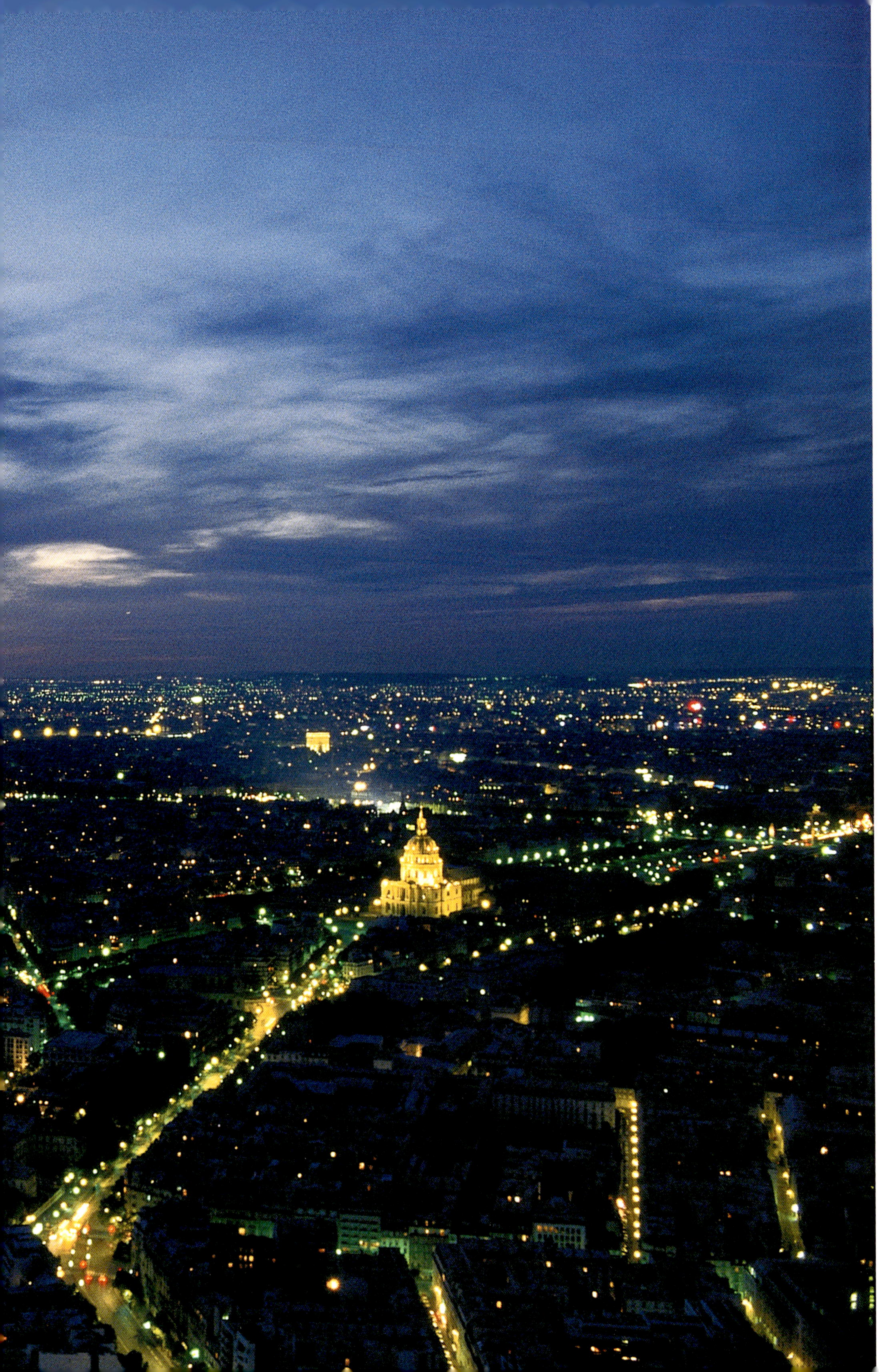

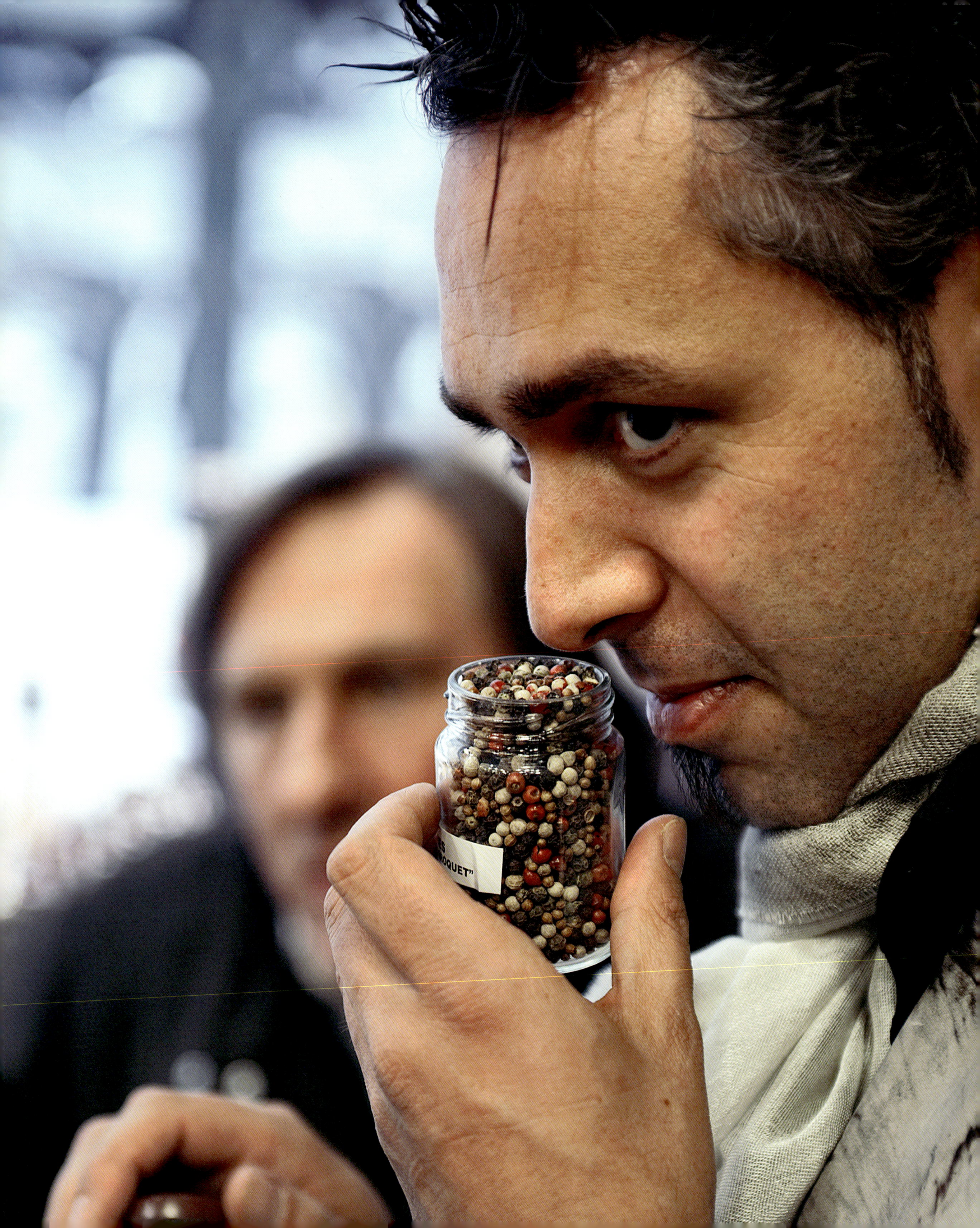

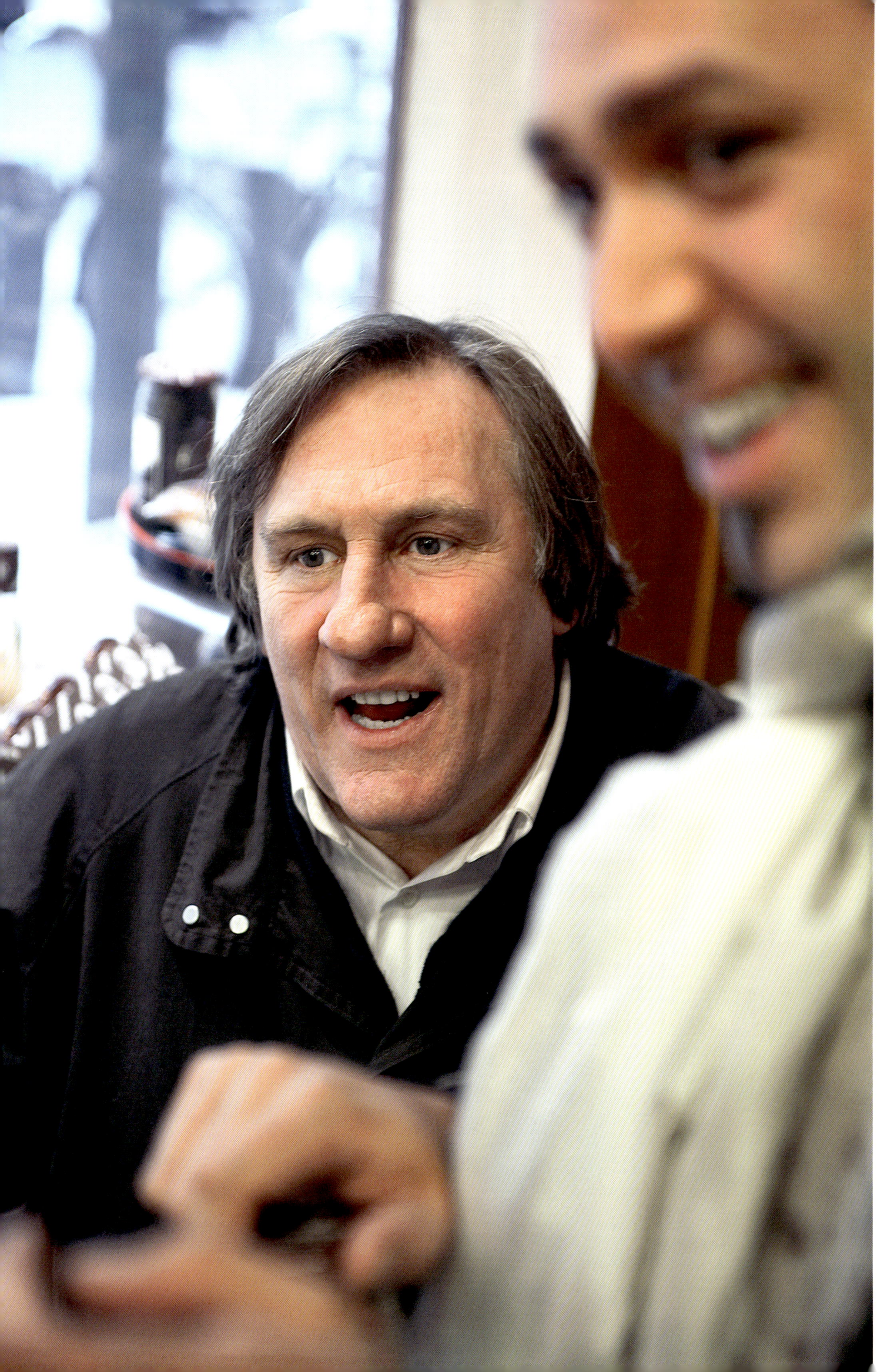

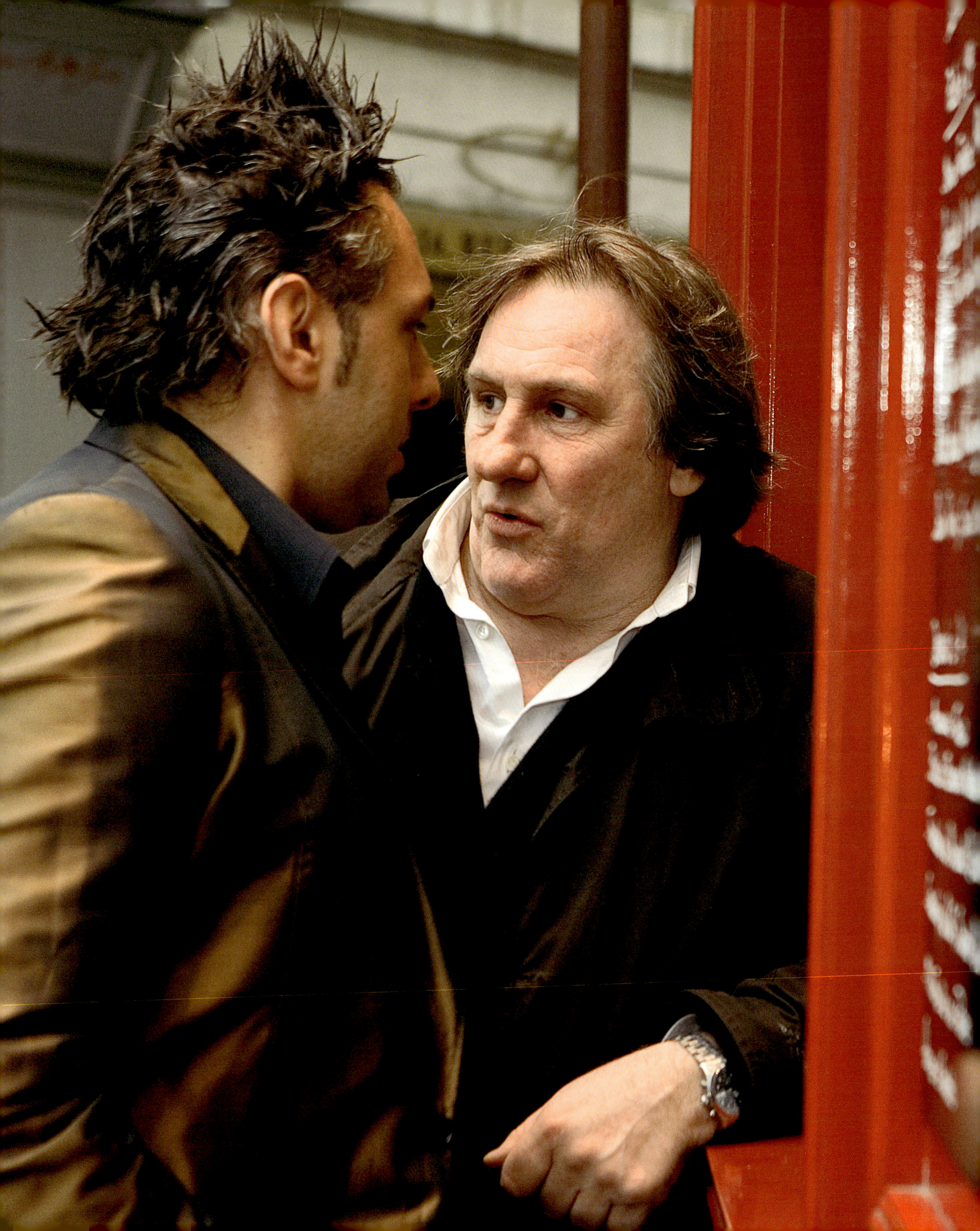

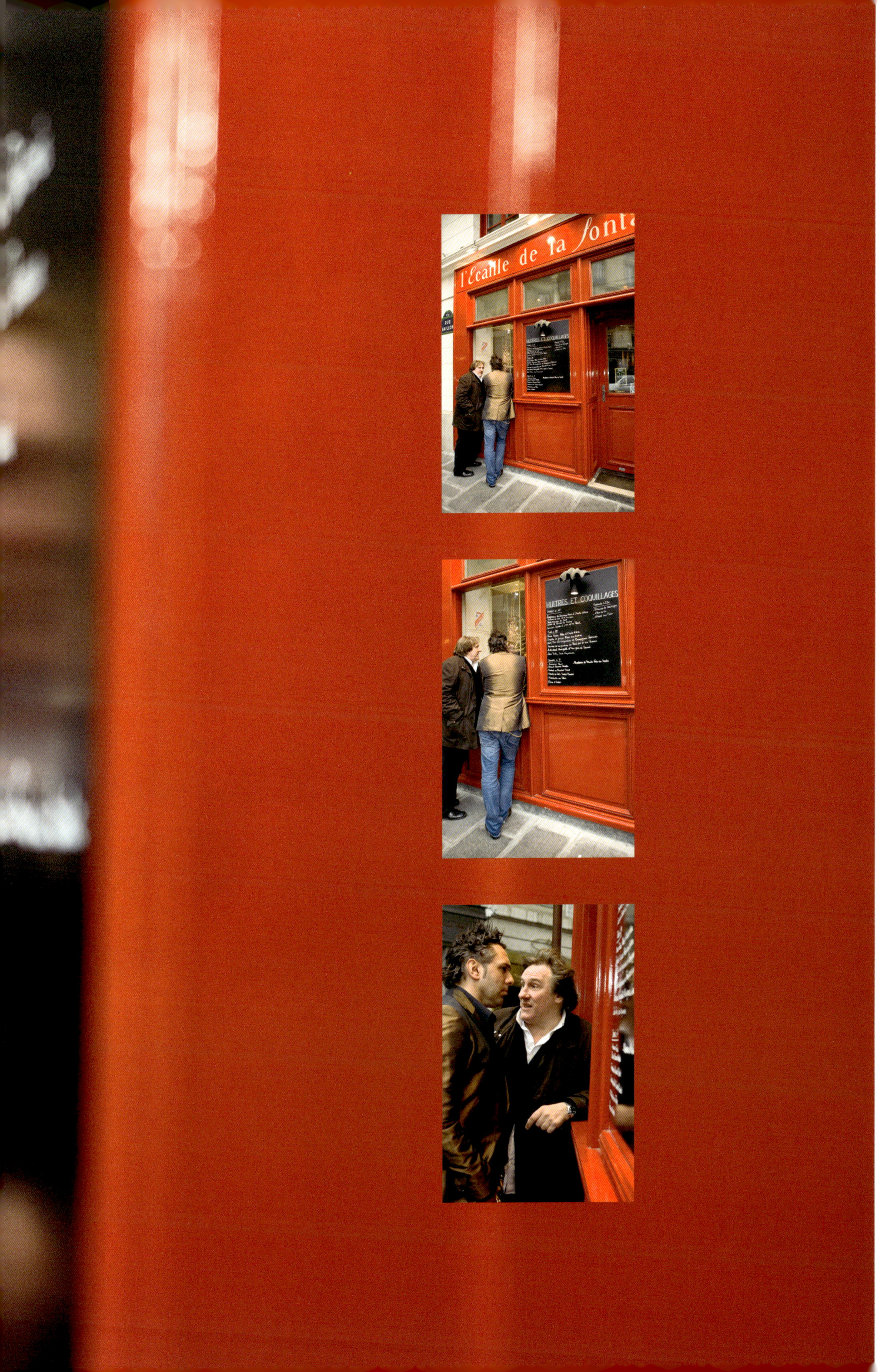
l'Ecaille de la Fonta
HUITRES ET COQUILLAGES

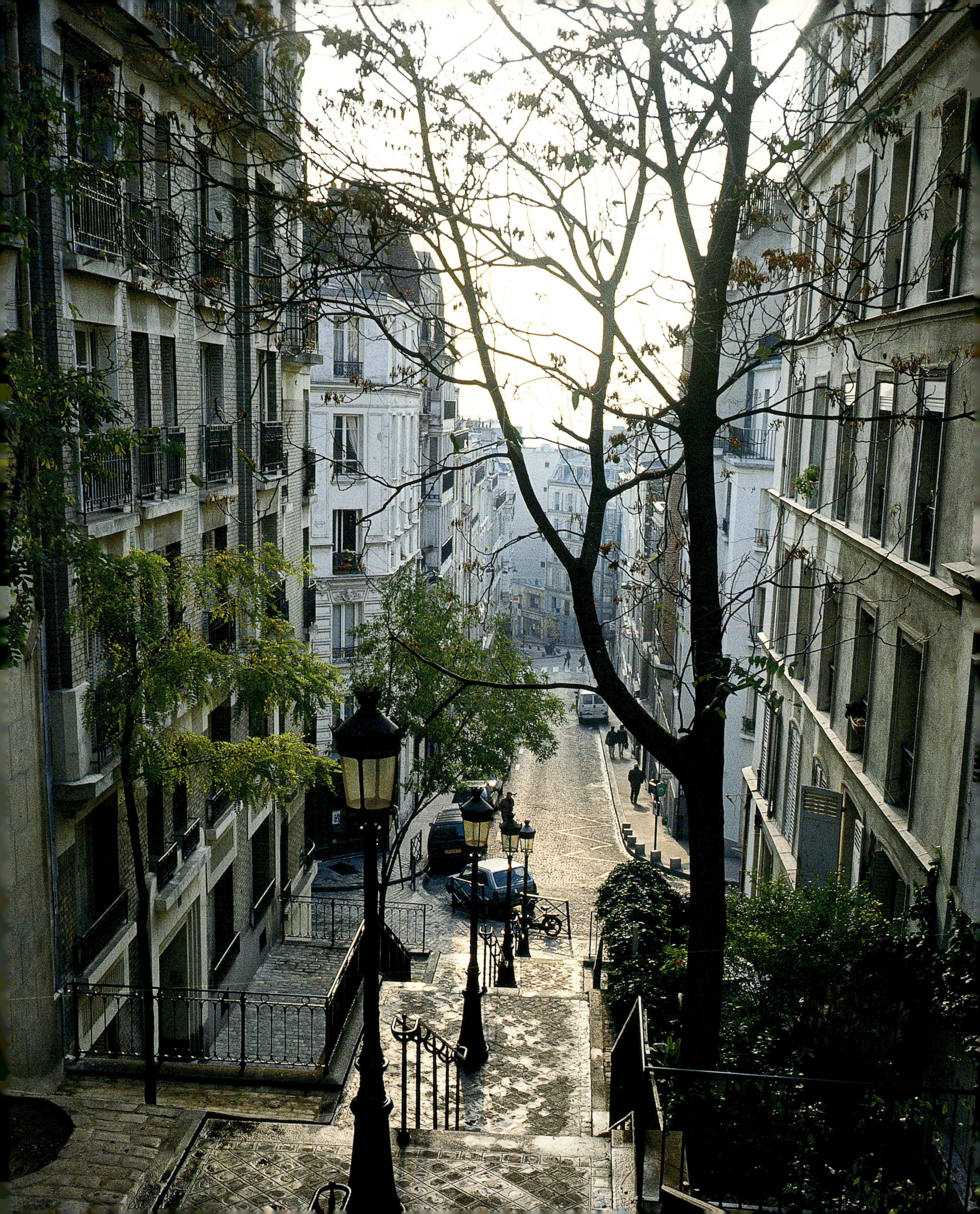

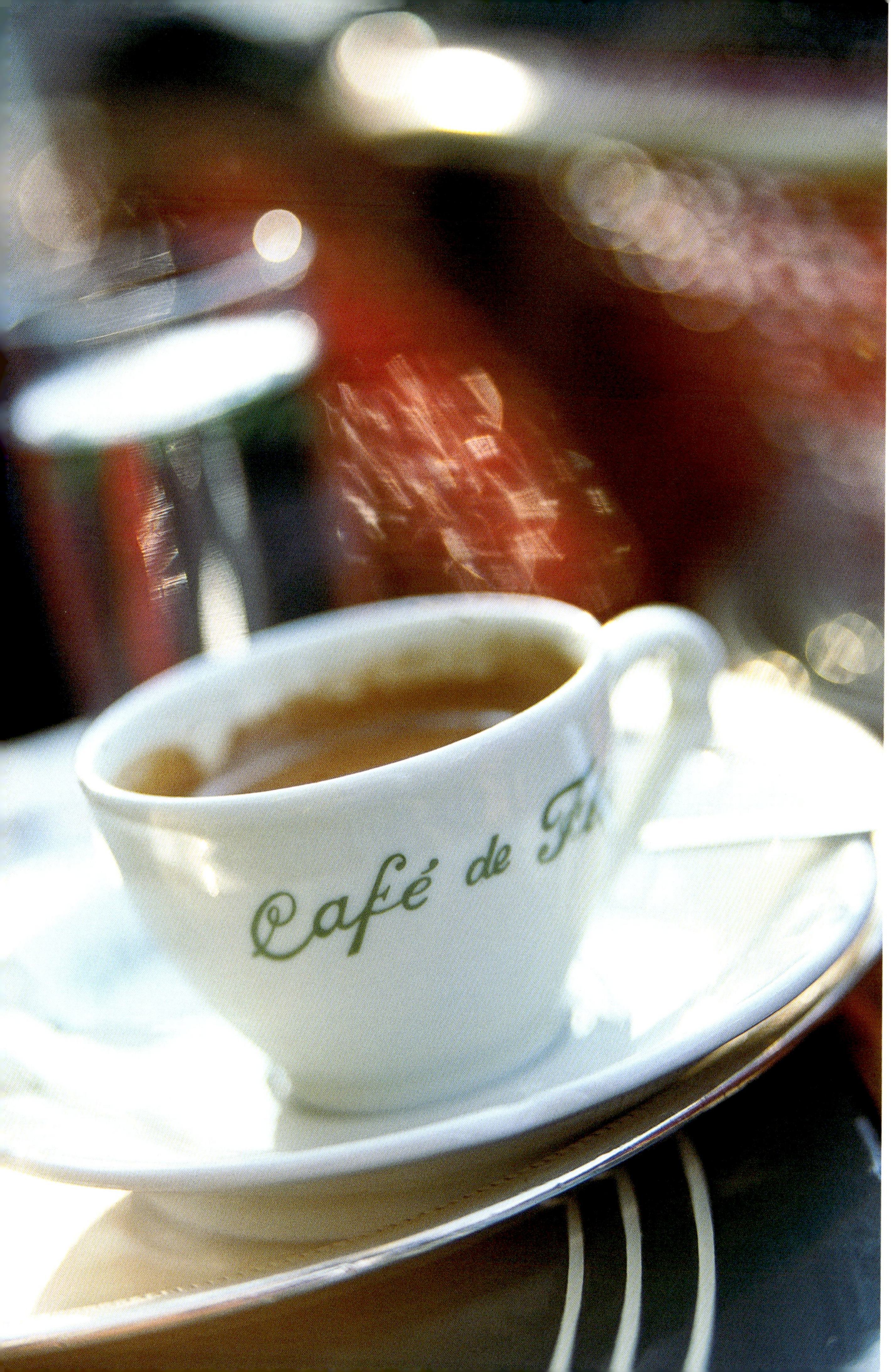
Café de

104　DEPARDIEU

»Fast 20 Jahre lang habe ich über mein erstes eigenes Restaurant nachgedacht.«

Gérard Depardieu in seinem Restaurant »La Fontaine Gaillon«

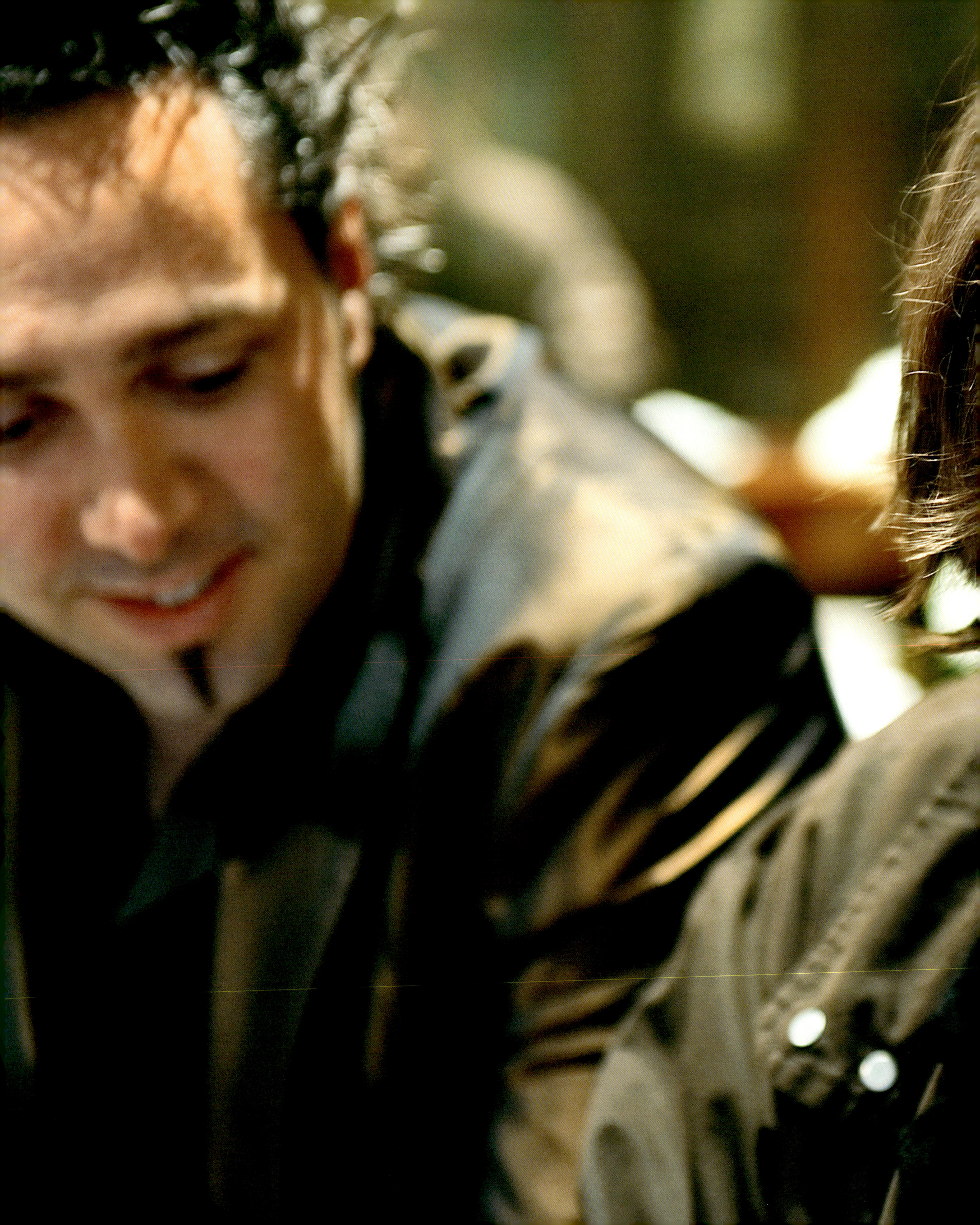

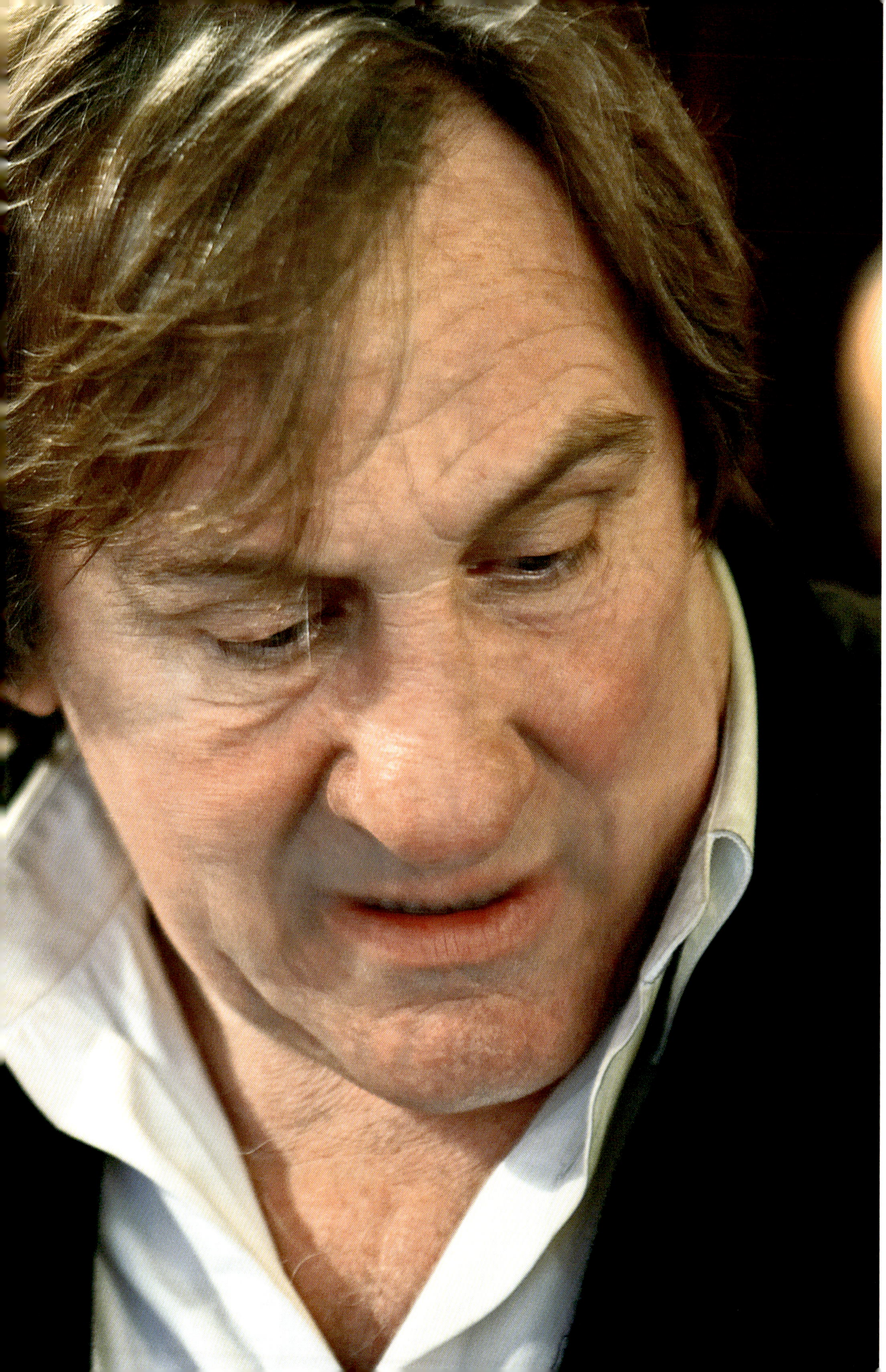

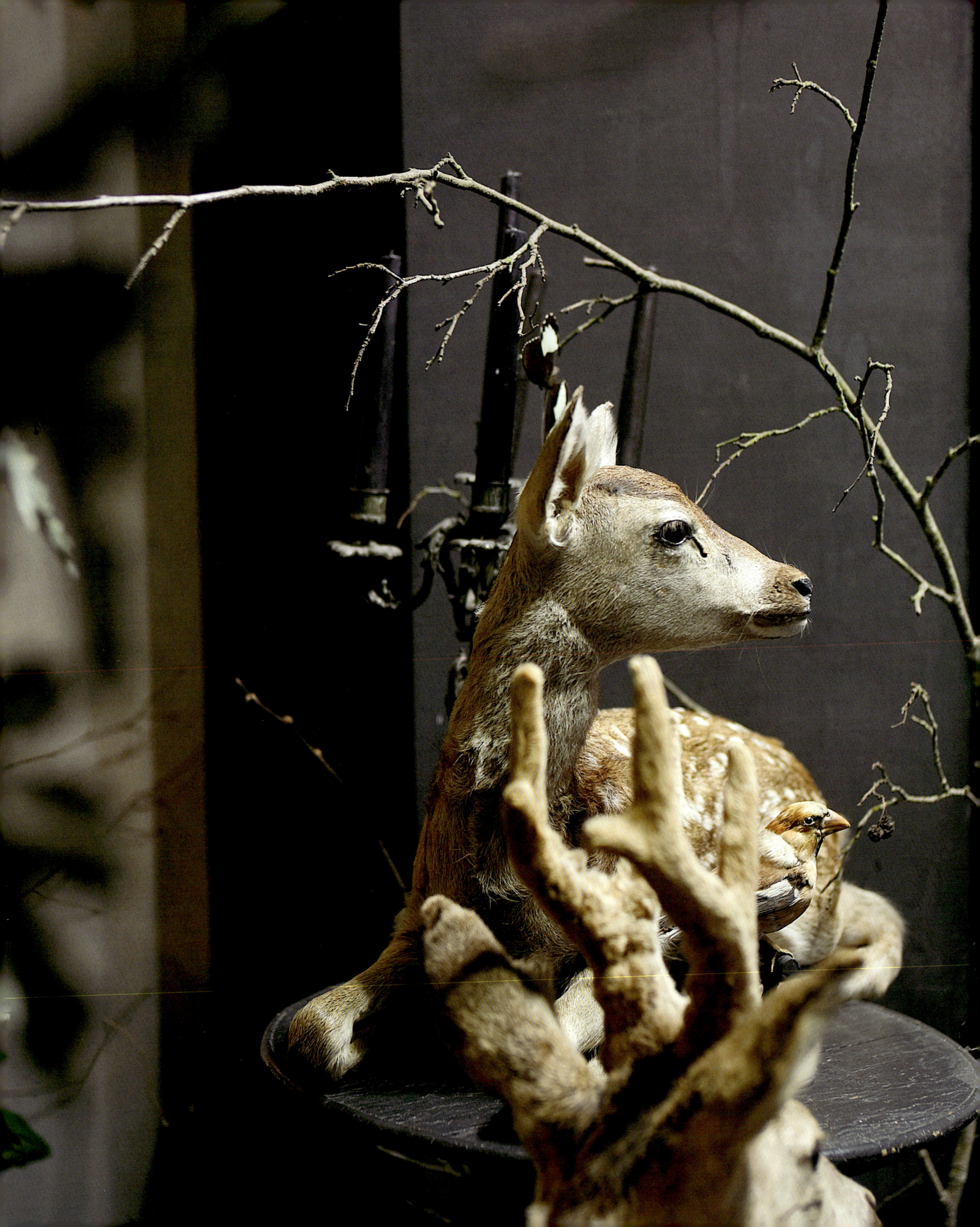

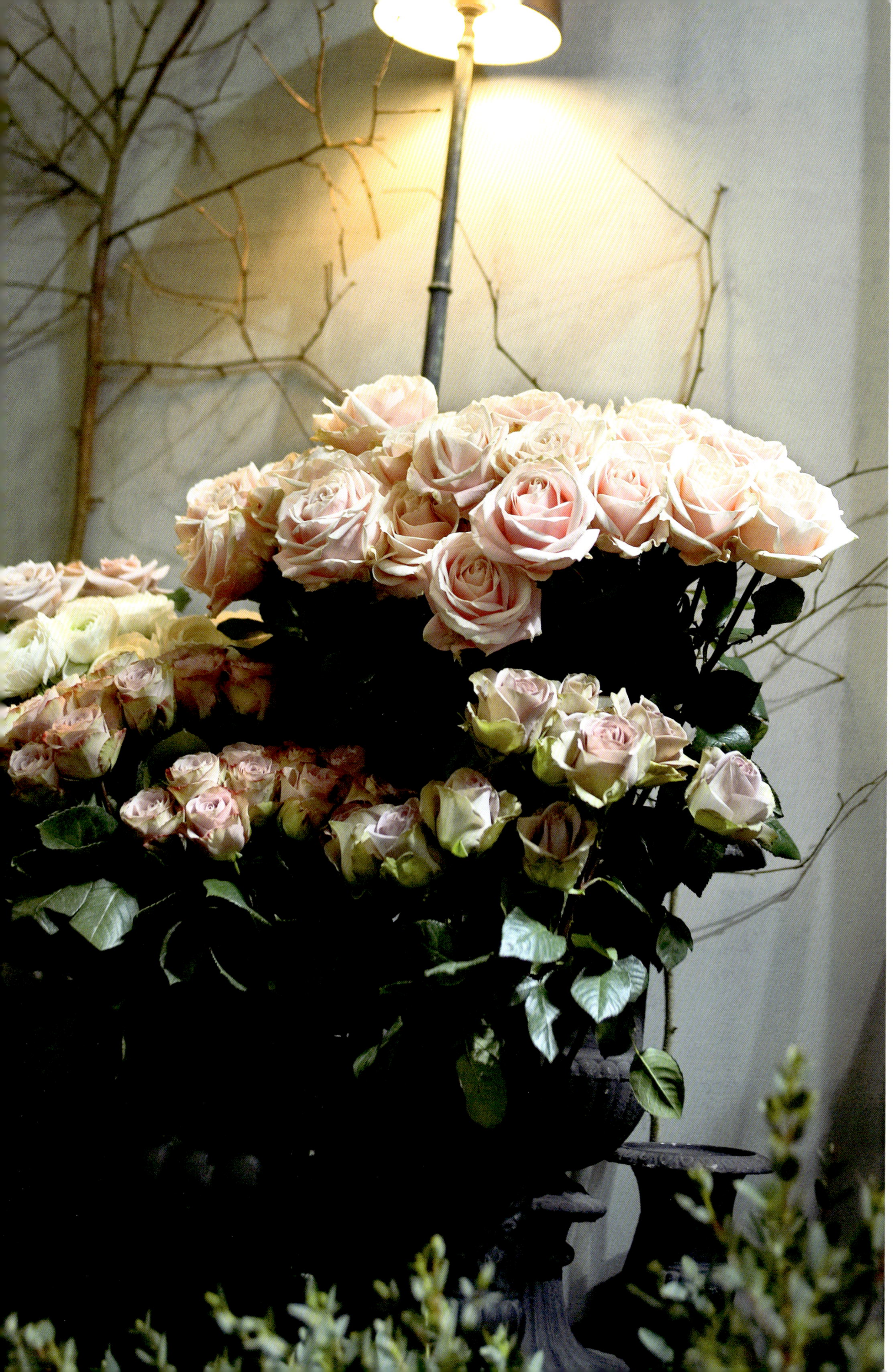

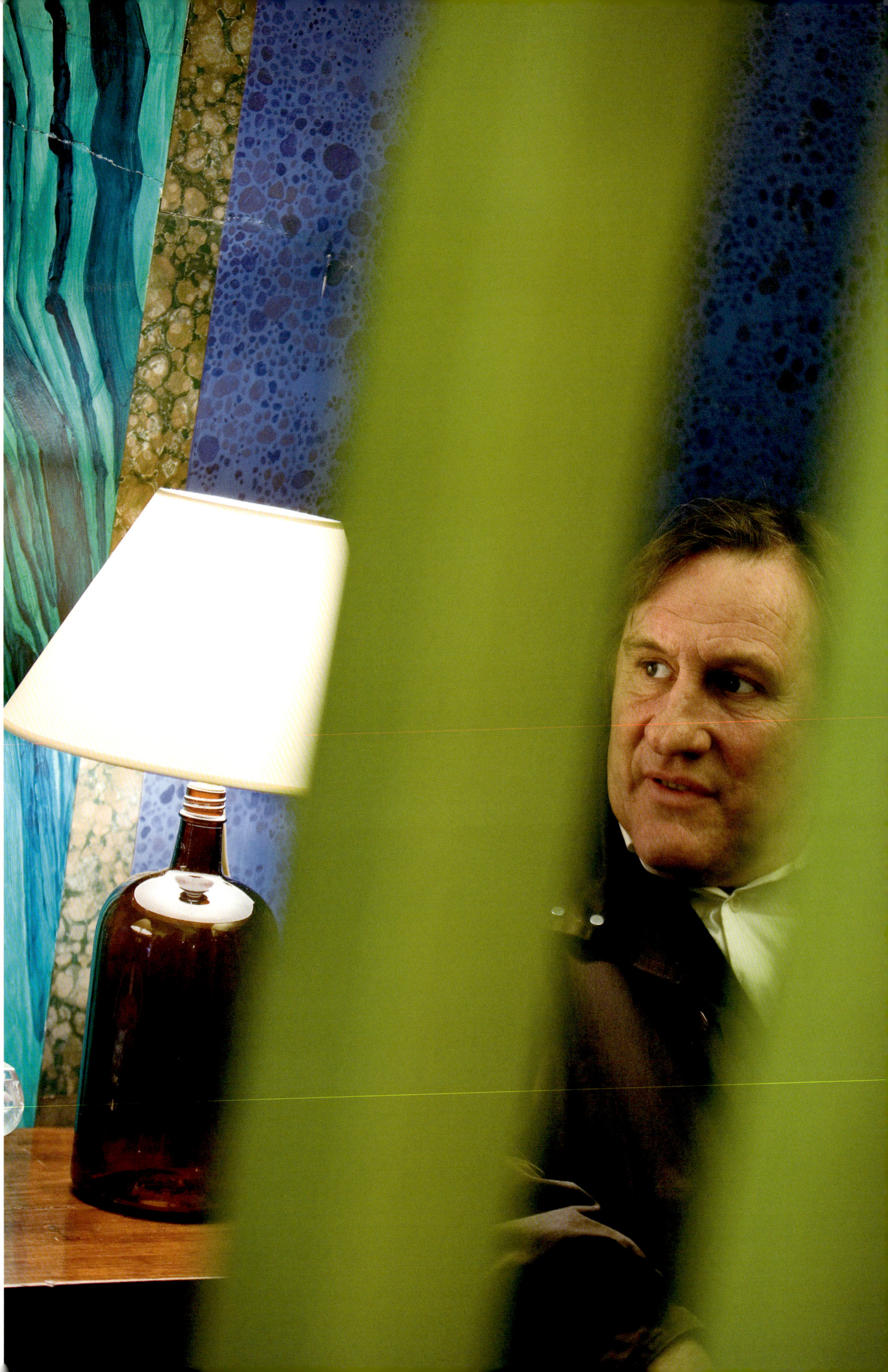

TRETTL 111

112 DEPARDIEU

L'ODORAT EST LE SENS DE L'IMAGINATION
JEAN JACQUES ROUSSEAU
VIE
LE SOUVENIR EST LE PARFUM DE L'ÂME
GEORGE SAND
SUC CÈS
LA JOIE PROLONGE LA VIE
Shoot for the moon. Even if you miss, you'll land among the stars.

»PARIS gibt mir Atem – und nimmt mir den Atem. Immer noch und immer wieder.«

Gérard Depardieu

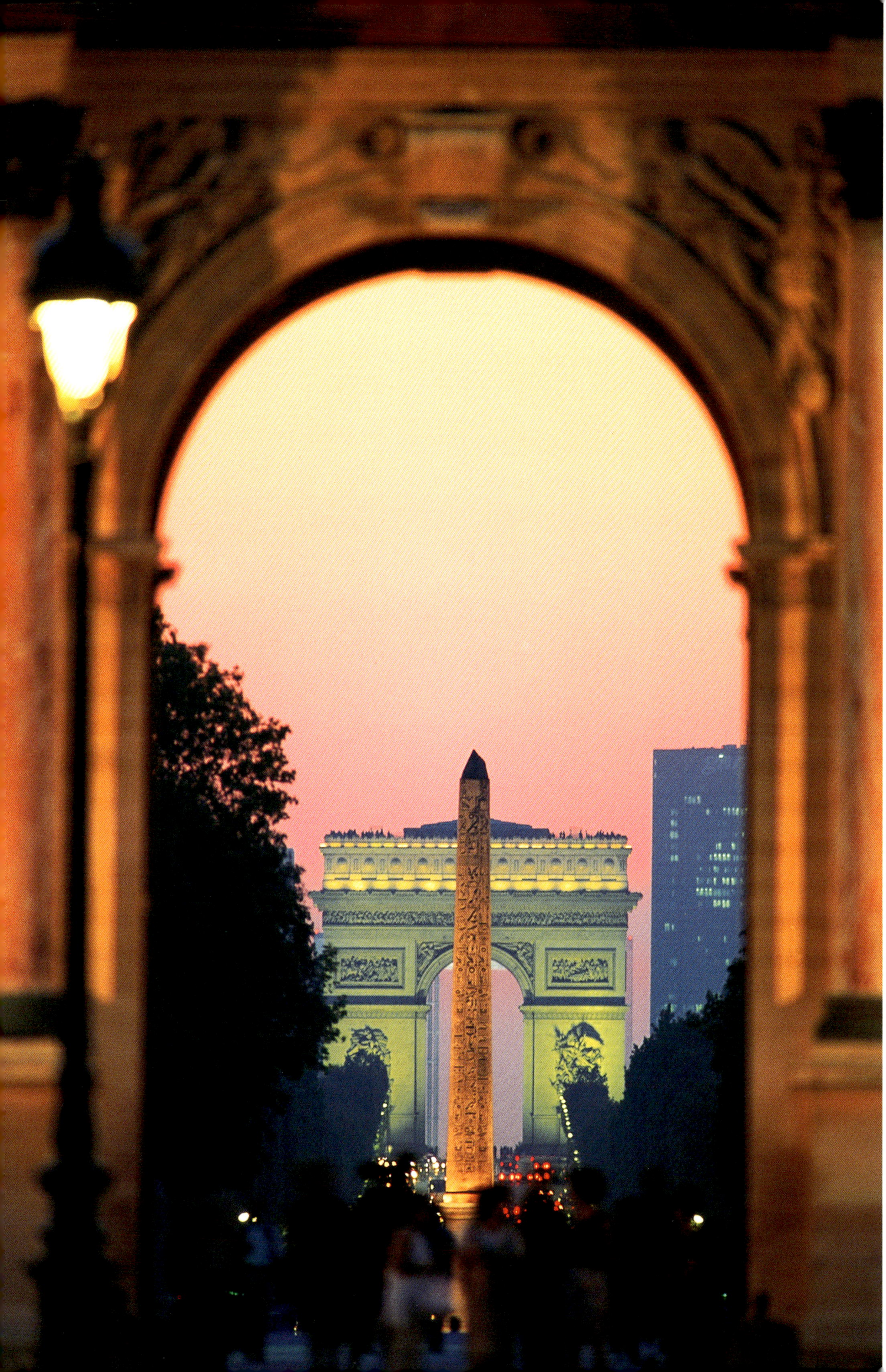

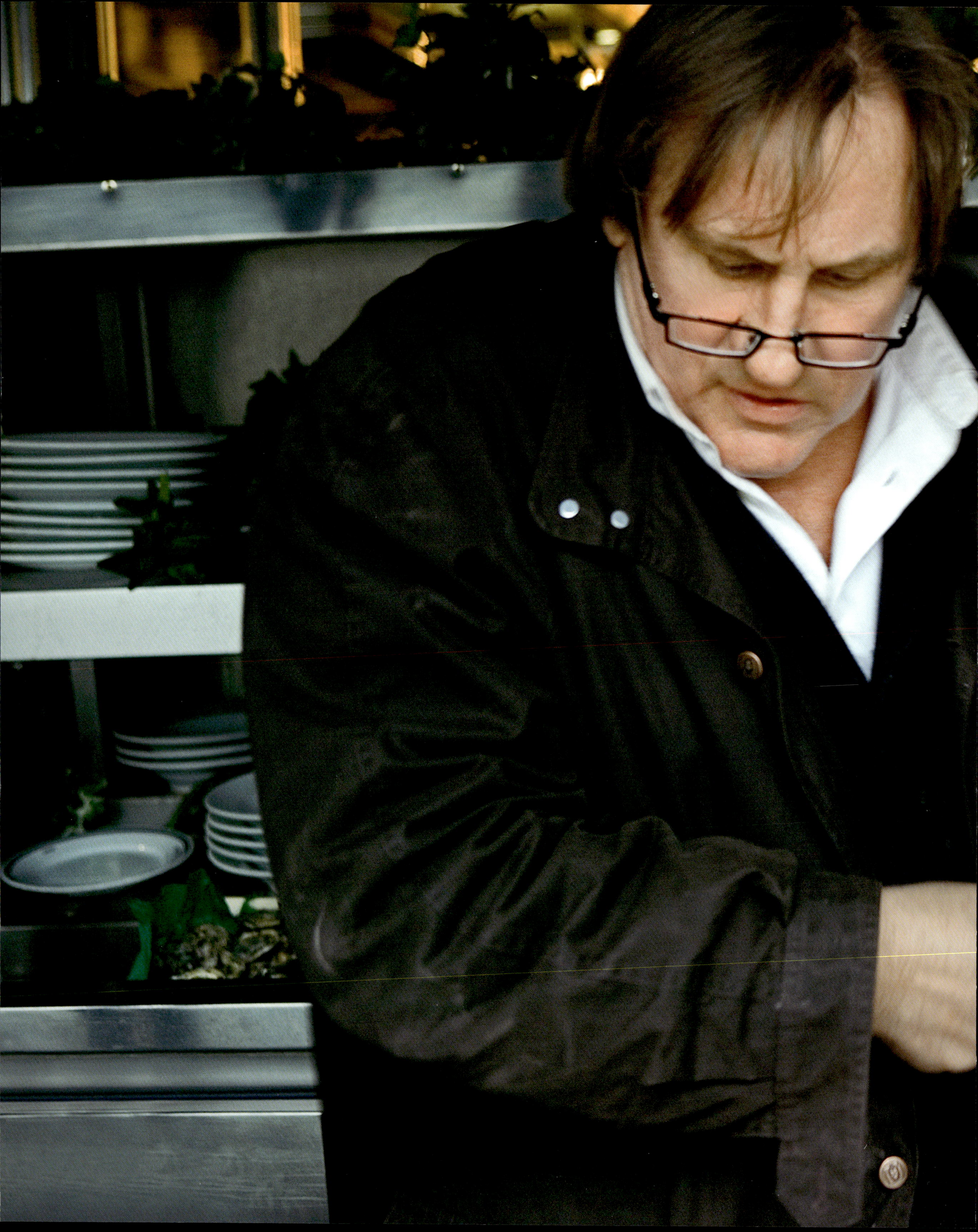

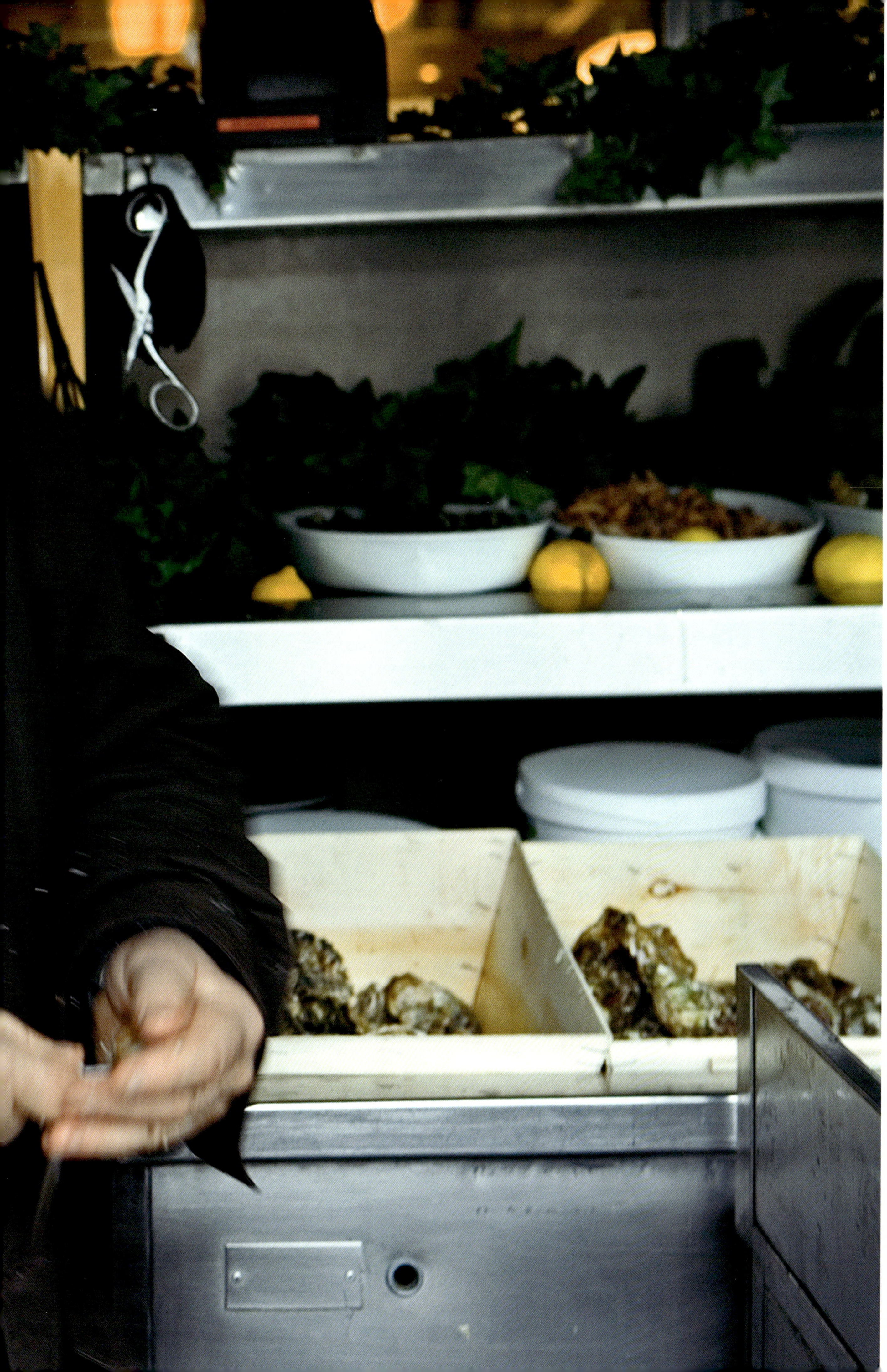

LA FONTAINE GAILLON

La Fontaine Gaillon

Selbstverständlich hatte man von Gérard Depardieu nichts anderes erwartet. Zwei Angebote gab es als Räumlichkeiten für sein zukünftiges Restaurant – das deutlich kleinere in der Rue de Bac, das andere, größere, an der Place Gaillon. Natürlich wollte Depardieu das größere.

Alles begann vor rund 20 Jahren. Der leidenschaftliche Gourmet und Gourmand Gérard Depardieu hatte endlich seinen Leib- und Magenkoch gefunden: Laurent Audiot im damals besternten »Marius et Jeanette«. »Eines Tages machen wir beide zusammen ein Restaurant auf«, sagte der Stammgast und Weltstar zu dem sehr bescheidenen, am liebsten hinter den Kulissen agierenden Chefkoch. »Geht in Ordnung«, nickte der stille Laurent. Dabei blieb es. 15 Jahre.

Dann aber ging alles doch ganz schnell. »Es ist so weit«, gab Freund Gérard den Startschuss, »schau dich um.« So kam es zu den beiden Angeboten. Laurent tendierte zum kleineren Restaurant, Gérard – natürlich – hielt dagegen: »Nun gut, das Lokal am Place Gaillon mag zu groß erscheinen, aber glaube mir, es dauert nicht lange und dann ist selbst das zu klein. Weil unser Restaurant einfach immer voll sein wird.«

Tatsächlich: »La Fontaine Gaillon«, dessen Fassade ein verspielter Muschelbrunnen mit Putte, Dreizack und aufgespießtem Fisch ziert, war für Gäste und Gastgeber ein Glücksgriff. Das kleine Stadtpalais, malerisch gelegen an der hübschen Place Gaillon im 2. Arrondissement, ganz in der Nähe der Opéra Garnier, ist ein historisches Kleinod. 1672 für den königlichen Schatzmeister errichtet, finden sich unter den späteren Hausherren eine Tochter Ludwigs XIV. sowie der Graf von Richelieu wieder. Gebäude und Geschichte sind also eines Depardieus würdig. 80 Plätze auf zwei Etagen, im oberen Stockwerk kleine, intime Separees für geschlossene Gesellschaften, ansonsten holzgetäfelte Wände, ein deckenhoher Sandsteinkamin, eierschalfarbene Stuckdecken mit Kristallüstern und Couchs, in denen man tief versinkt – alles liebevoll und stilsicher eingerichtet von Gérard Depardieus langjähriger Lebensgefährtin und Berufskollegin Carole Bouquet.

So authentisch der Stil, so persönlich die Küche: »In meinem Restaurant gibt es eine einfache und doch raffinierte Küche aus den allerbesten Zutaten«, freut sich der große Schauspieler, genauso wie er sich darüber freut, recht behalten zu haben: »Mein Restaurant ist seit der Eröffnung im September 2003 voll, voll, voll.«

121

VANILLE
PISTACHE
CAFE
CHOCOLAT

Mangue Passion
Poire
ANANAS
Fromage BLANC

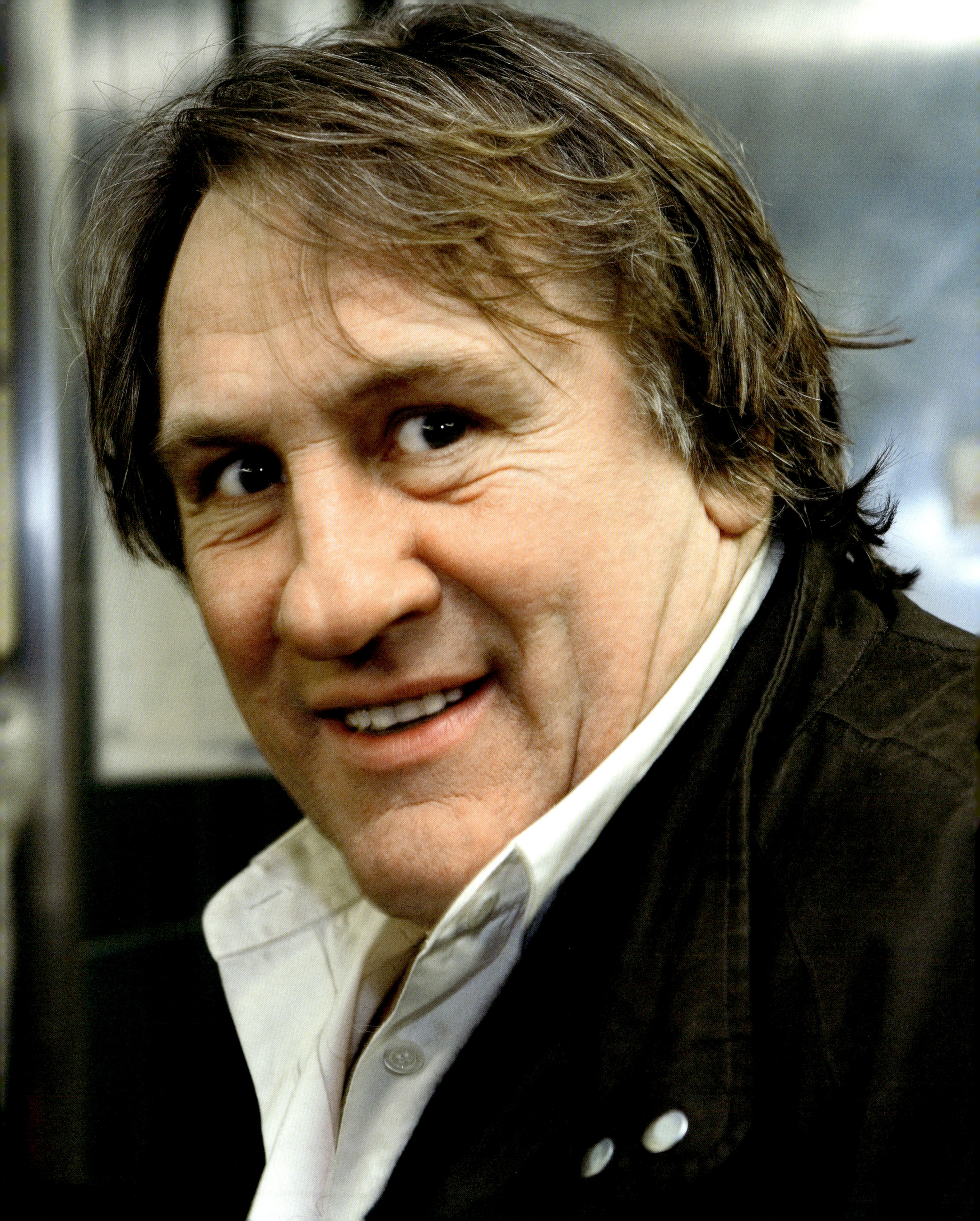

124 DEPARDIEU

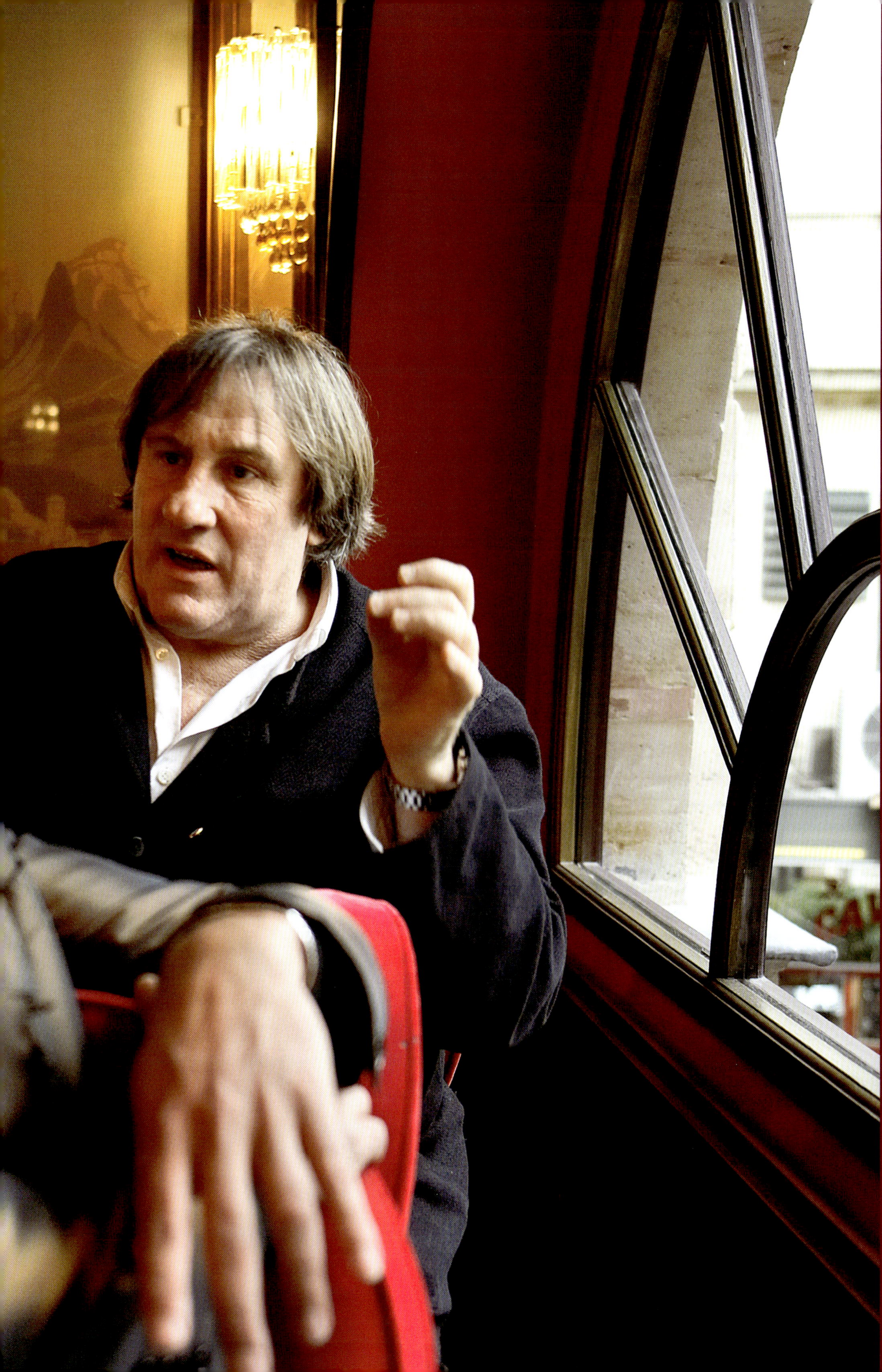

Zwei Männer und das Kochen

Wer in 37 Jahren in über 170 Filmen spielt, wer »nebenbei« noch auf der Bühne steht und ansonsten gern auch noch den Produzenten gibt, wer Kunstsammlungen aufbaut und auf Kuba Erdöl fördert, wer über ein halbes Dutzend Weingüter nicht nur sein Eigen nennt, sondern dort auch gern noch selbst Hand anlegt, bei dem ist eines sicher: Einerlei, was er sonst noch so macht, aus Langeweile geschieht dies garantiert nicht. Depardieu darauf angesprochen, lacht einem dröhnend ins Gesicht: »Beim besten Willen, aber ich kann einfach nicht nur eine einzige Sache tun.«

Zum Glück muss man sagen – auch aus kulinarischer Sicht. Denn der große Depardieu hat – sei es als Besitzer zweier Restaurants, sei es als geschätzter Gastgeber – trotz aller Multibelastung immer noch genügend Zeit und Lust, sich ausgiebig ums Essen und ums Kochen zu kümmern.

Sicherlich, ganz uneigennützig geschieht das nicht. Man schaue nur auf Depardieus ungezügelte, barocke Lust am Essen. Unvergessen, wie Depardieu-Biograf Paul Chutkow ungemein beeindruckt den Mimen bei der Nahrungsaufnahme beschreibt: »Um sich für die bevorstehende Qual eines Fototermins zu wappnen, stopfte er sich mit Foie Gras voll und schüttete kräftig Weißwein hinterher und nach dem Fototermin tröstetet er sich mit einem Steak, das für drei gereicht hätte, einem riesigen Stück Roquefort sowie zwei Flaschen jungen Rotweins von seinem Schloss.« In die gleiche Kerbe schlägt Derpardieus heutiger Restaurantpartner Laurent, wenn er von der ersten gemeinsamen Begegnung spricht: »Er kam in unsere Küche und fing sofort an, überall zu kosten. Das ist normalerweise nicht so mein Ding, aber was will man bei so einer Persönlichkeit schon machen. Er hat so was Spezielles in den Augen, er schaut einen an und alles ist okay. Auf jeden Fall sah Gérard, wie ich gerade einen Loup de mer grillte. ›Was für ein wunderschöner Fisch‹, rief Gérard, ›kann ich den kriegen?‹ – ›Klar‹, antwortete ich, ›bloß, 1,5 Kilo sind ja doch ein bisschen viel für einen allein.‹ Gérard meinte nur, für ihn sei er gerade richtig, dann putzte er das Teil mit riesigem Appetit weg und fragte unmittelbar danach, ob er noch einen zweiten haben könne.« Noch heute, viele Jahre später ist Laurent vom Hunger seines Freundes zutiefst beeindruckt: »Ich habe mal gesehen, wie Gérard zwei Kilo Eis auf einen Sitz weglöffelte. Zuerst das eine Kilo, dann das andere Kilo. Ruhig und rhythmisch Löffel für Löffel – danach war er zufrieden.«

Letztendlich ist es dieses barocke Genießen, das auch Roland Trettl in der »Ikarus«-Küche zu beeindrucken wusste: »Küchen üben eine magische Anziehungskraft auf den massiven Franzosen aus. Dieser Mann ist ein in der Wolle gefärbter Foodie, den interessiert einfach alles, was sich in der Küche abspielt. Man merkte sofort, dass Depardieu in Paris zwei Restaurants hat. Rezepte, Produkte, Abläufe, alles wollte er in Erfahrung bringen – und damit das alles nicht zu theoretisch wird, wollte er auch essen, essen, essen. Ein Traum für jeden Koch, der neugierige und gleichermaßen kundige Gäste sucht.«

So sinnlich und ichbezogen das Essen für Gérard Depardieu, so rustikal ist sein Kochen. »Was ich am liebsten mache, ist bodenständige Küche. Gerichte, die stundenlang so vor sich hin köcheln, wie zum Beispiel ein Eintopf, ein Ragout, ein Kalbsfrikassee, natürlich auch ein Coq au Vin, eben Gerichte, die fast von alleine kochen.« Wobei Freund und Koch Laurent immer wieder betont, dass sie zu zweit ein gutes Team sind: »Samstags und sonntags stehen wir beide nur zu oft gemeinsam in der Küche und bereiten neue Rezepte vor. Dann lässt er es sich nicht nehmen, beispielsweise eine Kaninchenterrine ganz sorgfältig Lage für Lage selbst zu schichten.«

Wenn Roland Trettl im »La Fontaine Gaillon« in der Küche steht und sein Resümee zieht – »Gérard und Laurent bringen auf eine super ehrliche Art eine quasi gutbürgerliche französische Küche extrem gekonnt auf den Punkt« –, lacht Gérard nur: »Bien sur, Roland.« Beide wissen genau, dass mit ihnen zwei kulinarische Welten aufeinandertreffen. Hier der Lustesser und Gourmet-Gourmand. Dort der strategisch-intellektuelle Großmeister Roland Trettl.

Was Depardieu instinktiv und rein genussorientiert macht, ist bei Roland Trettl Ergebnis kopfgesteuerter Durchdringung aller Vorgänge. Beide lieben gleichermaßen das Ergebnis, doch was bei dem Schauspieler eine Küche des improvisierenden Talents ist, ist bei dem Executive Chef zwar auch Talent, gleichermaßen aber auch harte Schulung und jahrelanger Austausch mit den Größten seines Gewerbes. Dabei hat der Südtiroler das Kochen durchdrungen wie ein studierter Musiker das Komponieren von Partituren.

Beispielhaft hat das der Executive Chef Roland Trettl anhand seines Trüffelmenüs erklärt, das er im Spätherbst 2007 für das »Ikarus« komponierte. Nicht das vermeintlich geniale »Erfinden« von Rezepten, also das Rezept als genieblitzartige Eingebung ist hier der Gang der Dinge, sondern das intellektuelle Abtasten aller Möglichkeiten vor dem Hintergrund immenser Erfahrung. Es spiegelt das nahezu abstrakt-kompositorische Erdenken von Gerichten wider. »Denke ich an Trüffel, denke ich in erster Linie an Produkte, die dem Trüffel die große Bühne stellen: Kartoffeln, Spinat, Pasta, Risotti. Aber das sind natürlich nur Grundgedanken.« Das Finden der tatsächlichen Rezepte ist etwas ganz anderes. »Sicher, ab und an gibt es eine spontane Eingebung, eine Idee – die gilt es dann sofort festzuhalten. Aber weit wichtiger ist der Druck eines nahenden Termins, der immer stärker Kreativität und assoziatives Denken bei mir freisetzt.« Trettl nennt als erstes Beispiel einen Gang über den Markt: »Ich schlendere an einem freien Tag an den Ständen vorbei, ich sehe Radicchio, ich sehe Nüsse, ich sehe den norditalienischen Fontinakäse – und denke an Trüffel. Da geht was! Oder ich sehe eine Rote Bete und habe eine Idee: Das Erdige der Roten Bete mit schwarzen Trüffeln. Damit lässt sich was machen.«

So also könnte sich das auf einem Gang über einen Markt abspielen – für Laien noch beeindruckender ist jedoch der quasi küchen- und genussfreie Raum, in dem Roland Trettl ebenso assoziativ komponieren kann, ja geradezu muss. Denn als Executive Chef im »Ikarus« steht der Spitzenkoch nicht nur für eines der außergewöhnlichsten Restaurantkonzepte in der Verantwortung, sondern muss dies auch Monat für Monat mit Leben erfüllen. Melbourne und Toronto, Bangkok und Lima, Paris und Mailand – um sich mit den Größten seiner Zunft zu treffen, um mit diesen »vor Ort« deren Küche authentisch zu erkochen, muss Trettl rund ums Jahr alle Kontinente bereisen.

Hinzu kommt das Vertreten des »Ikarus« auf wichtigen Gourmetfestivals. Macht in der Summe bis zu 100 Tage jährlich, an denen es gilt – ob in dem breiten Sessel der Business-Class oder in den einsamen Stunden irgendeines Hotelzimmers – jedes noch so kleine Zeitfenster auch für die Aufgaben in Salzburg zu nutzen: »Ich gehe dann meinen Laptop durch, in dem Hunderte von Rezepten aus aller Welt auch mit Fotos gespeichert sind. Ich rufe in völlig ungeordneter Form diese Fotos auf und lass mich treiben. Ein Bild mit grünen Bohnen – ich denke an Mozzarella und Wachteleier und Trüffel. Ich stoße auf ein Kalbsfiletfoto – und verbinde es mit Tofu und Trüffel. Tofu, weil er so neutral ist und dem Trüffel ein Trampolin stellt.«

Zu dem Produktdenken kommen die Techniken hinzu. Mit denen man all seine Ideen deklinieren und multiplizieren kann. Gedünstet, frittiert, gebraten, geräuchert. »Ich nehme alte Ideen, breche sie auf. Und setze sie neu zusammen. Espumas, Gelees, Vinaigretten, Suds. Alles ist wie ein großer Baukasten.« Und plötzlich ist es ein neues Gericht – kalt gekocht im Kopf: »Ich sehe einen Thunfisch, denke an Sushi und habe ein Bild: Reis, darauf ein Klecks Trüffelpüree anstelle des Wasabi, dann eine poelierte Scheibe Taubenbrust. Und statt der Sojasauce eine Emulsion von schwarzen Trüffeln.«

Keine schmutzigen Töpfe, keine benutzten Messer oder sonstiges Küchengerät – Kochen als virtueller Akt – und Gérard Depardieu muss lachen: »Ich muss mich beim Kochen an nichts halten. Bei Roland ist das anders. Er ist für ein großartiges Restaurant verantwortlich. Er muss Gerichte komponieren und präsentieren, logischerweise wird er dabei sehr stark von den unterschiedlichen Stilrichtungen beeinflusst. Mir können die völlig egal sein. Doch letztendlich können wir beide sehr zufrieden sein. Roland ist ein wirklich großer Koch – und ich habe beim Kochen völlige Freiheit.«

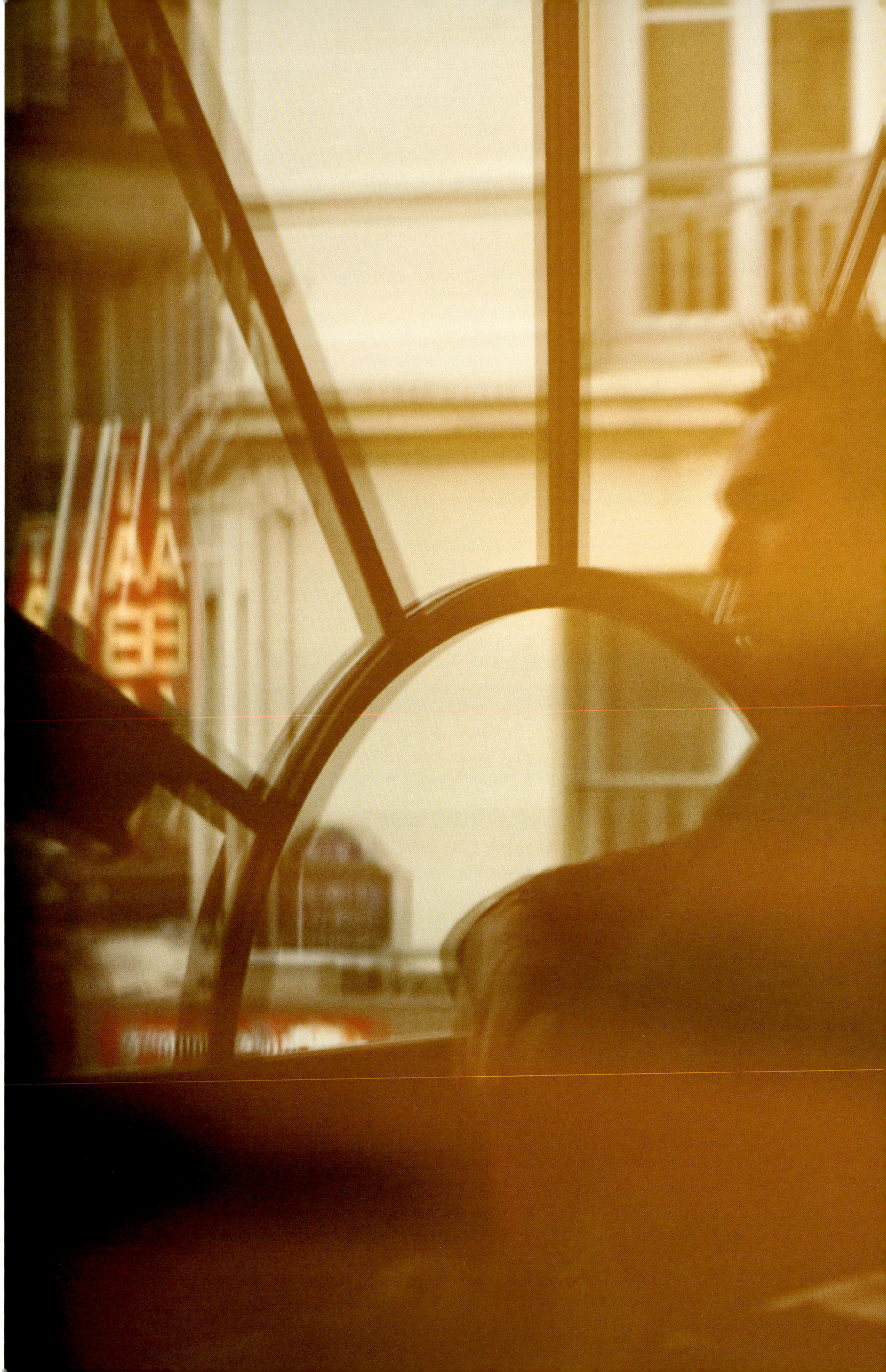

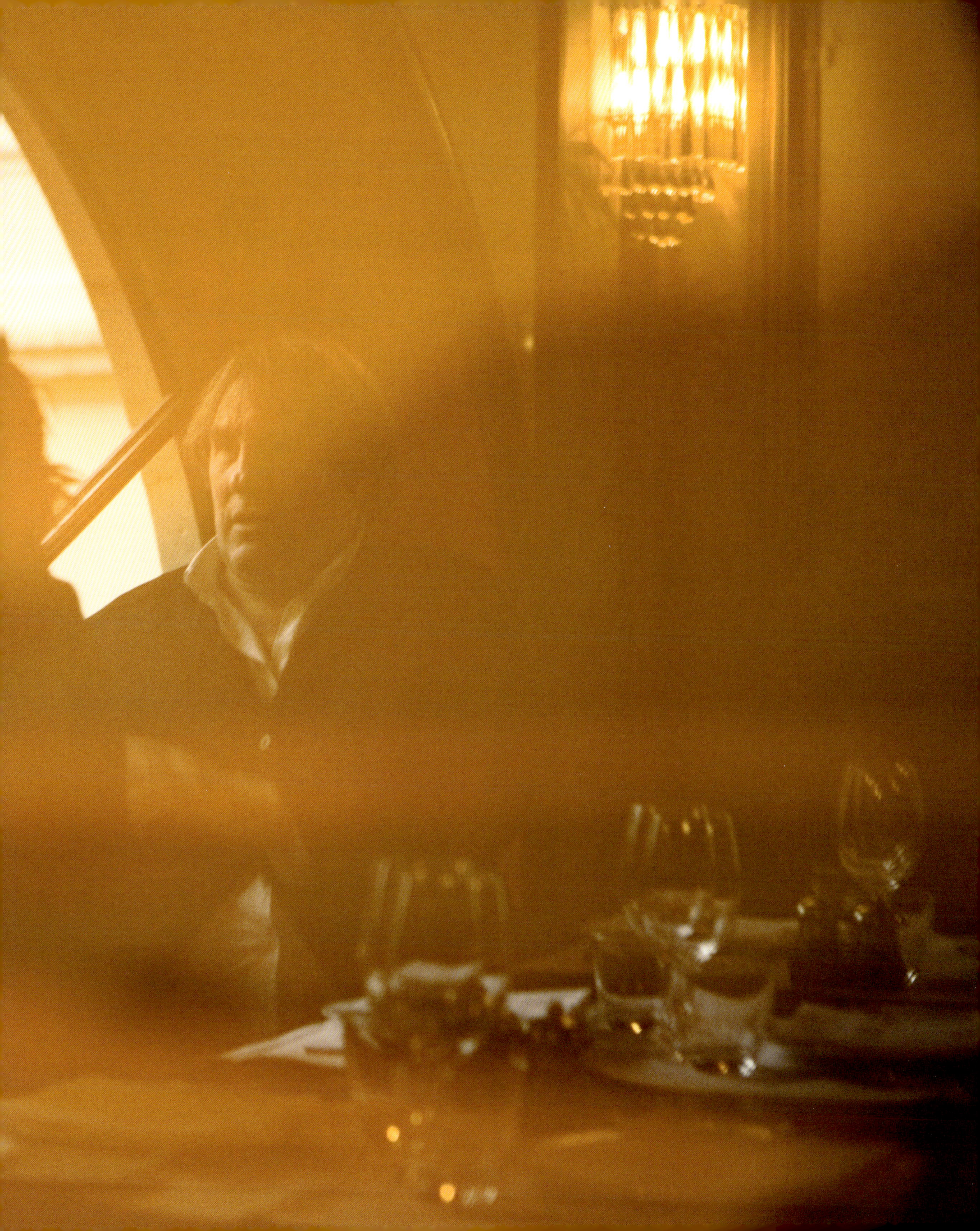

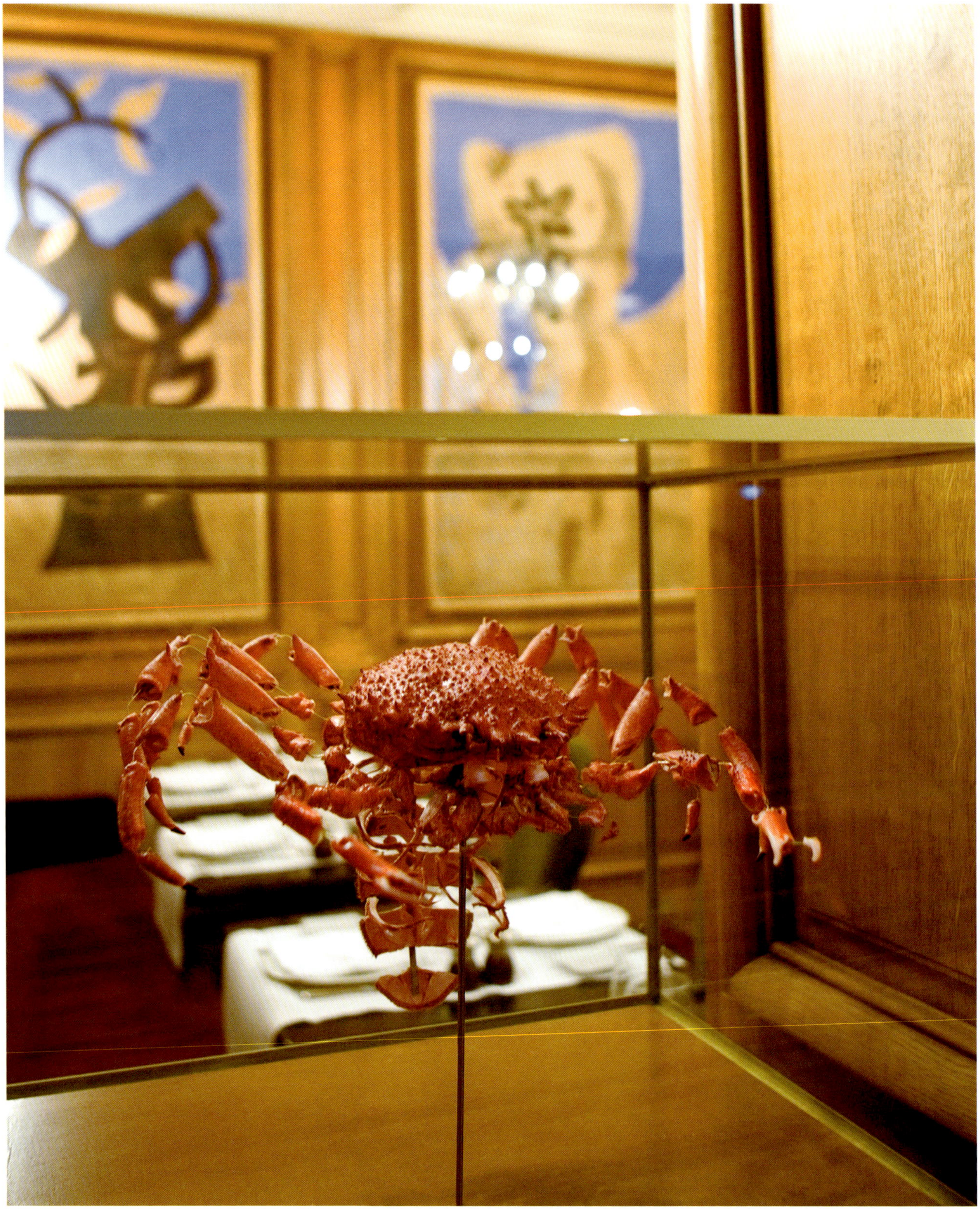

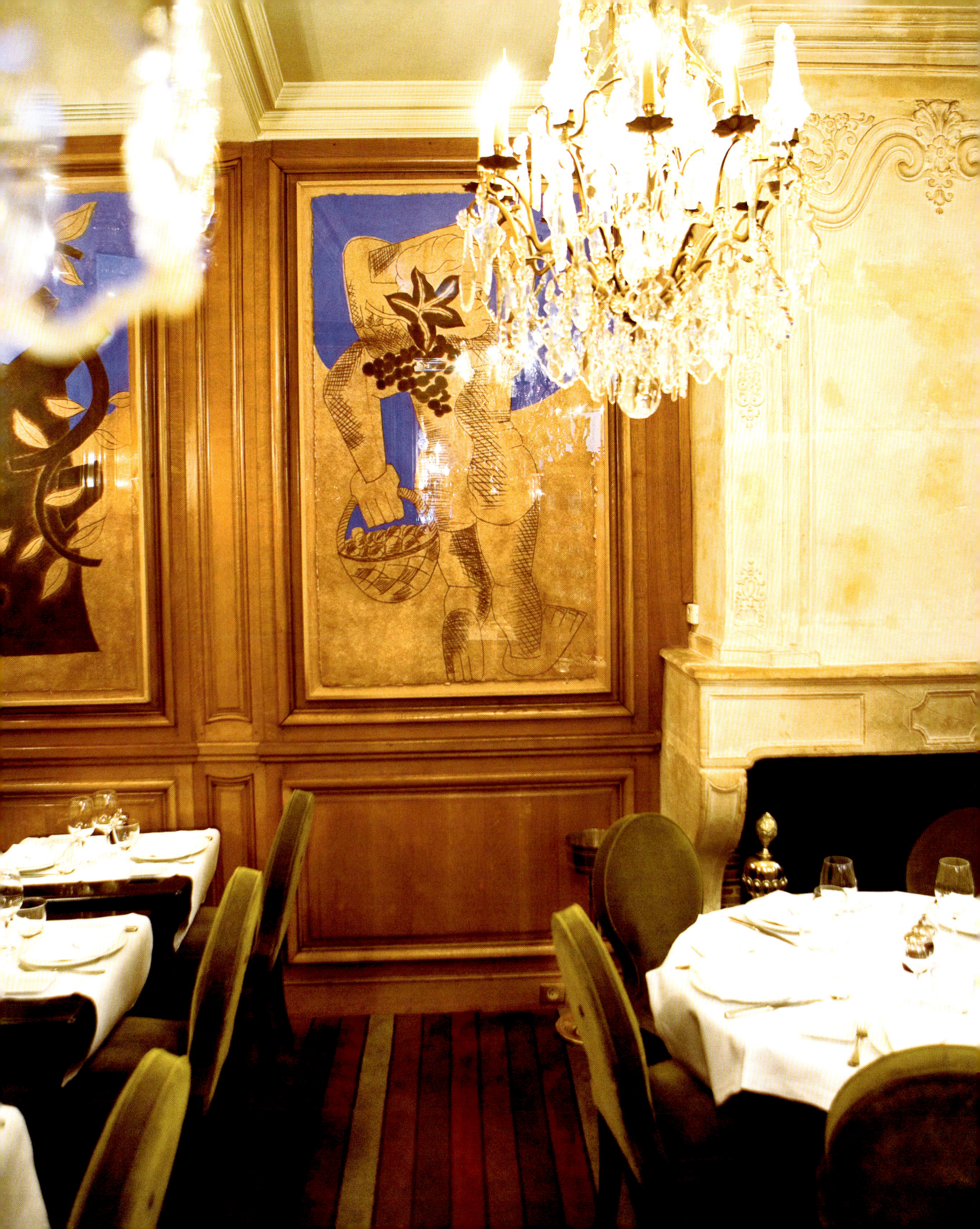

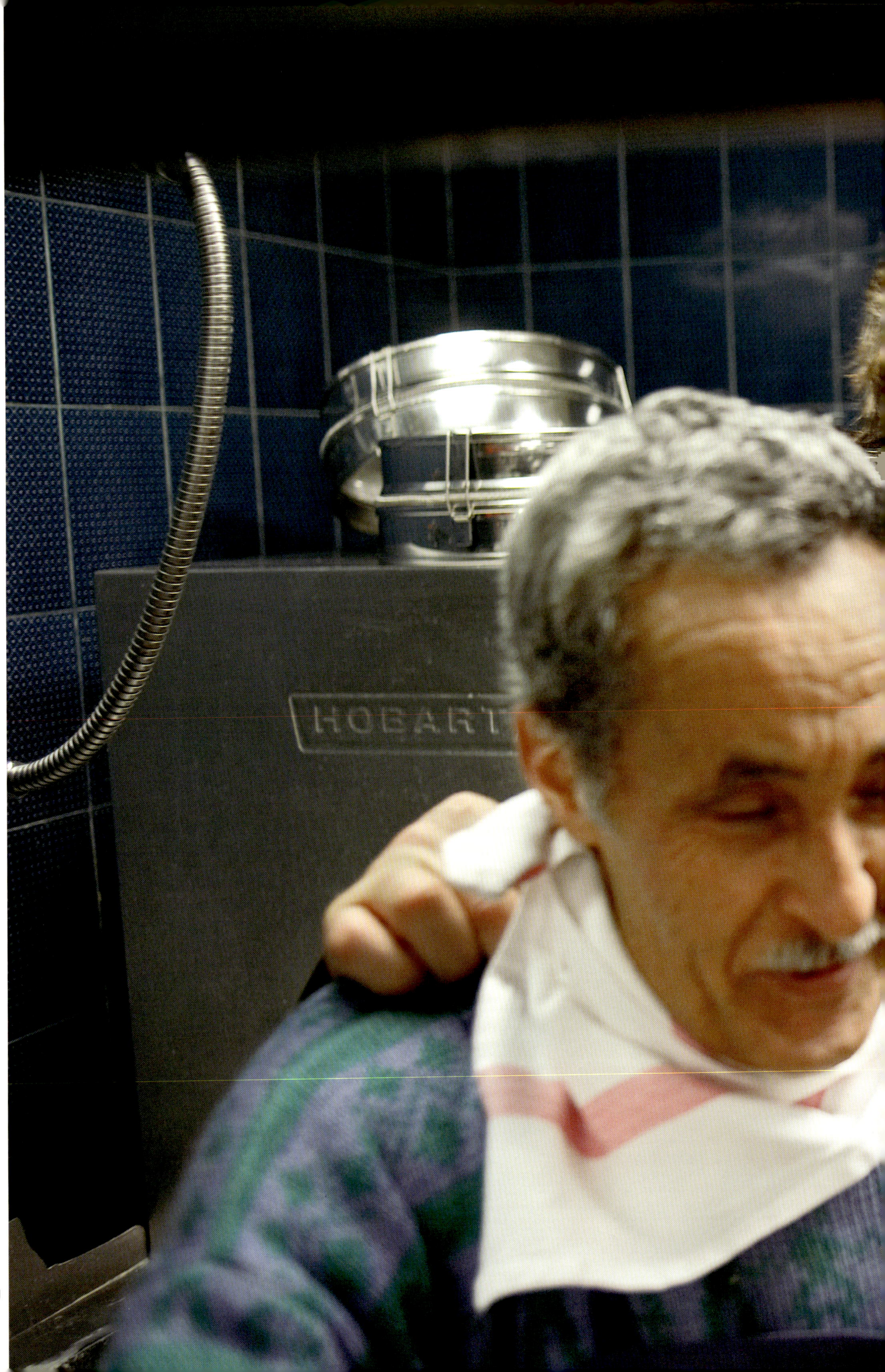
HOBART

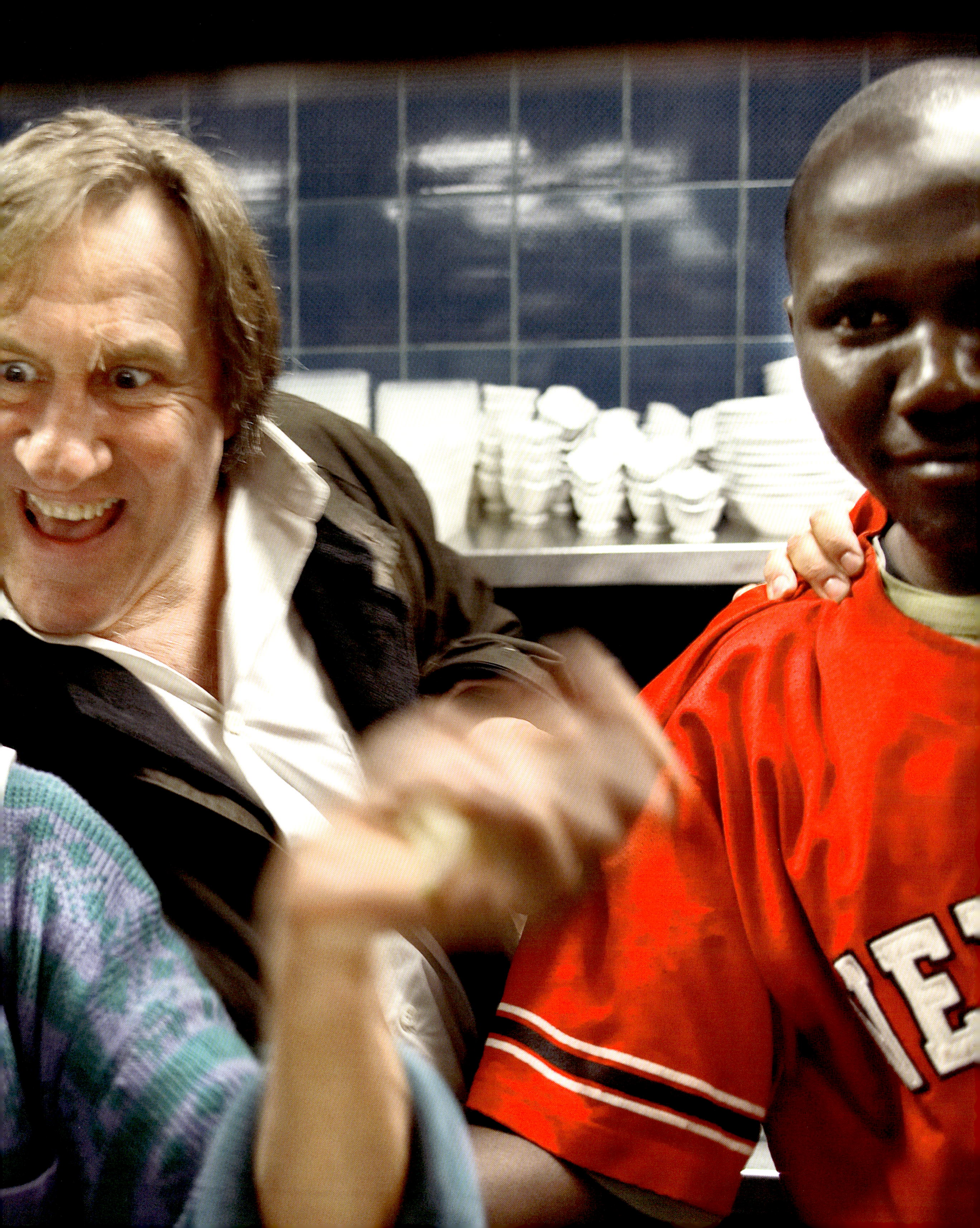

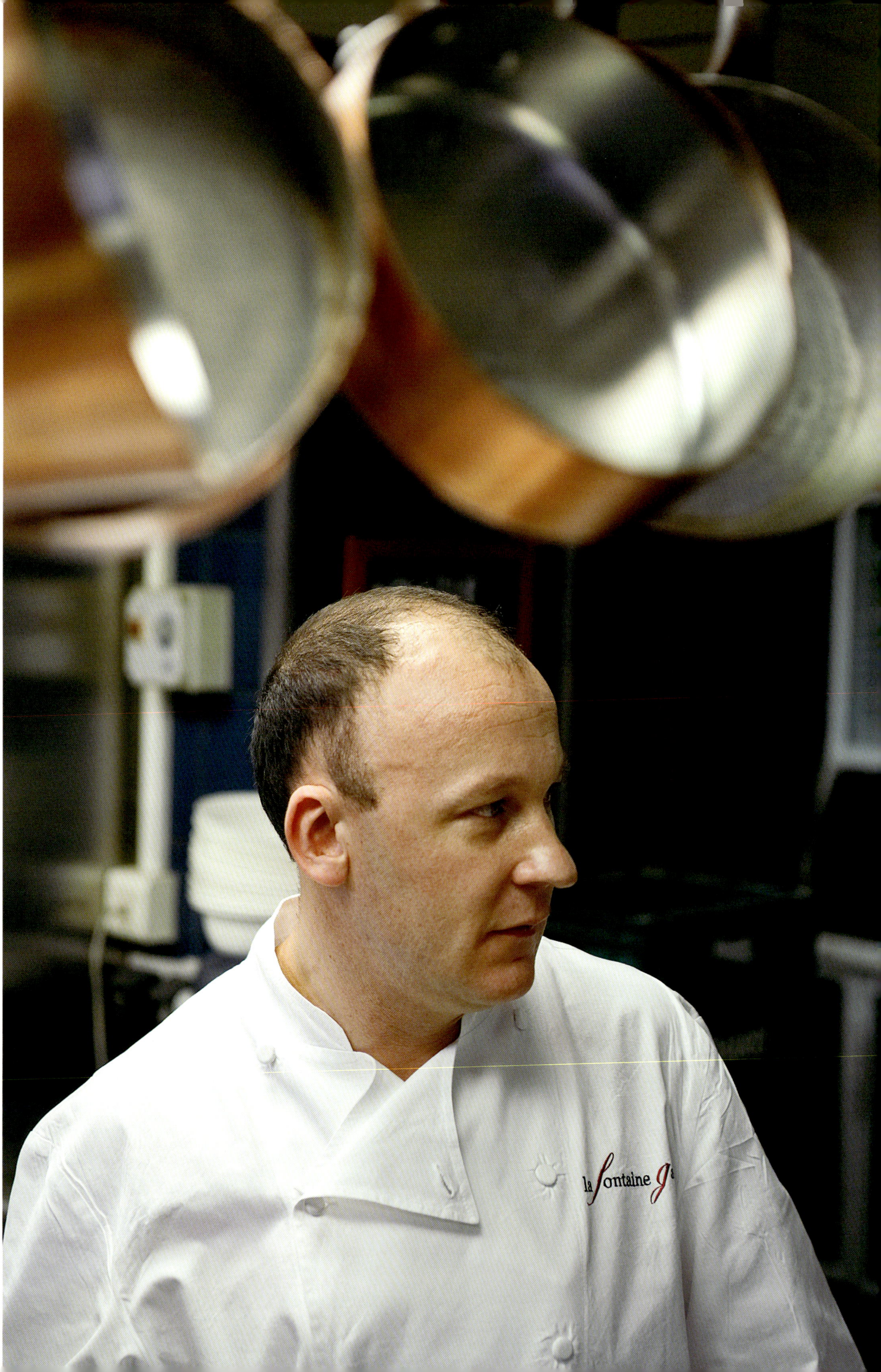
la fontaine

Chefkoch Laurent Audiot

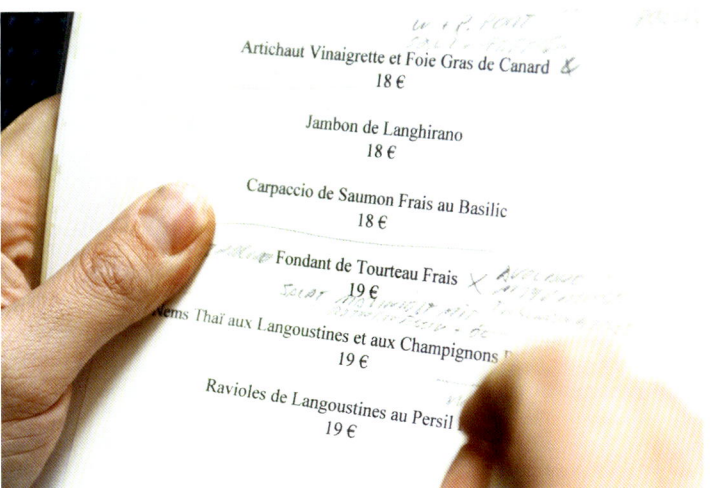

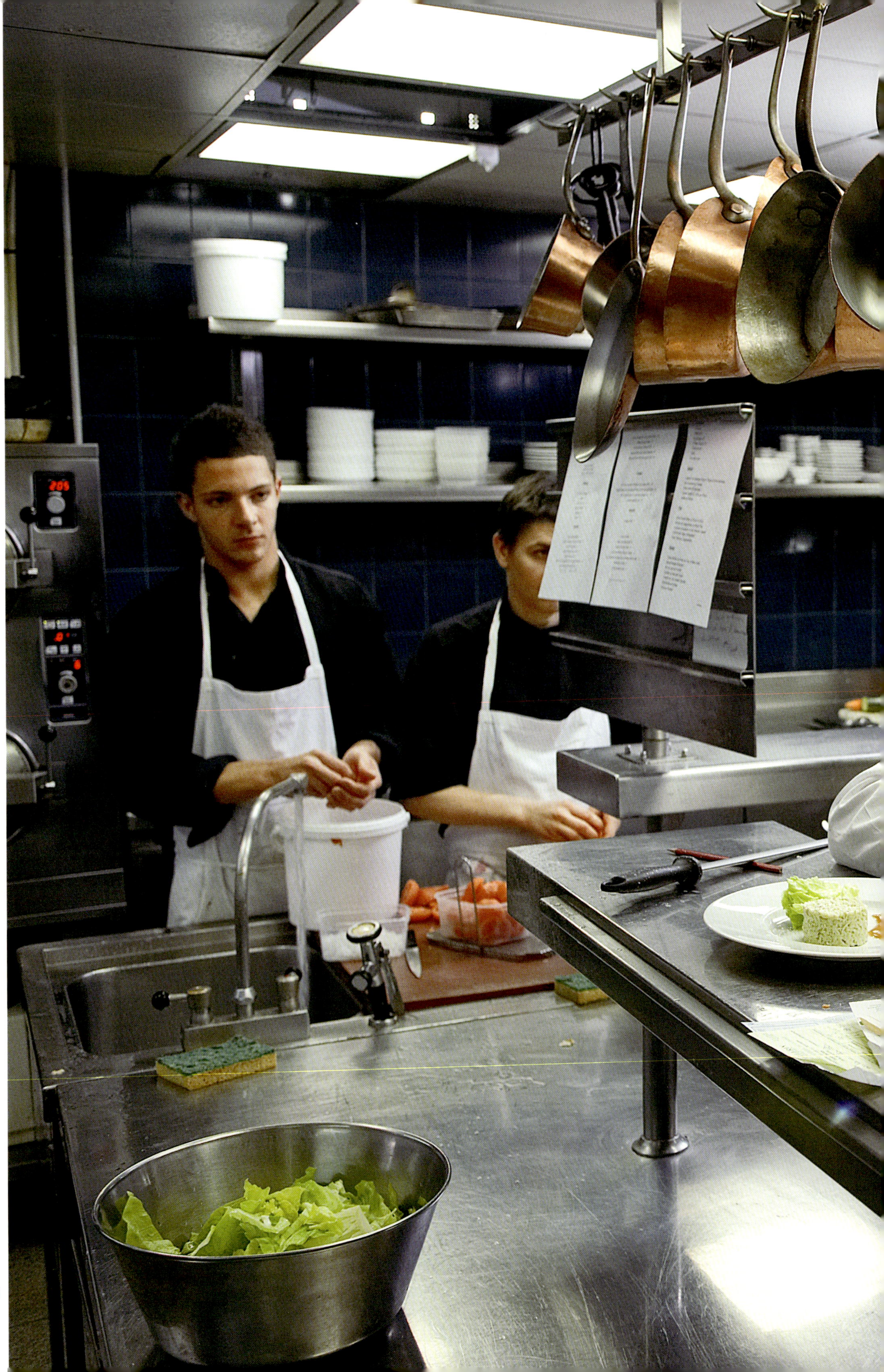

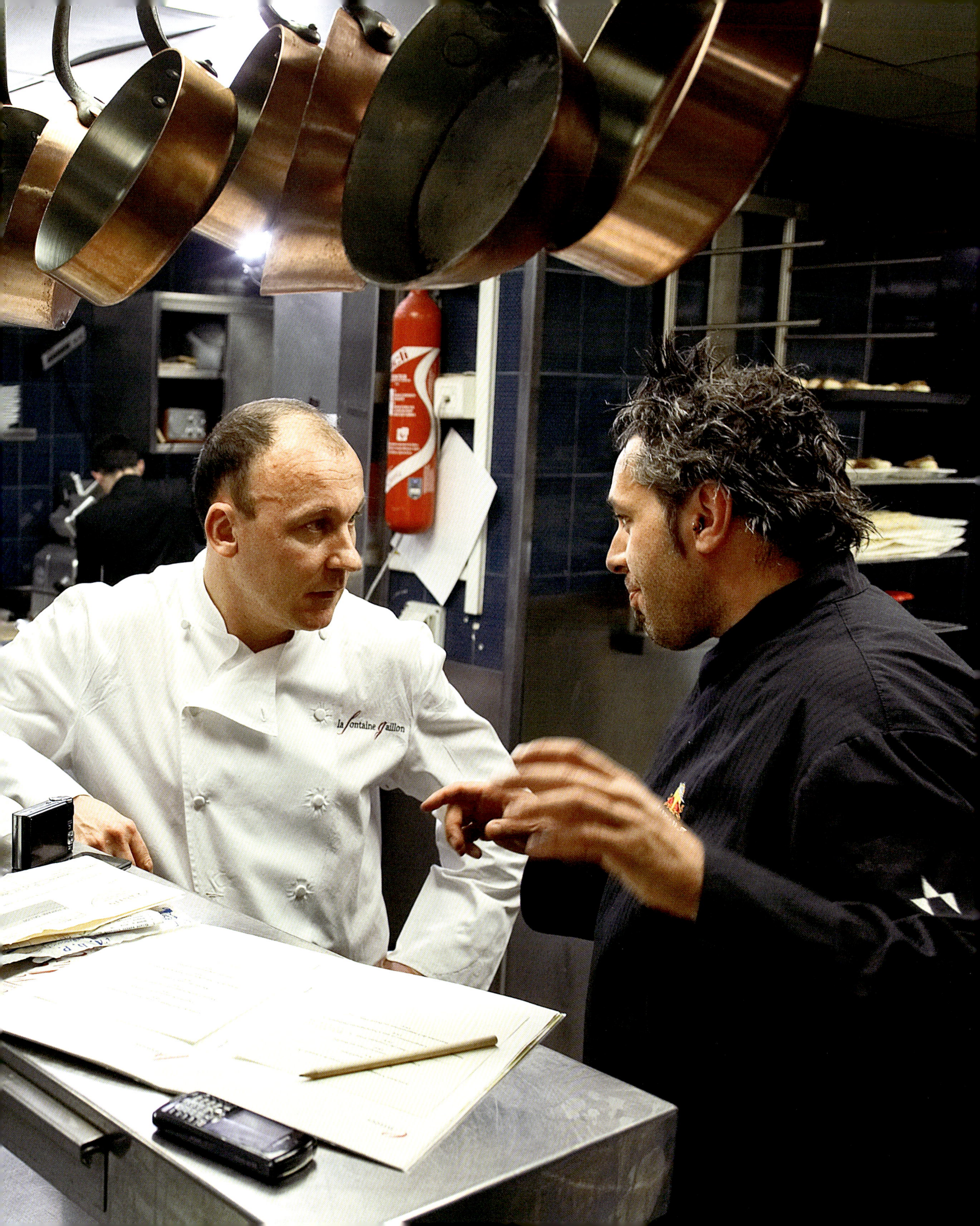
la fontaine gaillon

GÉRARD DEPARDIEUS
ERSTES MENÜ IM HANGAR-7

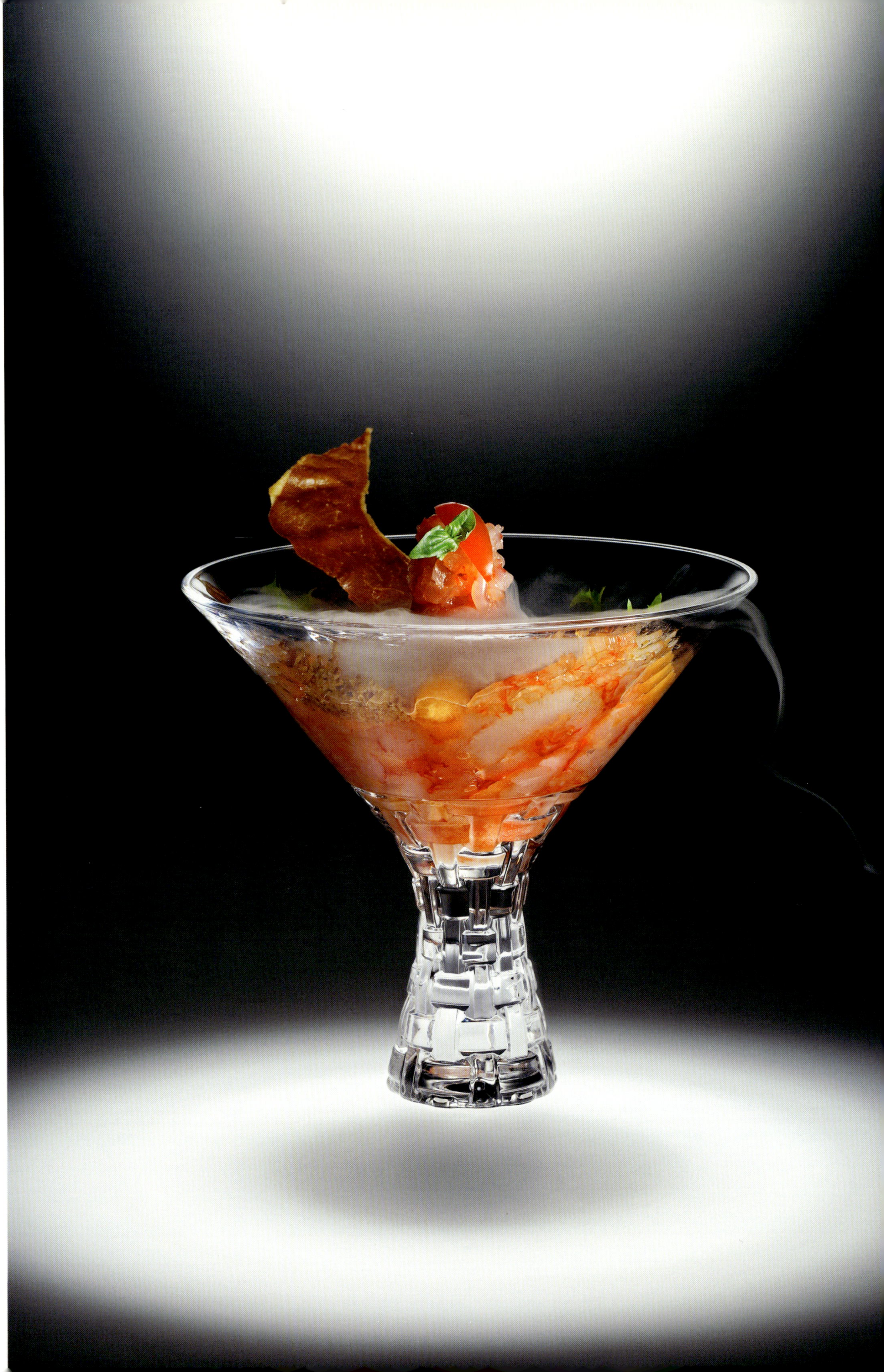

DER ZAUBERTRANK

Geeistes Melonen-Tomatensüppchen mit Garnelencarpaccio und Pata Negra

Für 4 Personen

Zutaten

4 Scheiben Pata Negra (erstklassiger iberischer Schinken)

Für die Suppe

200 g rote Wassermelone, entkernt
200 g Cavaillon-Melone, entkernt
8 Kirschtomaten, geviertelt
8 Garnelen
150 g Kirschtomaten
5 Basilikumblätter
5 Estragonblätter
30 ml Olivenöl
2 EL Rotweinessig
Salz, Cayennepfeffer

Zubereitung

Pata Negra
Die Schinkenscheiben auf ein Blech mit Backpapier legen und im vorgeheizten Backofen bei 80 °C ca. 12 Stunden trocknen lassen.

Suppe
Für die Einlage 50 g der Wasser- und Cavaillon-Melone in ½ cm große Würfel schneiden. Die geviertelten Tomaten achteln, mit den Melonenwürfeln vermischen und mit etwas Salz und Olivenöl 5 Minuten marinieren. Beiseitestellen.
Die ausgebrochenen Garnelenschwänze zwischen zwei Klarsichtfolien legen und mit einem flachen, schweren Gegenstand plattieren und ebenfalls beiseitestellen.
Für die Suppe den Rest der Melonen mit den übrigen Zutaten ca. 5 Minuten aufmixen. Abschmecken, abpassieren und kalt stellen.

Anrichten
Die eiskalte Suppe in vier tiefen Gefäßen anrichten. Die plattierten Garnelen sowie die Tomaten- und Melonenstücke in der Suppe verteilen und den Pata Negra als Garnitur wie ein Segel in die Suppe stellen.

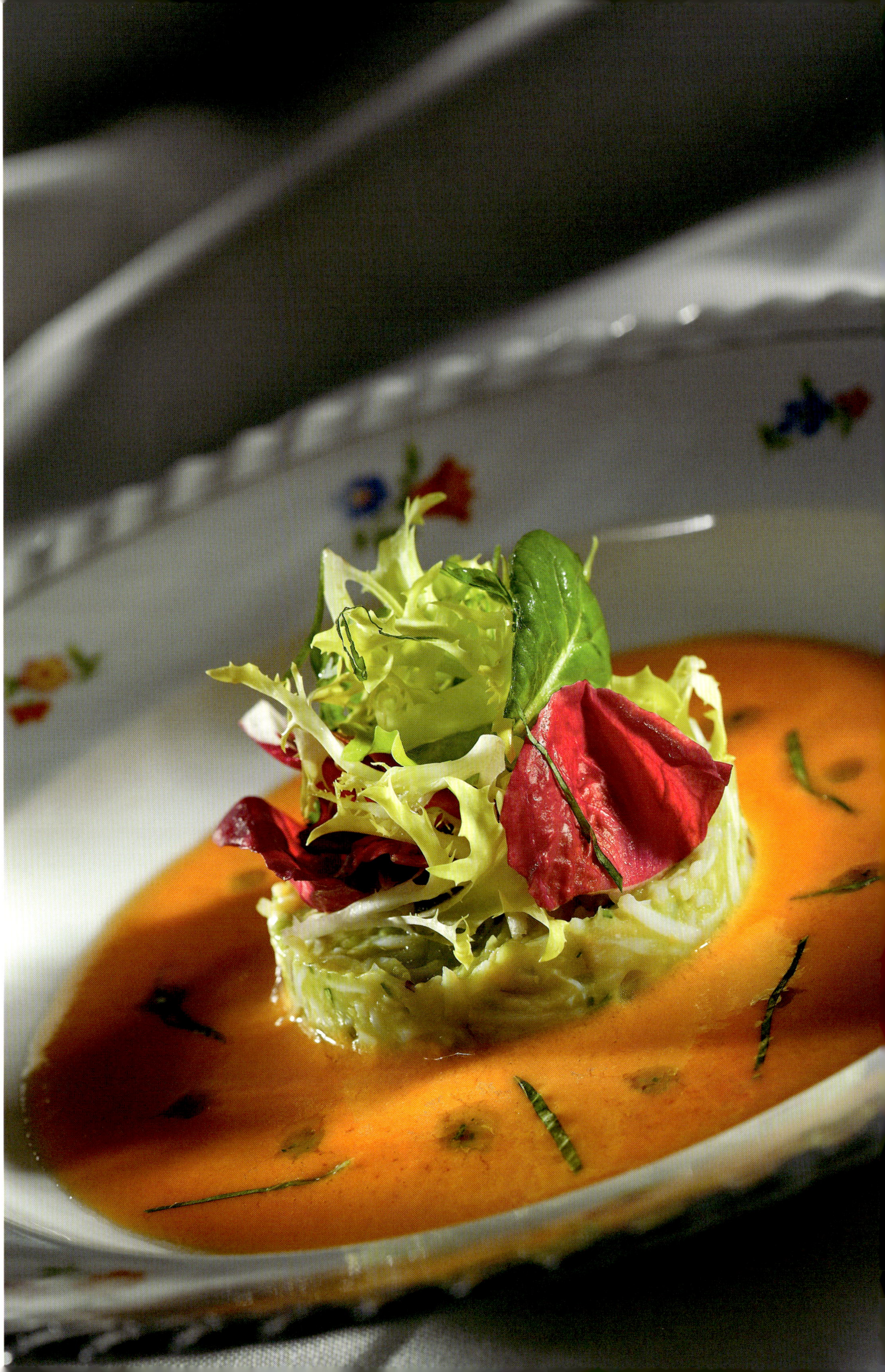

TASCHENKREBS MIT GUACAMOLE UND GAZPACHOSAUCE

Für 4 Personen

Zutaten

150 g ausgebrochenes Taschenkrebsfleisch
verschiedene Salate (z. B. Kopfsalatherzen, Radicchio, Rucola)
Olivenöl, Essig, Salz

Für die Gazpacho
1 rote Paprika, entkernt
1 gelbe Paprika, entkernt
½ rote Zwiebel, geschält
250 g Cocktailtomaten
½ Knoblauchzehe
2 Scheiben Toastbrot ohne Rinde
4 EL Rotweinessig
100 ml Tomatenwasser
50 ml Olivenöl
Basilikum, Salz, weißer Pfeffer

Für die Guacamole
1 reife Avocado, geschält
2 EL rote Zwiebel, gehackt und kurz blanchiert
1 EL Zitronensaft
30 ml Olivenöl
Salz, weißer Pfeffer, Cayennepfeffer

Zubereitung

Gazpacho
Das Gemüse in Stücke schneiden und mit den restlichen Zutaten vermischen. Etwa 4 Stunden marinieren lassen. Dann fein aufmixen, abpassieren und kalt stellen.

Guacamole
Alle Zutaten vermengen und mit einer Gabel fein stampfen. Das Taschenkrebsfleisch unterheben und mit Salz, Pfeffer und Cayennepfeffer abschmecken.

Anrichten
Die Guacamole in einem Ring auf 4 Tellern anrichten. Darum herum die Gazpacho verteilen. Die Salate mit Olivenöl, Essig und Salz marinieren und in der Mitte platzieren.

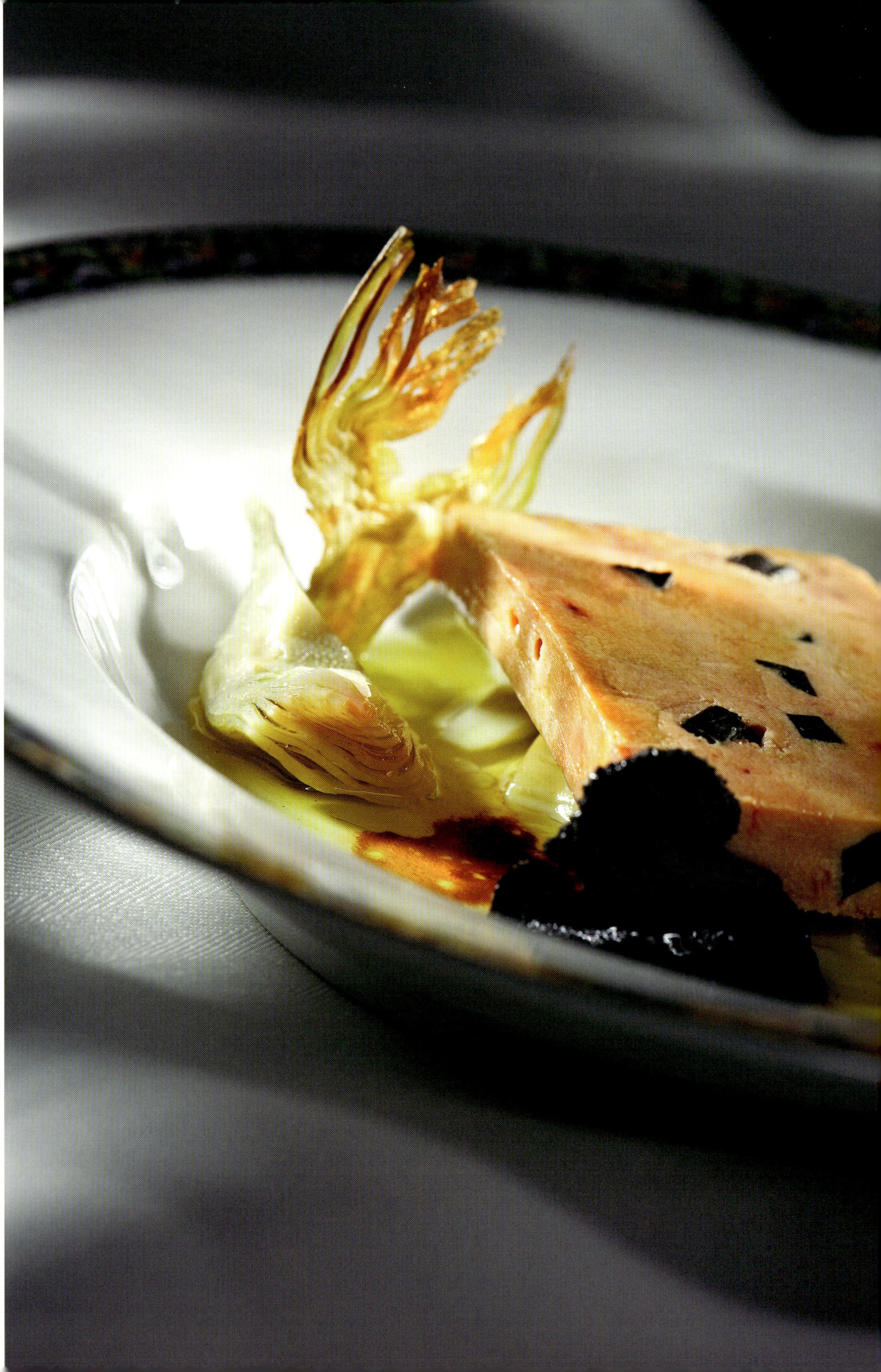

PARFAIT VON DER GÄNSESTOPFLEBER MIT MARINIERTEN ARTISCHOCKEN

Für 4 Personen

Zutaten

Für das Parfait

1 frische Gänsestopfleber (enthäutet und von den Adern befreit)
10 g Salz
5 g Pökelsalz
1 g weißer Pfeffer, gemahlen
je 1 Messerspitze Muskatnuss, Nelkenpulver und Pimentpulver
2 EL Süßwein
2 EL Madeira
2 EL Portwein
1 EL Cognac
schwarze Trüffel nach Wunsch

Für die Artischocken

4 mittelgroße Artischocken
4 EL Olivenöl
1 Thymianzweig
1 Knoblauchzehe
Salz, weißer Pfeffer

Zubereitung

Parfait
Die Leber in große Stücke schneiden. Dabei darauf achten, dass sie sauber geputzt ist. Mit den anderen Zutaten außer den Trüffeln vermengen und 24 Stunden im Kühlschrank marinieren. Die marinierte Leber in einem Metallbehälter im vorgeheizten Backofen bei 60 °C 40 Minuten pochieren. Dann die Leber ohne das ausgeronnene Fett sowie die in Balken geschnittene Trüffel in eine Terrinenform drücken. Mit Klarsichtfolie abdecken und mit einem schweren Gegenstand pressen. Nochmals 24 Stunden kalt stellen. Kühl aufbewahrt hält das Parfait ca. 2 Wochen.

Artischocken
Die Artischocken putzen und in je 6 Stücke schneiden. Sofort in einem Topf mit Olivenöl anschwitzen. Thymian und die angedrückte Knoblauchzehe dazugeben, salzen, pfeffern und mit etwas Wasser ablöschen. Die Artischocken abdecken und ca. 5 Minuten weich schmoren.

Anrichten
Die Artischocken auf 4 Tellern verteilen und je eine 1 cm dick geschnittene Scheibe Parfait darauf anrichten. Die Artischocken mit etwas Olivenöl und einem Spritzer Essig beträufeln und das Parfait mit etwas grobem Meersalz nachwürzen.

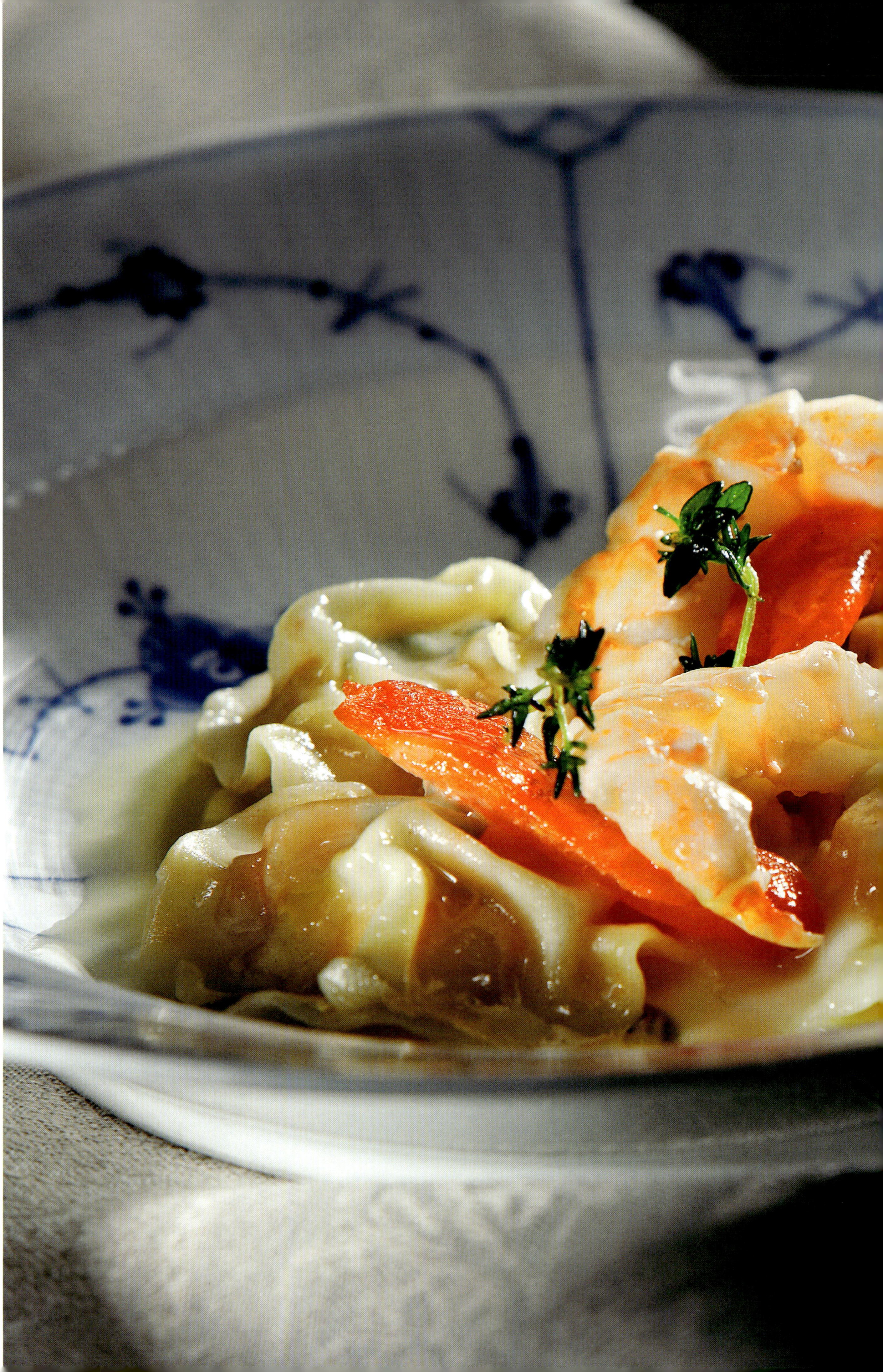

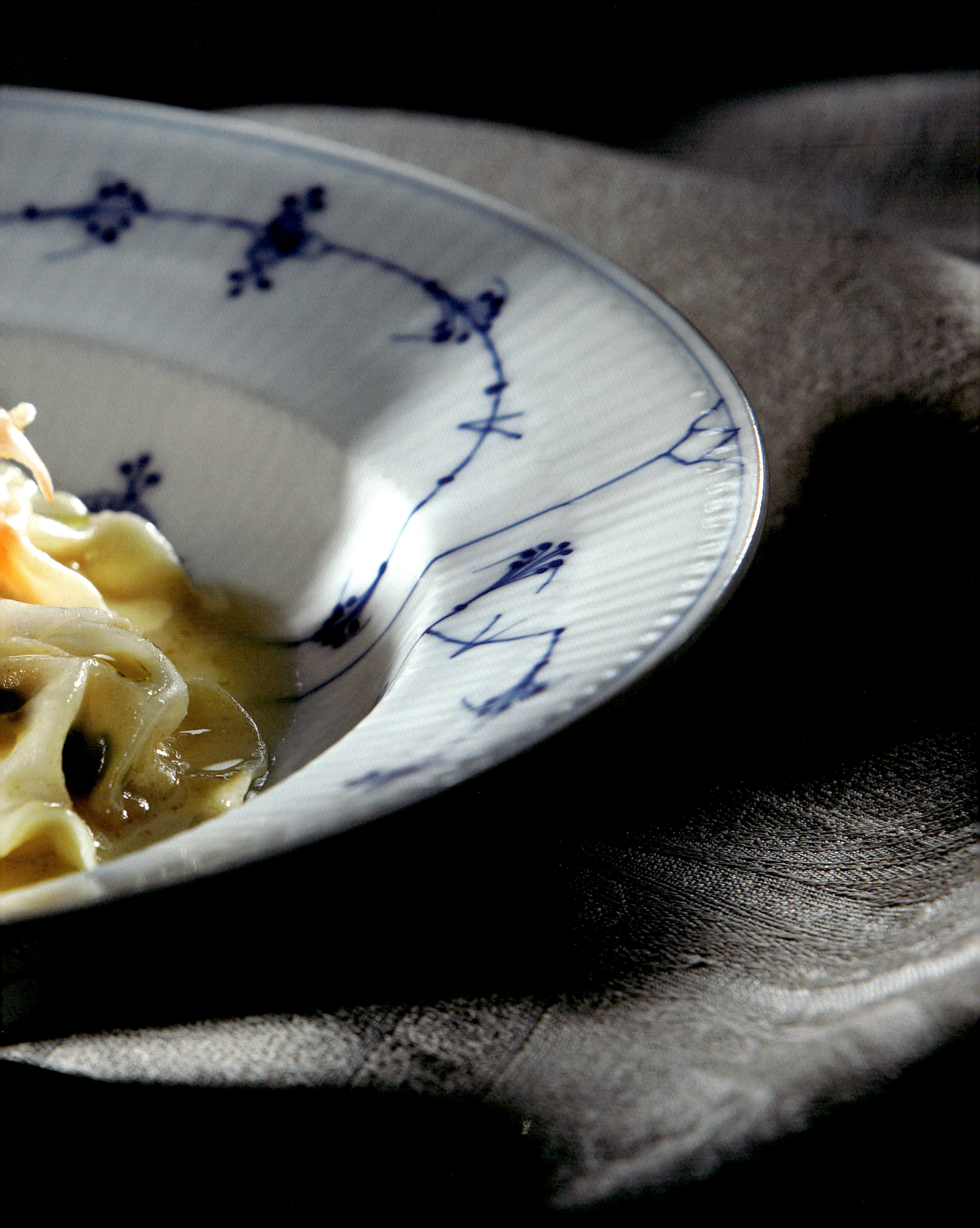

LANGOSTINORAVIOLI MIT SCHMORTOMATEN UND ZITRONE

Für 4 Personen

Zutaten

Für die Ravioli
40 Wan-Tan-Blätter (erhältlich im Asialaden)
1 Ei
20 kleine ausgebrochene Langostinoschwänze
20 kleine Basilikumblätter
Salz

Für die Schmortomaten
4 Tomaten
1 TL Zucker
1 Thymianzweig
Salz
1 EL Olivenöl

Für die Zitronenbutter
400 ml Geflügelbrühe
1 Thymianzweig
150 g kalte Butter
1 Zitrone
Salz, weißer Pfeffer

Zubereitung

Ravioli
20 Wan-Tan-Blätter auf einer Arbeitsfläche ausbreiten und mit dem verquirlten Ei bestreichen. In die Mitte je eines Wan-Tan-Blattes einen Langostinoschwanz legen. Leicht salzen und je ein Basilikumblatt auf den Schwanz legen. Mit einem weiteren Wan-Tan-Blatt abdecken. Den Teig fest an die Langostinos drücken und mit einem Ring ausstechen. Die Ravioli in kochendes Salzwasser geben und 3 Minuten kochen lassen.

Tomaten
Die Tomaten einritzen und 10 Sekunden in kochendes Wasser legen. In Eiswasser abkühlen, schälen, vierteln und entkernen. Die Tomatenfilets mit den restlichen Zutaten marinieren und im vorgeheizten Backofen bei 80 °C ca. 6 Stunden trocknen lassen.

Zitronenbutter
Geflügelbrühe mit dem Thymianzweig auf ein Drittel der Menge einkochen lassen. Mit den kalten Butterstücken abbinden und mit Salz, Pfeffer und Zitronensaft abschmecken. Abpassieren und warm stellen. Wichtig: Nicht mehr kochen lassen!

Anrichten
Die Ravioli auf 4 Tellern verteilen. Mit der Zitronenbutter nappieren und die Schmortomaten an die Ravioli legen.

GEBRATENE SEEZUNGENSTREIFEN MIT BOHNENGEMÜSE UND PERIGORD-TRÜFFEL

Für 4 Personen

Zutaten

2 Seezungen à 700–800 g
1 Knolle Perigord-Trüffel, in Julienne geschnitten

Für die Bohnen
100 g weiße Bohnenkerne
1 rote Zwiebel
1 weiße Zwiebel
1 Stange Sellerie
1 Knoblauchzehe
1 Lorbeerblatt
100 g breite Bohnen
60 g Butter
Salz, weißer Pfeffer

Für die Vinaigrette
15 ml dunkler Balsamico
20 ml Wasser
30 ml Olivenöl
Salz, Pfeffer
1 TL Zucker
1 EL Bohnenpüree

Zubereitung

Bohnen
Die weißen Bohnenkerne 12 Stunden im kalten Wasser einweichen. Dann mit den Zwiebeln, der Selleriestange, Knoblauch und Lorbeerblatt in Wasser weich kochen. Die Bohnen erst salzen, wenn sie weich gekocht sind. 2 EL Bohnen für die Vinaigrette mit etwas Sud fein mixen.
Die breiten Bohnen in lange Streifen schneiden und in Salzwasser kochen. In Eiswasser abschrecken.
Die Bohnenkerne und die breiten Bohnen in etwas Butter und Olivenöl anschwenken und mit Salz und weißem Pfeffer würzen.

Seezungen
Die Seezungen enthäuten und filetieren. Die Filets salzen, pfeffern und beidseitig glasig braten. Mit etwas Butter nachbraten.

Vinaigrette
Alle Zutaten vermengen.

Anrichten
Die Bohnen auf 4 Tellern anrichten. Darauf die Seezungenstreifen platzieren. Mit der Vinaigrette übergießen und die Trüffelscheiben über das Gericht verteilen.

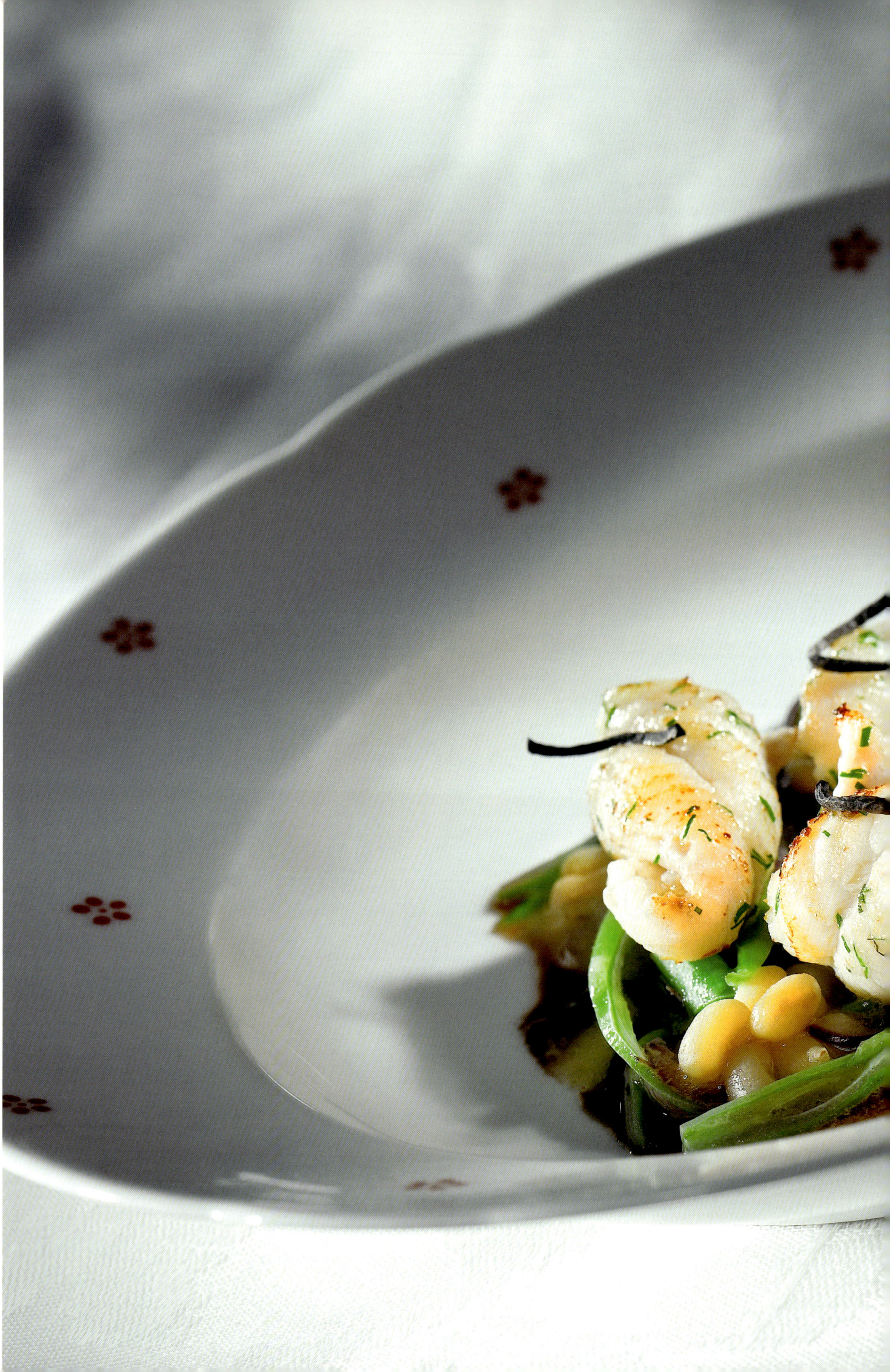

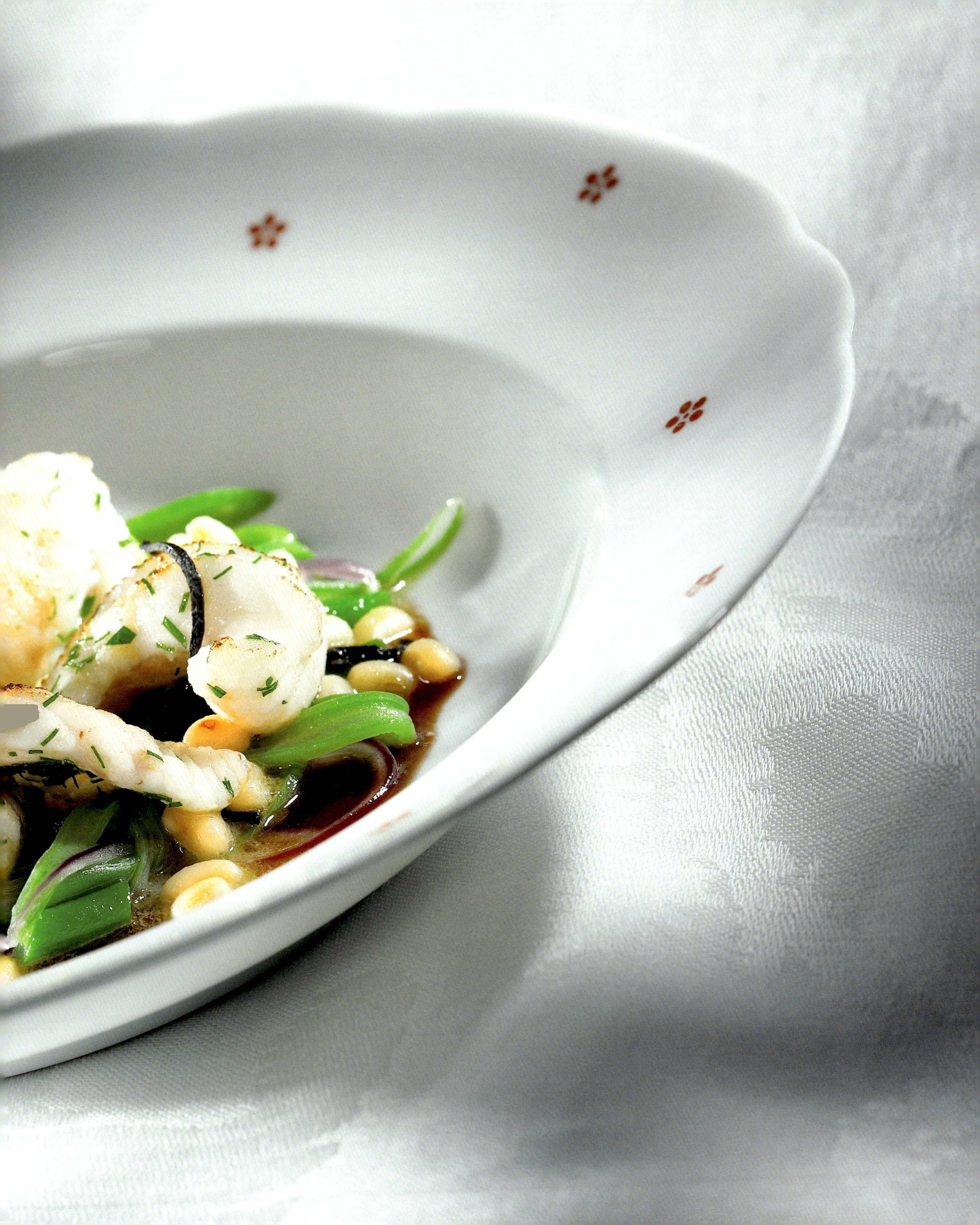

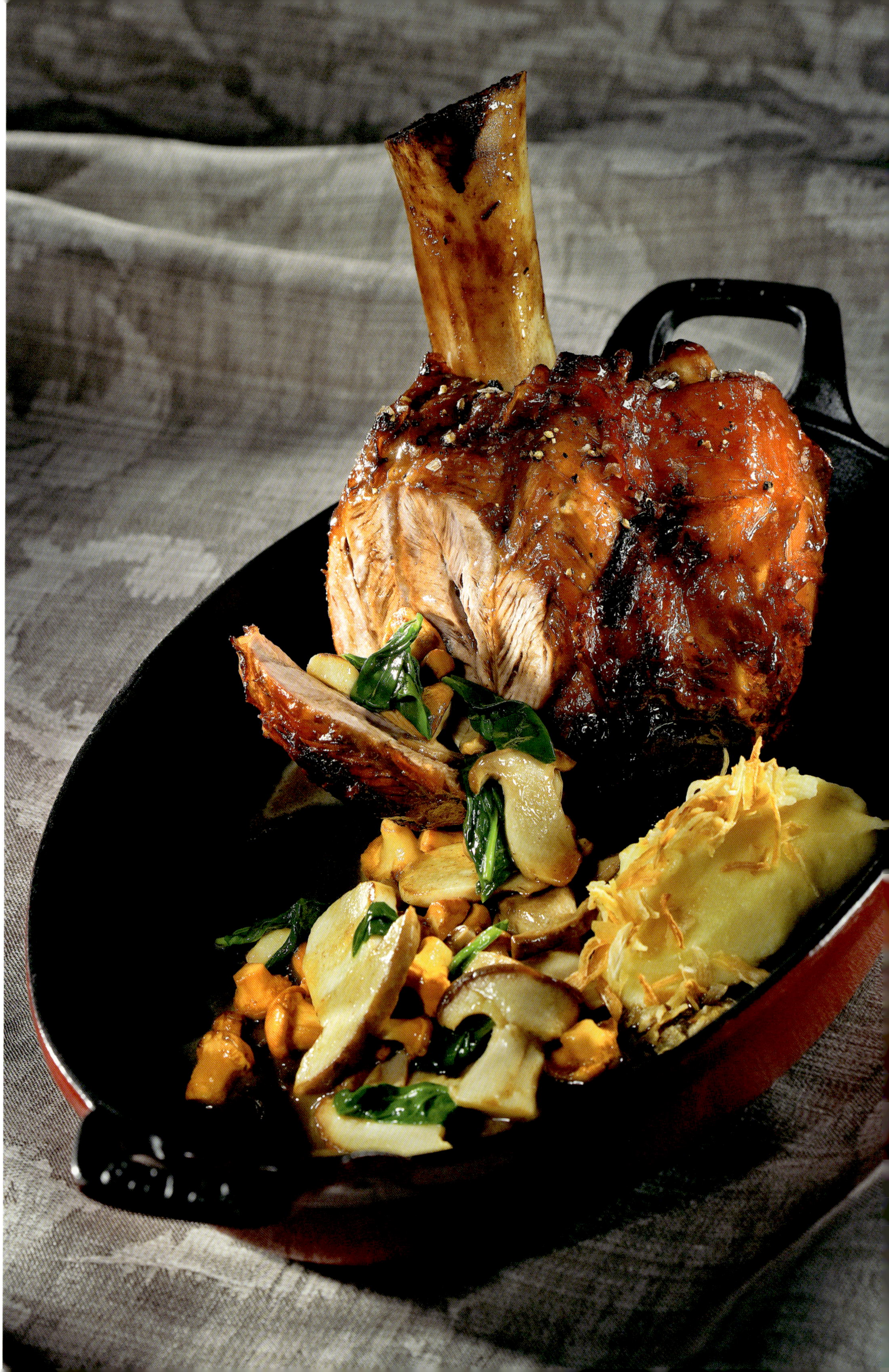

GLASIERTE KALBSHAXE MIT KARTOFFELPÜREE, STEINPILZEN UND PFIFFERLINGEN

Für 4 Personen

Zutaten

Für die Kalbshaxe
2 Kalbshaxen à 2 kg
60 ml Öl
2 Karotten
2 rote Zwiebeln
2 Schalotten
2 Stangen Sellerie
2 Knoblauchzehen
250 ml Weißwein
250 ml Wasser
Salz, Pfeffer

Für das Kartoffelpüree
400 g Kartoffeln
50 g Butter
30 g Nussbutter
150 ml Milch
Salz
Muskatnuss

Für die Pilze
200 g Steinpilze
200 g Pfifferlinge
1 EL Olivenöl
30 g Butter
1 Schalotte, in Brunoise
1 EL gehackte Petersilie
Salz, weißer Pfeffer

Zubereitung

Kalbshaxe
Die Kalbshaxen würzen und im Öl eine halbe Stunde auf allen Seiten anbraten. Das Gemüse in 1 cm große Stücke schneiden, zu den Haxen geben und 20 Minuten mitrösten. Mit Weißwein ablöschen und mit Wasser aufgießen. Etwa 1 Stunde schmoren. Dann das Fleisch auf ein Gitter geben und im vorgeheizten Backofen bei 220 °C nochmals 1 Stunde garen. Im 5-Minuten-Takt die Haxen wenden und mit dem Schmorsud bepinseln. Den restlichen Schmorsud abpassieren und als Sauce servieren.

Kartoffelpüree
Die Kartoffeln in Salzwasser kochen, bis sie weich sind. Im heißen Zustand schälen und pressen. Kalte Butter und Nussbutter einrühren, dann die heiße Milch unterrühren. Mit Salz und Muskatnuss abschmecken.

Pilze
Die Steinpilze putzen und in Scheiben schneiden. Mit den Pfifferlingen in Olivenöl anrösten. Nach 2 Minuten Butter und Schalotte dazugeben. Würzen und nochmals 2 Minuten durchschwenken. Zum Schluss mit Petersilie verfeinern.

Anrichten
Die Kalbshaxe in Scheiben schneiden, mit grobem Salz und gemörsertem schwarzem Pfeffer leicht nachwürzen. Auf die Teller legen. Daneben die Pilze und das Püree anrichten.

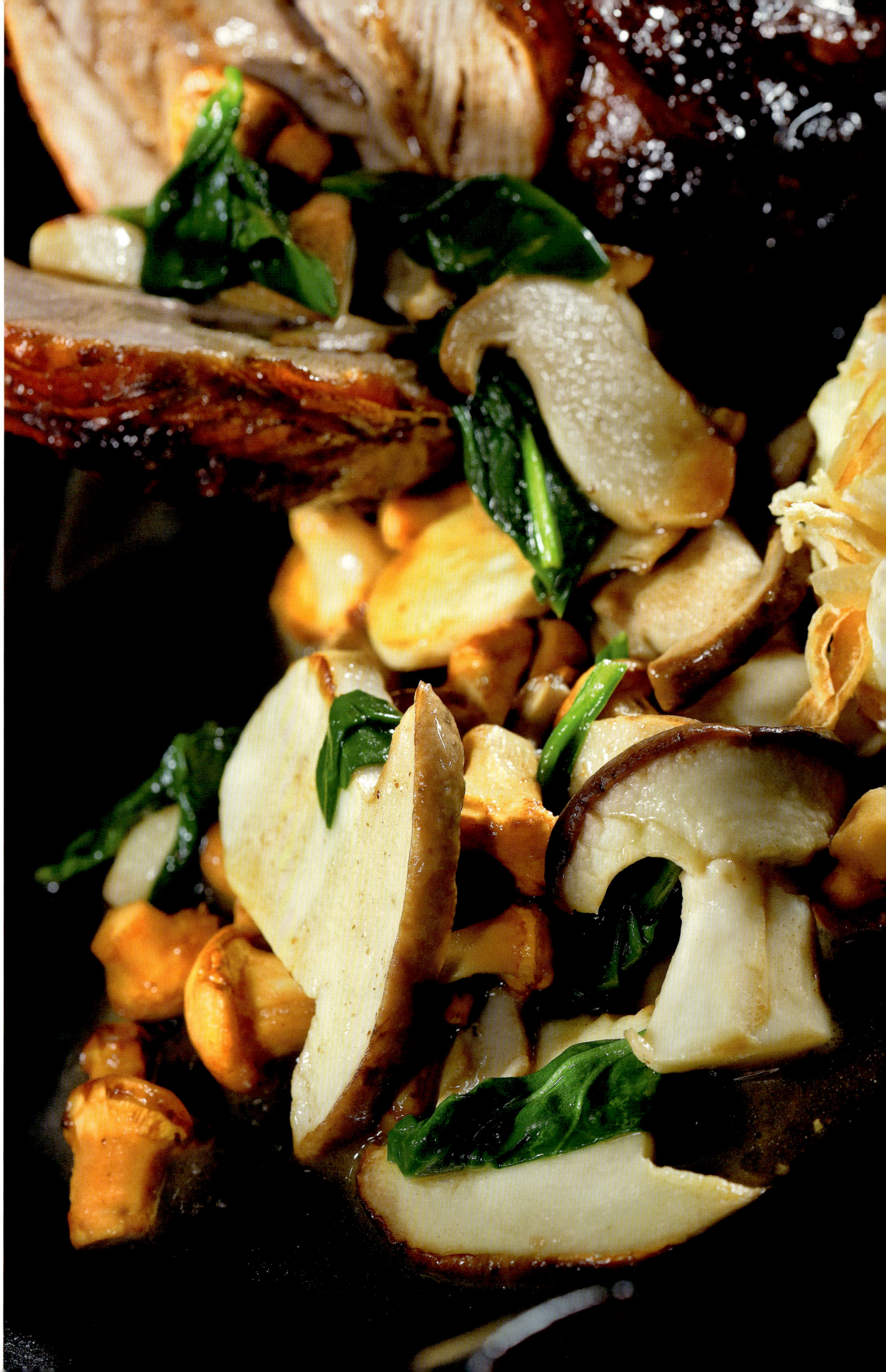

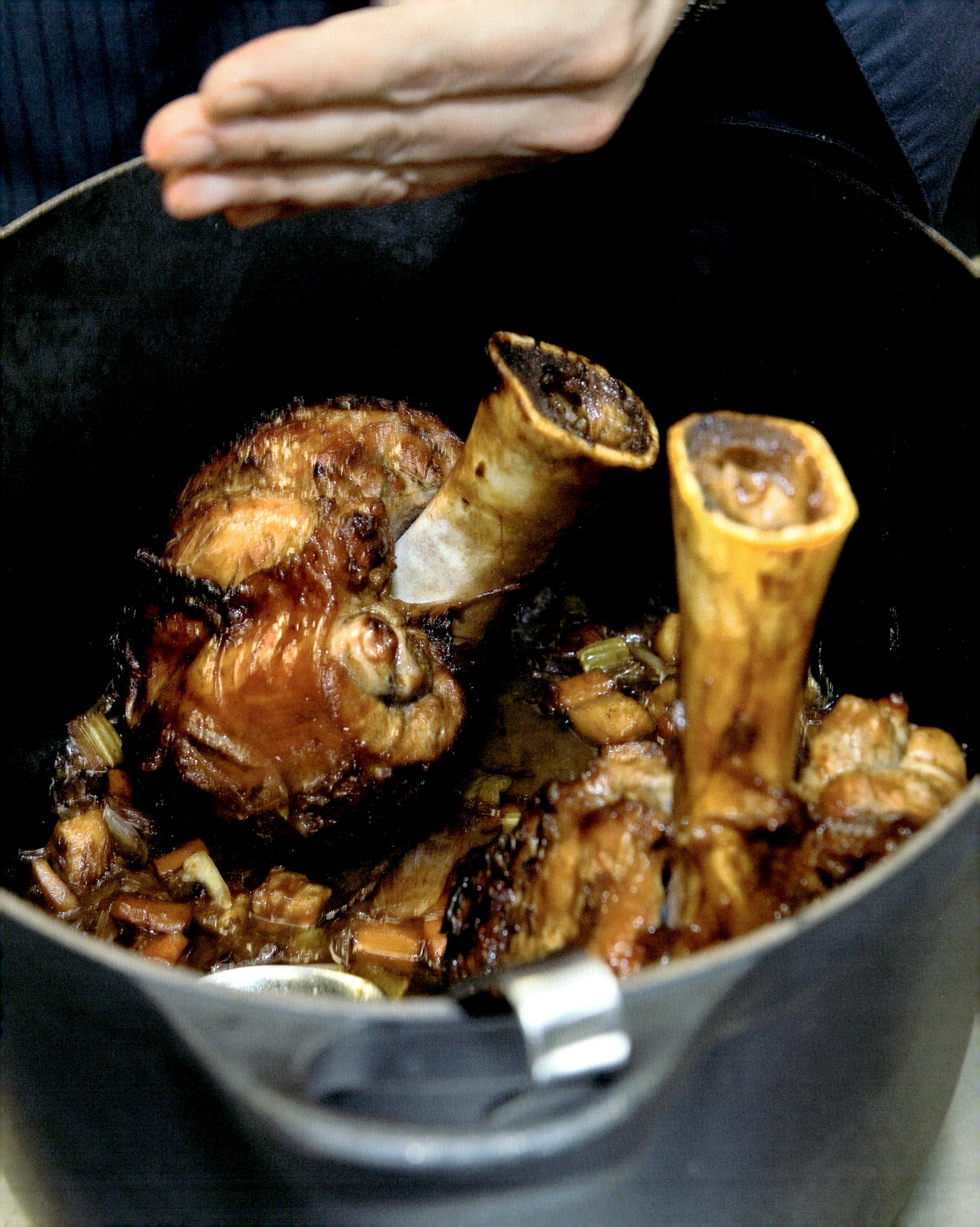

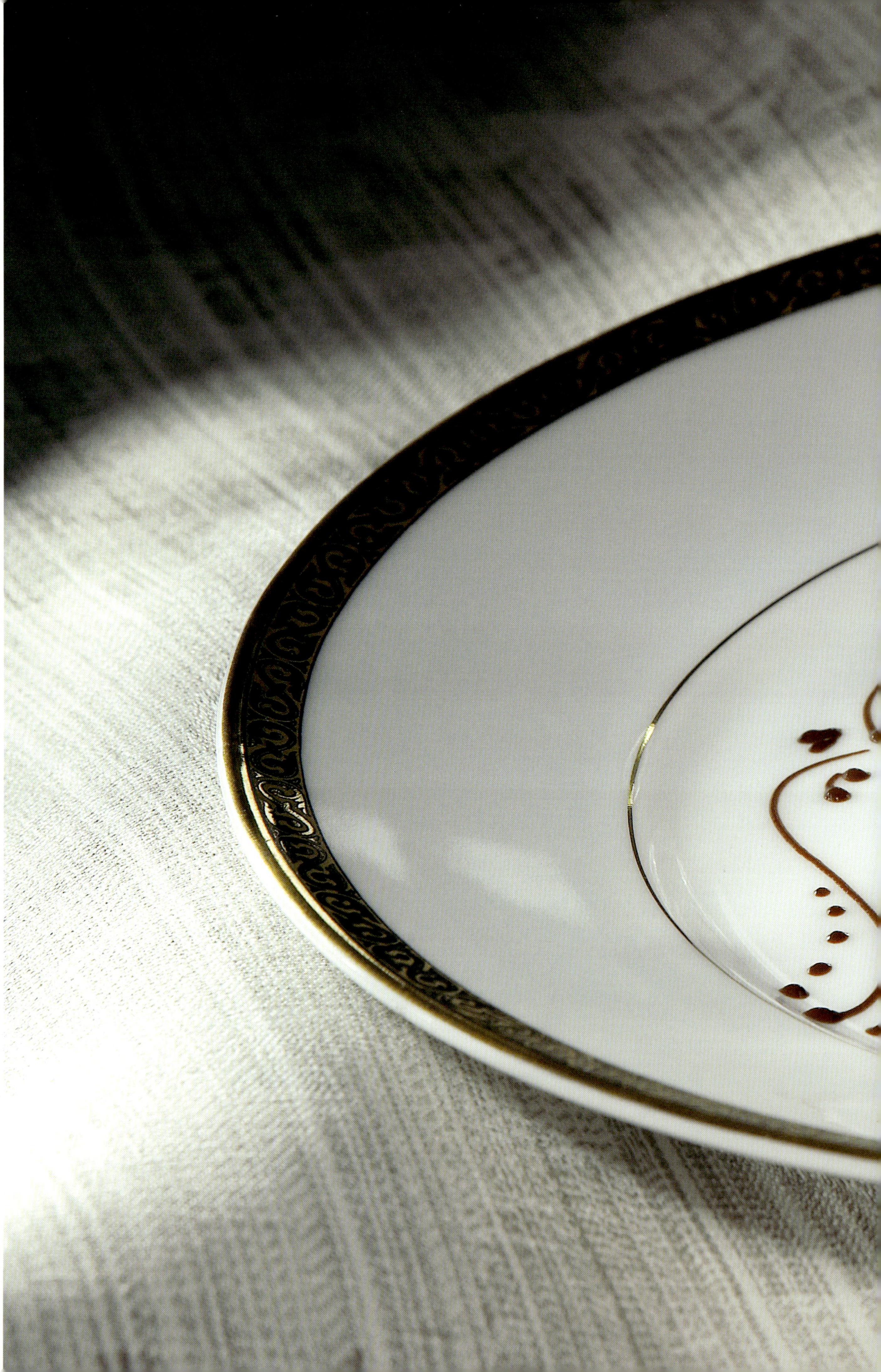

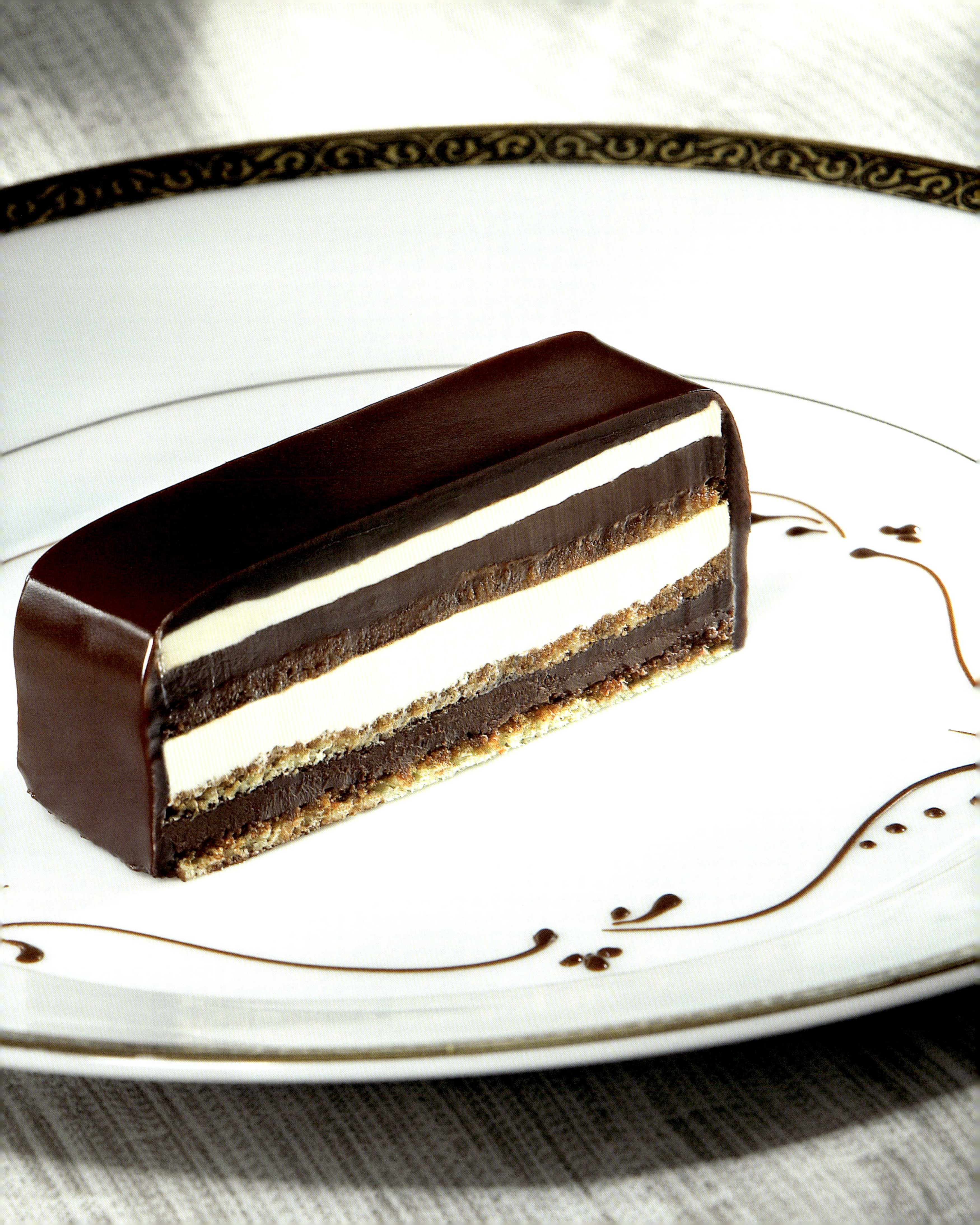

OPERA

Für 4 Personen

Zutaten

Für den Biskuit
2 Eier
3 Eigelb
110 g Zucker
110 g Mandelpuder
210 g Eiweiß
75 g Zucker
90 g Mehl

Für die Kaffeetränke
200 ml Espresso
50 g Läuterzucker
20 g Kahlúa (mexikanischer Kaffeelikör)

Für die Englische Creme
250 ml Milch
250 ml Sahne
100 g Eigelb
50 g Zucker

Für die Schokocreme
500 g Englische Creme
375 g Guanaja (dunkle Kuvertüre)
150 ml Sahne

Für die Vanillecreme
250 ml Sahne
25 g Invertzuckercreme
25 g Glukose
1 Vanilleschote
305 g Ivoire (helle Kuvertüre)
600 ml Sahne

Für die Schokoladenglasur
225 ml Sahne
295 g Guanaja (dunkle Kuvertüre)
600 g neutrales Glasurgelee

Zubereitung

Biskuit
Eier, Eigelb, Zucker und Mandelpuder weißschaumig aufschlagen. Eiweiß und Zucker zu nicht zu festem Schnee schlagen. Währenddessen das Mehl unter die Eigelbmasse heben und die Masse durch Unterheben des Eischnees vollenden. Etwa 4 mm dünn auf ein mit Backpapier ausgelegtes Blech streichen und im vorgeheizten Backofen bei 200 °C Heißluft 6 bis 7 Minuten backen. Die gebackenen Biskuits sofort vom Blech ziehen und auf einem Gitter auskühlen lassen.

Kaffeetränke
Alle Zutaten verrühren.

Englische Creme
Milch und Sahne aufkochen. Eigelb mit Zucker cremig rühren. Einen Teil der kochenden Milch-Sahne-Mischung auf die Eigelbe gießen und verrühren. Wieder zurück zur aufgekochten Milch-Sahne-Mischung geben. Mit einem Gummischaber unter ständigem Rühren bei mittlerer Hitze auf 82 °C erhitzen (zur Rose abziehen), durch ein Haarsieb passieren und einige Sekunden mit dem Stabmixer mixen.

Schokocreme
Die Kuvertüre im Wasserbad schmelzen. Die heiße Englische Creme nach und nach damit verrühren. Sobald die Mischung homogen ist, kurz mit dem Stabmixer mixen, ohne Luft einzuarbeiten. Überprüfen, ob die Schokoladenmischung 40 °C hat. Erst dann die geschlagene Sahne unterheben.

Vanillecreme
Sahne, Invertzuckercreme, Glukose und das ausgeschabte Vanillemark aufkochen und nach und nach mit der geschmolzenen Kuvertüre mischen. Sobald die Masse homogen ist, kurz mit dem Stabmixer mixen und dabei

die flüssige Sahne einrühren. Mindestens 6 Stunden kalt stellen. Danach bei mittlerer Geschwindigkeit mit der Rührmaschine aufschlagen, bis die Konsistenz steif geschlagener Sahne gleicht.

Schokoladenglasur
Sahne aufkochen und Schokolade im Wasserbad schmelzen. Nach und nach die gekochte Sahne mit der Schokolade verrühren. Das neutrale Glasurgelee im Mikrowellenherd auf ca. 60 °C erhitzen und bei 35 °C mit dem Stabmixer mit der Schokoladenmischung verrühren, ohne Luft einzuarbeiten.

Fertigstellen und Anrichten
Eine rechteckige Form von 12 x 25 cm Größe und 4 cm Höhe mit einer Lage Biskuit auslegen. Diesen kräftig mit der Kaffeetränke marinieren und die Hälfte der Schokoladencreme darauf verteilen. Glatt streichen und etwa 20 Minuten in den Froster stellen. Die aufgeschlagene Vanillecreme halb so hoch wie die Schokoladencreme darauf verteilen und mit einer zweiten Biskuitlage bedecken. Diese wiederum kräftig mit der Kaffeetränke marinieren. Den Vorgang wiederholen, wobei die Vanillecreme diesmal dieselbe Höhe wie die Schokoladencreme haben soll. Mindestens 4 Stunden in den Froster stellen.
Die gefrorene Schnitte aus der Form schneiden und mit der Schokoladenglasur glasieren. Im Kühlschrank mindestens 2 Stunden auftauen lassen und mit einem heißen Messer portionieren.

GÉRARD DEPARDIEUS
ZWEITES MENÜ IM HANGAR-7

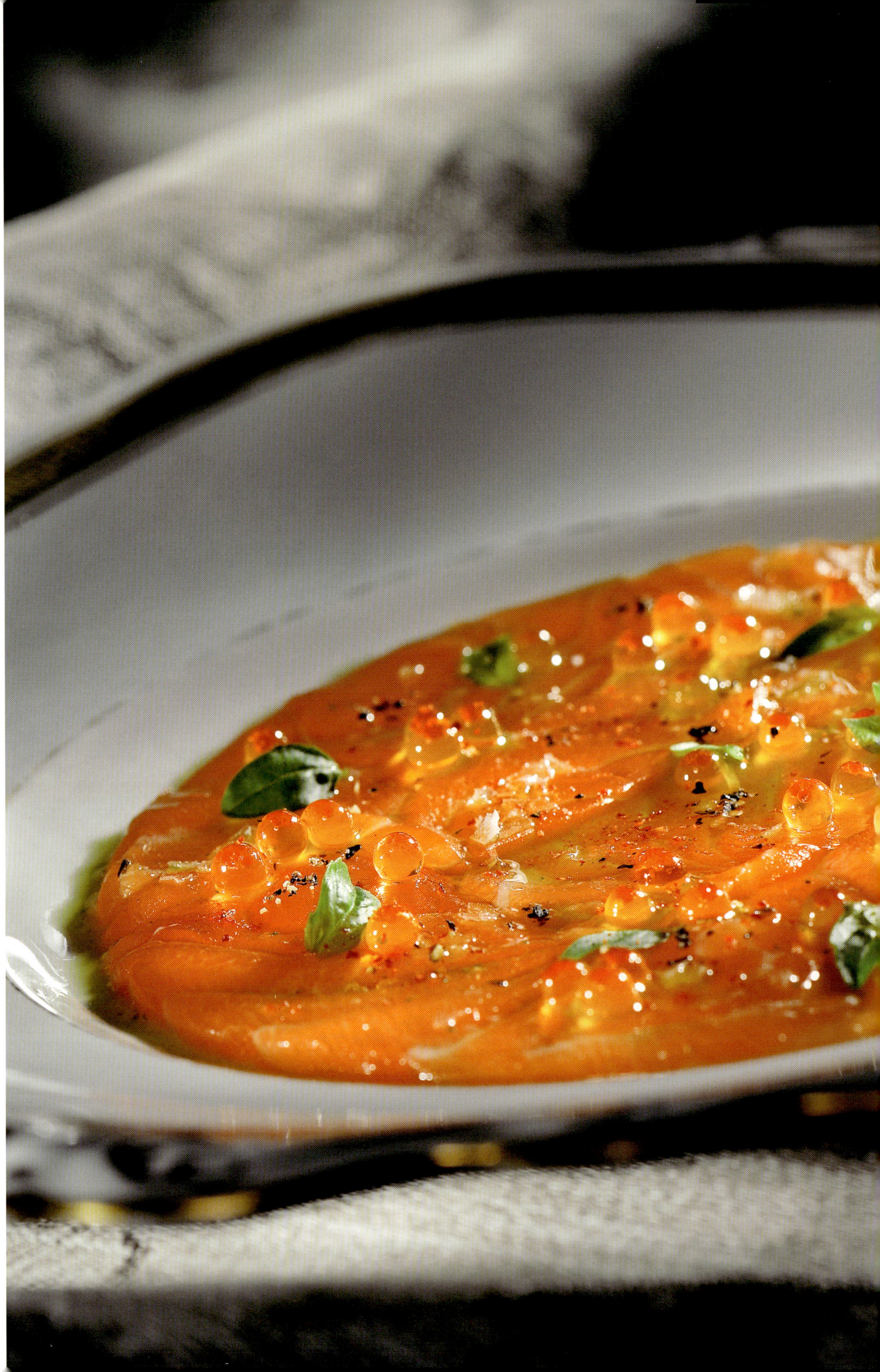

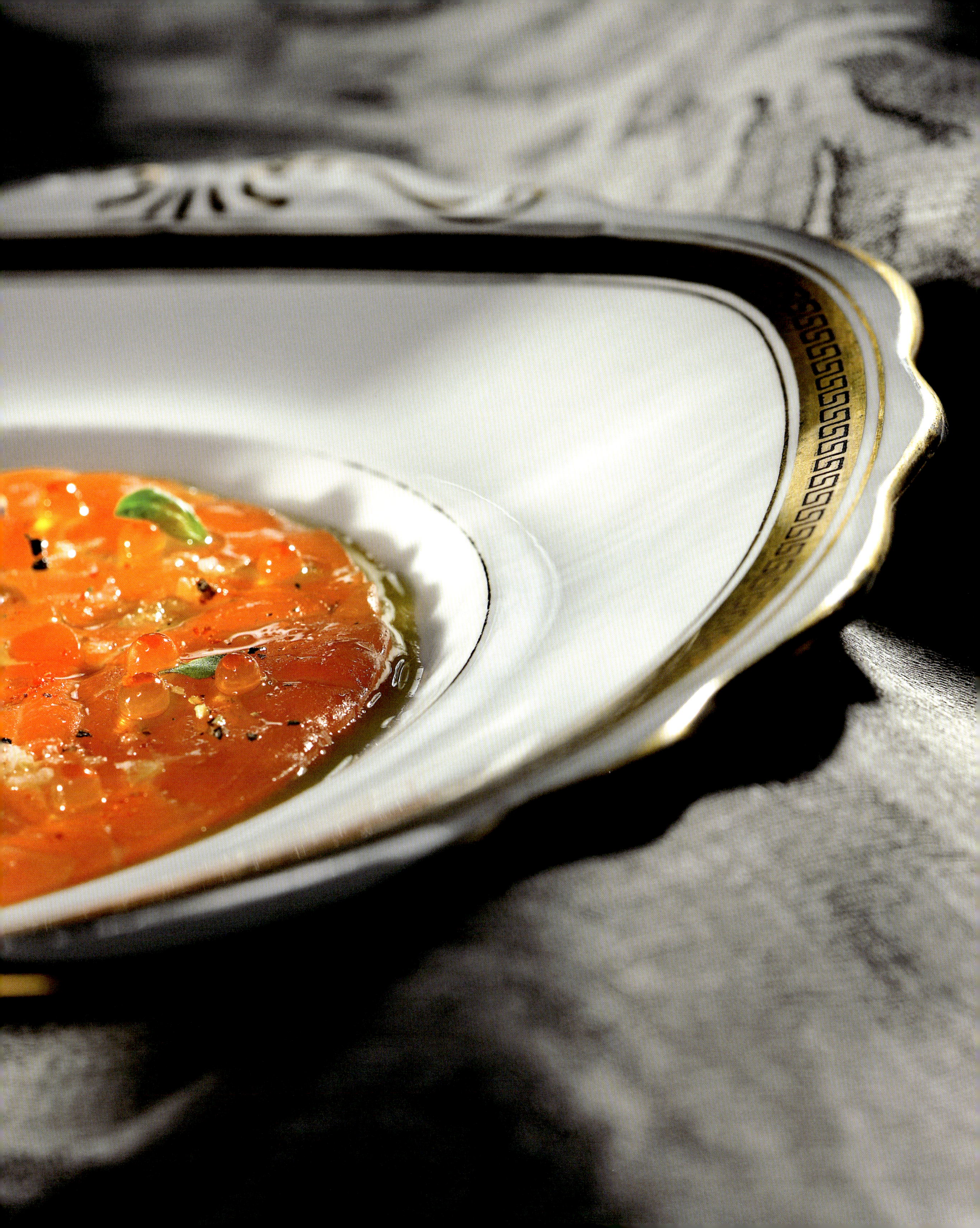

LACHSCARPACCIO MIT BASILIKUMÖL

Für 4 Personen

Zutaten

30 g Lachs (ganz frisch)
35 g Basilikumblätter
100 ml Olivenöl
grobes Salz
schwarzer Pfeffer

Zubereitung

Lachs
Das enthäutete und von Gräten befreite Lachsstück in Klarsichtfolie zu einer Rolle formen und einfrieren. Wenn der Lachs durchgefroren ist, dünne Scheiben schneiden und auf 4 Tellern verteilen.

Basilikumöl
Das Basilikum mit dem Olivenöl und etwas Salz fein aufmixen. Abpassieren und den Lachs damit bepinseln.

Anrichten
Mit grobem Meersalz und schwarzem Pfeffer würzen und mit ein paar kleinen Basilikumblättern ausgarnieren.

SAUTÉ VON CALAMARI, TOMATEN UND KNOBLAUCH

Für 4 Personen

Zutaten

400 g geputzte Calamari (Körper und Köpfe)
80 ml Olivenöl
3 Knoblauchzehen
20 Kirschtomaten, geviertelt
2 Stangen Frühlingslauch, in dünne Scheiben geschnitten
2 EL Petersilie, gehackt
Salz, Pfeffer

Zubereitung

Die Calamarikörper aufeinanderlegen, fest in Klarsichtfolie einwickeln und einfrieren. Sobald die Calamari gefroren sind, mit der Aufschneidemaschine in dünne Streifen schneiden.

Das Olivenöl erhitzen, die Knoblauchzehen andrücken und im Öl eine halbe Minute ziehen lassen. Dann die Calamaristreifen und -köpfe in das heiße Öl geben. Kurz durchschwenken, salzen und pfeffern. Die Tomaten, den Frühlingslauch und die Petersilie dazugeben. Nochmals 30 Sekunden durchschwenken.

Anrichten
Calamari und Gemüse auf 4 Tellern verteilen. Das Gericht mit Olivenöl beträufeln.

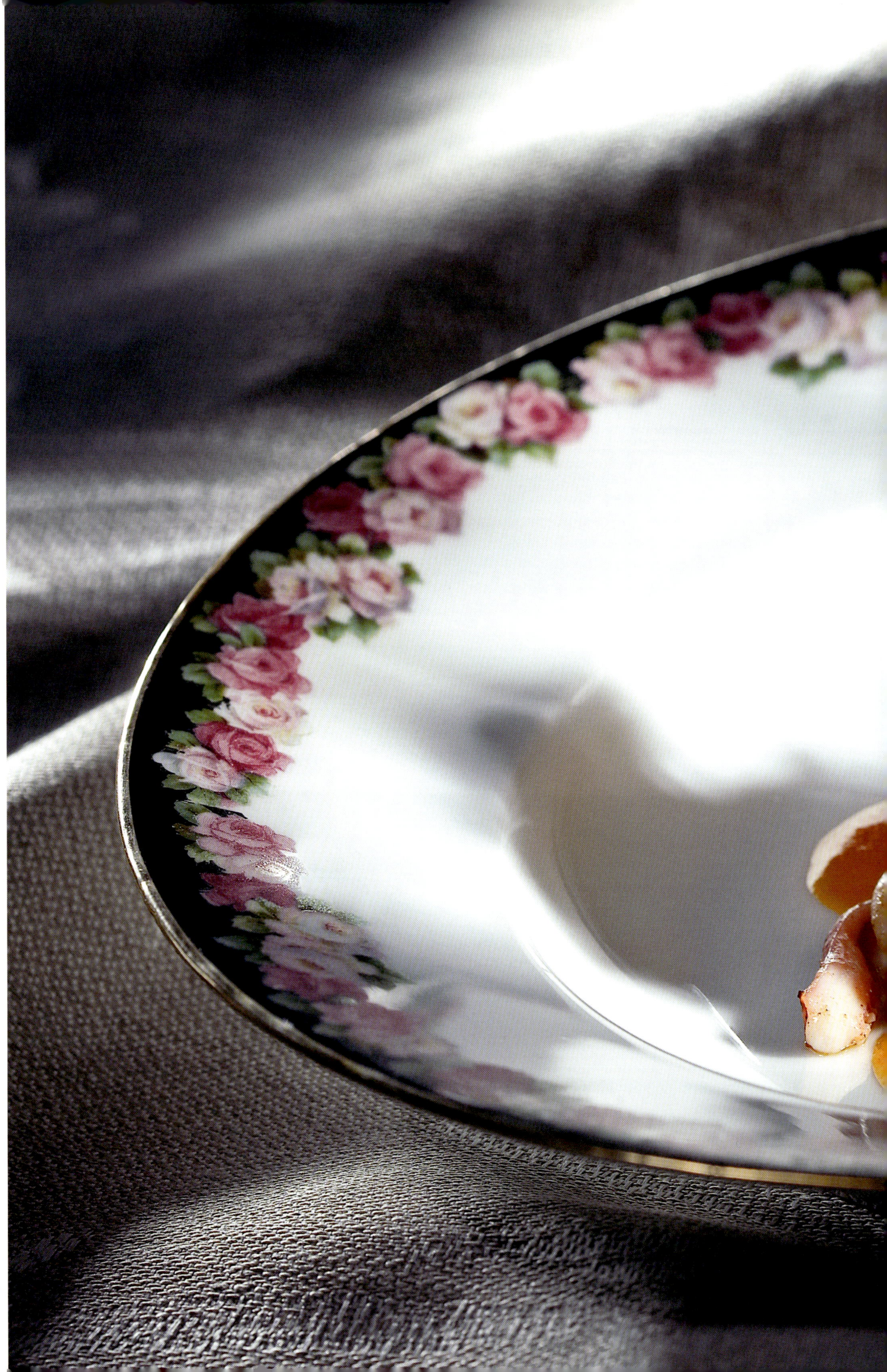

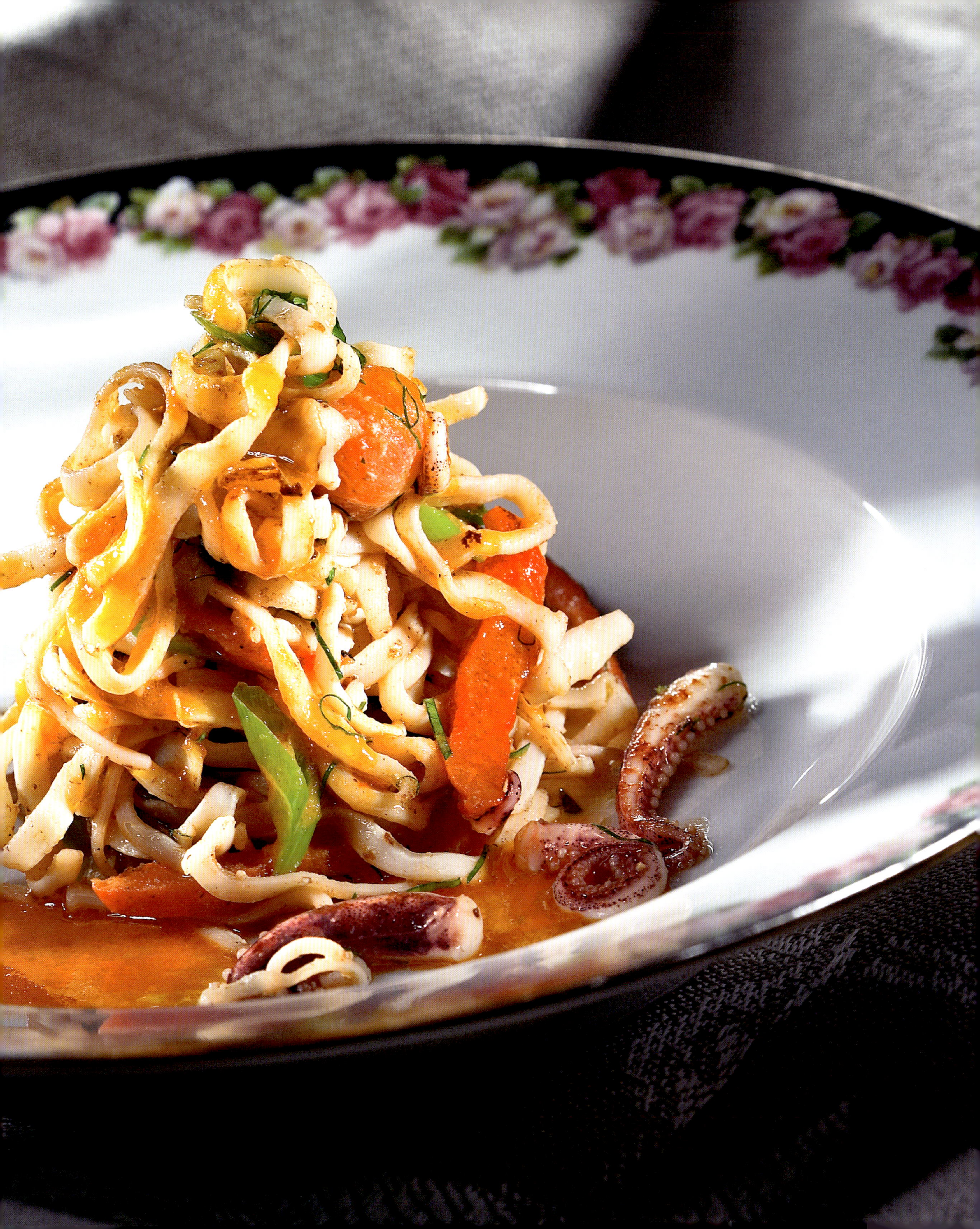

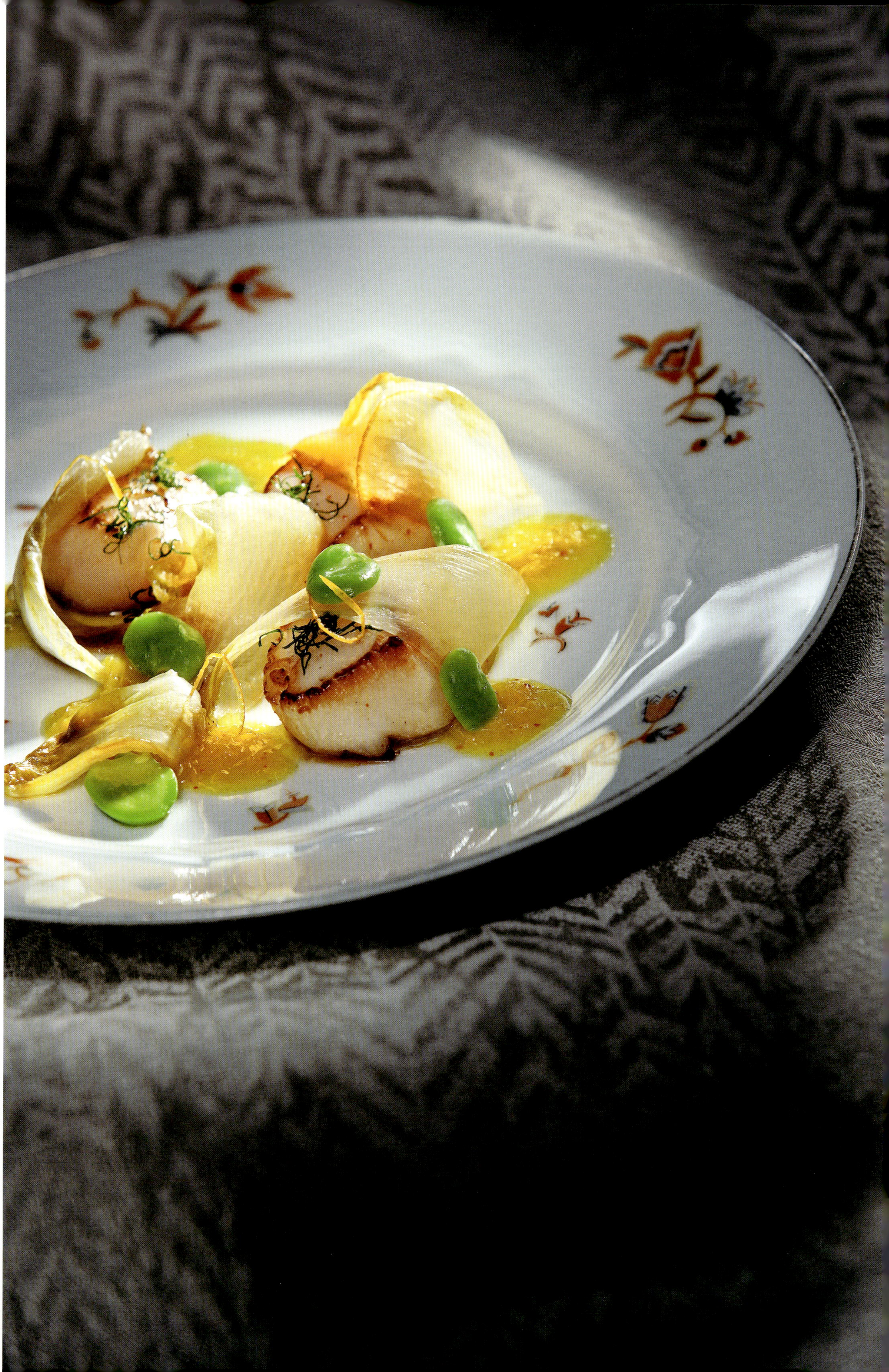

SAUTIERTE JAKOBSMUSCHELN MIT GESCHMORTEM CHICORÉE UND ORANGEN-SAUBOHNEN-VINAIGRETTE

Für 4 Personen

Zutaten

Für den Chicorée
4 kleine Chicorée
20 g Butter
Salz
10 g Puderzucker
2 EL weißer Portwein
150 ml Orangensaft
40 ml Olivenöl
50 g Saubohnen, enthäutet
1 EL Estragon, geschnitten

Für die Jakobsmuscheln
12–16 ausgebrochene, geputzte Jakobsmuscheln
Salz, weißer Pfeffer
1 EL Olivenöl
10 g Butter
½ EL gehackte Petersilie

Zubereitung

Chicorée
Den Chicorée längs halbieren und den Strunk herausschneiden. Die 8 Chicoréehälften in Butter anbraten, salzen, den Puderzucker dazugeben, mit Portwein ablöschen und mit dem Orangensaft aufgießen. Den Chicorée abgedeckt weich schmoren. Aus der Pfanne nehmen und den Sud mit dem Olivenöl aufmontieren. Abkühlen lassen und die Saubohnen sowie den Estragon unterrühren.

Jakobsmuscheln
Die Jakobsmuscheln würzen, scharf in Olivenöl anbraten und nach einer Minute wenden. Nach einer weiteren Minute die Butter dazugeben und die Jakobsmuscheln immer wieder mit der schaumigen Butter übergießen. Zum Schluss die Petersilie dazugeben.

Anrichten
Je 2 warme Chicoréehälften auf einem Teller anrichten. Darauf die Jakobsmuscheln platzieren. Die Orangen-Saubohnen-Vinaigrette auf dem Chicorée und den Jakobsmuscheln verteilen.

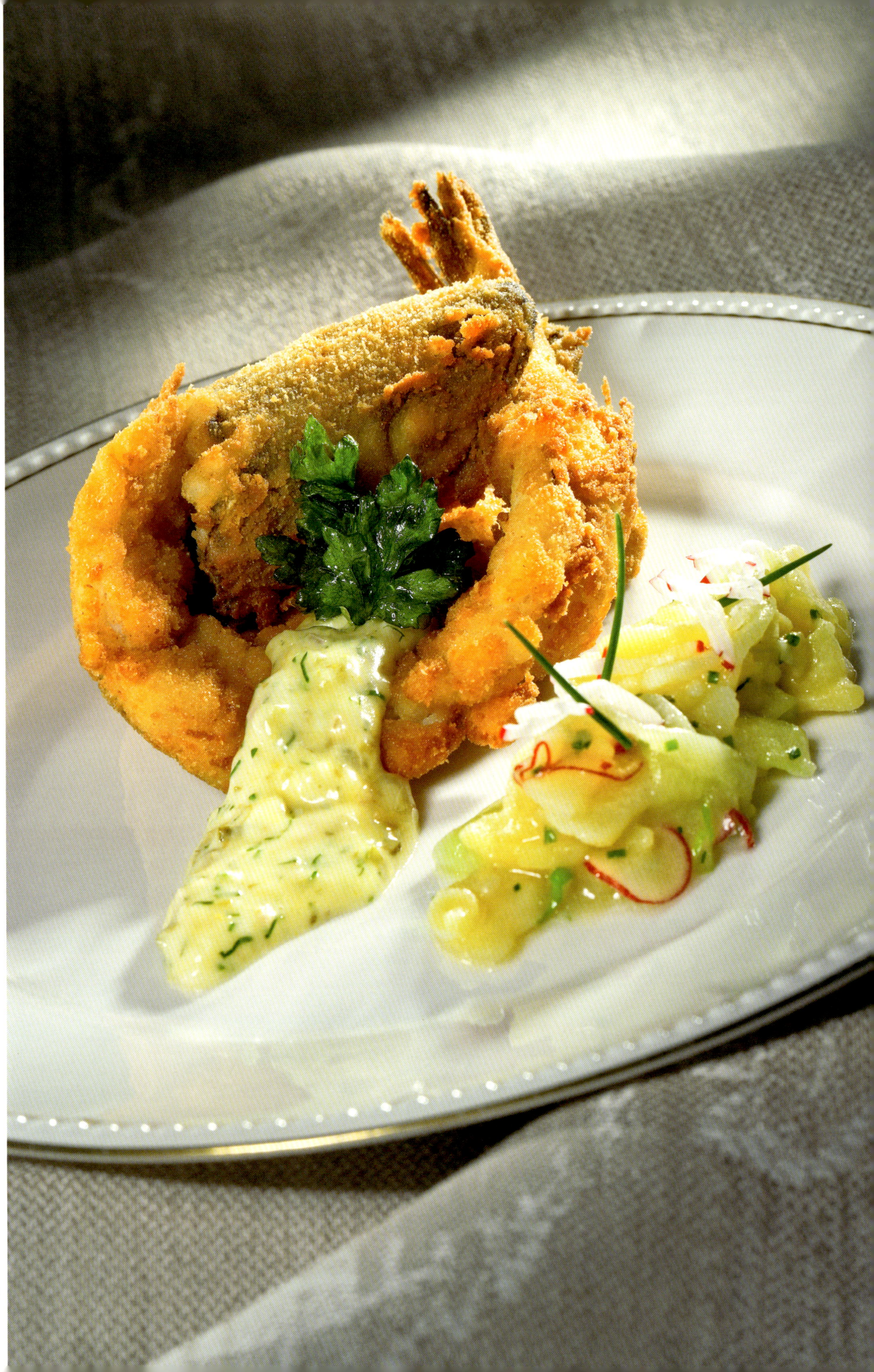

GEBACKENER MERLAN MIT KARTOFFEL-GURKEN-SALAT UND SAUCE TARTARE

Für 4 Personen

Zutaten

Für den Merlan
4 Merlane à 300–400 g
Mehl, Eier und Brotbrösel zum Panieren
Salz, Pfeffer
Frittieröl

Für den Kartoffel-Gurken-Salat
400 g kleine Kartoffeln (La Ratte oder Bamberger Hörnchen)
150 ml Geflügelbrühe
25 ml Essiggurkenwasser
15 ml Weißweinessig
15 g Senf
Salz, weißer Pfeffer
1 Gurke, in Streifen geschnitten
30 g Frühlingslauch, dünn geschnitten

Für die Sauce Tartare
1 Schalotte, in Brunoise
8 EL Mayonnaise
1 Ei, gekocht und gehackt
2 EL Kapern, gehackt
1 EL Petersilie, gehackt
1 EL Schnittlauch, geschnitten
etwas Zitronensaft

Zubereitung

Merlan
Den Merlan schuppen. Vom Rücken aus von der Mittelgräte und von den Innereien befreien. Die Gräten zupfen. Den Fisch mit Salz und Pfeffer würzen und in Mehl, Ei und Bröseln panieren. In 160 °C heißem Frittieröl ausbacken.

Kartoffel-Gurken-Salat
Die Kartoffeln in Salzwasser weich kochen, schälen und in 5 mm dünne Scheiben schneiden. Geflügelbrühe, Gurkenwasser, Essig und Senf zusammen kurz aufkochen und über die Kartoffelscheiben gießen. Mit Salz und weißem Pfeffer abschmecken und 1 Stunde ziehen lassen. Dann die Gurkenstreifen und den Frühlingslauch unter die Kartoffeln mischen.

Sauce Tartare
Die gewürfelte Schalotte in Salzwasser blanchieren. Abkühlen lassen. Mit den anderen Zutaten verrühren und abschmecken.

Anrichten
Den frittierten Fisch mit Küchenpapier abtupfen. Auf die Teller legen. Den Kartoffel-Gurken-Salat und die Sauce Tartare in die Mitte des Tisches stellen.

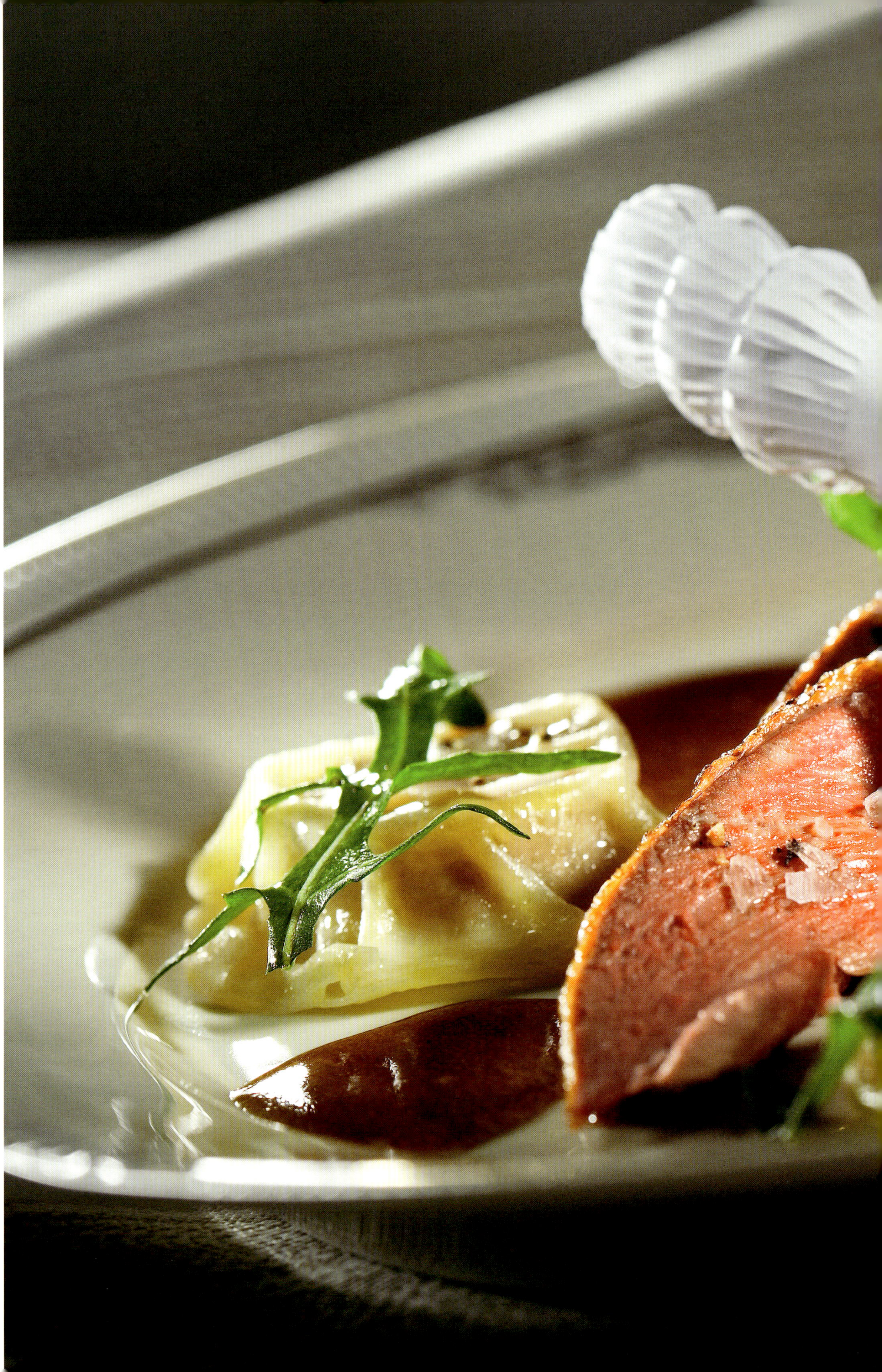

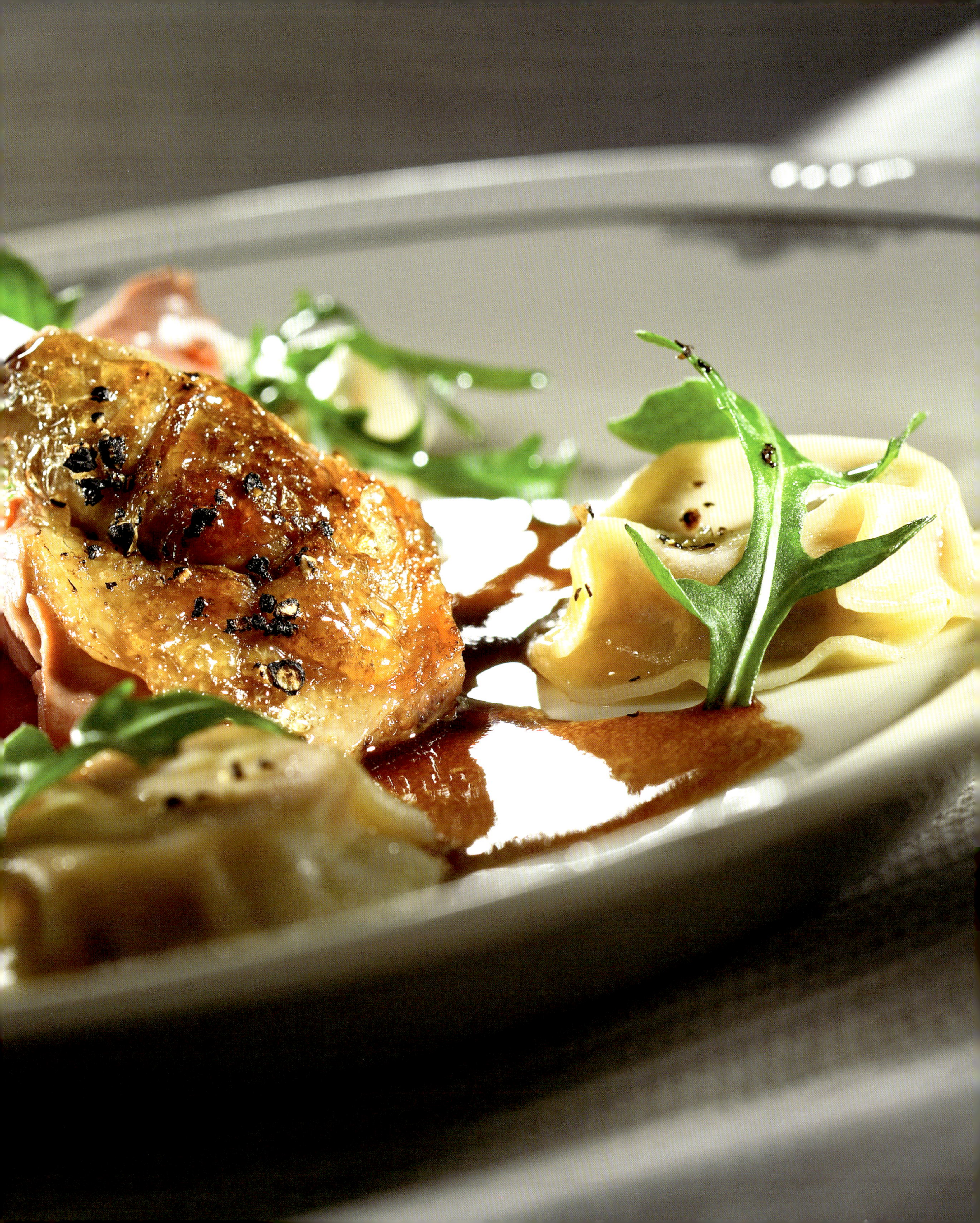

GEBRATENE BRESSE-TAUBE MIT GÄNSESTOPFLEBER-RAVIOLI UND RUCOLA

Für 4 Personen

Zutaten

2 große Bresse-Tauben
Salz, schwarzer Pfeffer
1 Bund Rucola

Für die Sauce

2 Schalotten
3 EL Maisöl
Knochen von 4 Tauben, klein gehackt
2 Champignons
2 Wacholderbeeren
6 weiße Pfefferkörner
1 kleines Lorbeerblatt
20 ml Cognac
100 ml Madeira
200 ml Geflügelbrühe
50 ml Olivenöl
Salz, schwarzer Pfeffer

Für die Ravioli

32 Wan-Tan-Blätter (erhältlich im Asialaden)
1 Ei
200 g Gänsestopfleber (in 16 Stücke geschnitten)
Salz, weißer Pfeffer

Zubereitung

Tauben

Die Tauben mit Salz und Pfeffer würzen. Im vorgeheizten Backofen bei 160 °C ca. 15 Minuten braten und dabei immer wieder mit dem Fett arrosieren. Die Tauben aus dem Backofen nehmen und mindestens 5 Minuten ruhen lassen.

Sauce

Die Schalotten achteln und anschwitzen, bis sie Farbe bekommen. Die Taubenknochen und die geschnittenen Champignons dazugeben und weiterrösten, bis alles eine braune Farbe angenommen hat. Die Gewürze andrücken und zu den Knochen geben. Mit Cognac und Madeira ablöschen und die Geflügelbrühe aufgießen. Alles langsam köcheln lassen, bis die Flüssigkeit auf ein Viertel der Menge eingekocht ist. Abpassieren und mit dem Olivenöl aufmontieren. Mit Salz und schwarzem Pfeffer abschmecken.

Ravioli

Die Wan-Tan-Blätter ausbreiten und mit verquirltem Ei bepinseln. Die mit Salz und Pfeffer gewürzten Gänsestopfleberstücke darauflegen. Jeweils ein zweites Blatt auf die Leber geben und fest auf das untere Blatt drücken. Mit einem Ring ausstechen. Die Ravioli in kochendes Salzwasser geben und 3 Minuten köcheln lassen.

Anrichten

Die Taubenkeulen mit einem Messer vom Körper trennen. Dann die Brüste von der Karkasse schneiden. Je 4 Ravioli, eine Taubenbrust und eine Taubenkeule auf einem Teller anrichten. Das Fleisch etwas nachwürzen. Die Sauce darüber verteilen. Mit den Rucolablättern ausgarnieren.

SCHOKOLADEN-HIMBEER-TARTE

Für 4 Personen

Zutaten

48 Himbeeren

Für den Mürbeteig
120 g Butter
90 g Puderzucker
30 g Mandelgrieß
50 g Vollei
60 g Mehl Type 405
Salz
Vanillezucker
abgeriebene Schale einer Zitrone
180 g Mehl Type 550

Für die Englische Creme
250 ml Milch
250 ml Sahne
100 g Eigelb
50 g Zucker

Für die Schokocreme
500 g Englische Creme
230 g Taïnori (hochwertige dunkle Kuvertüre)

Für die Kakaohippe
75 g Zucker
1 g Pektin
60 g Butter
25 g Glukose
30 ml Wasser
90 g Kakaobohnenbrösel

Zubereitung

Mürbeteig
Butter, Puderzucker, Mandelgrieß, Vollei, Mehl Type 405, Salz, Vanillezucker und Zitronenschale verrühren und dabei darauf achten, dass die Masse nicht schaumig geschlagen wird. Wenn die Masse homogen ist, das Mehl Type 550 einarbeiten und rasch einen glatten Teig kneten. Mit Folie abgedeckt über Nacht im Kühlschrank ruhen lassen. Auf 2 mm Dicke ausrollen und Tarteringe mit 8 cm Durchmesser und 2,5 cm Höhe exakt damit auslegen. Im vorgeheizten Backofen bei 165 °C Heißluft goldgelb backen und auf einem Gitter auskühlen lassen.

Englische Creme
Milch und Sahne aufkochen. Eigelb mit Zucker cremig rühren. Einen Teil der kochenden Milch-Sahne-Mischung auf die Eigelbe gießen und verrühren. Wieder zurück zur aufgekochten Milch-Sahne-Mischung geben. Mit einem Gummischaber unter ständigem Rühren bei mittlerer Hitze auf 82 °C erhitzen (zur Rose abziehen), durch ein Haarsieb passieren und einige Sekunden mit dem Stabmixer mixen.

Schokocreme
Die Kuvertüre im Wasserbad schmelzen. Die noch heiße Englische Creme nach und nach damit verrühren. Sobald die Mischung homogen ist, kurz mit dem Stabmixer mixen, ohne Luft einzuarbeiten. Die fertige Schokocreme bis etwa 1 mm unter dem Rand in die abgekühlten Mürbeteigtartelettes füllen.

Kakaohippe
Zucker und Pektin trocken mischen. Butter, Glukose und Wasser in einem Topf bei schwacher Hitze erwärmen, die Zuckermischung einrühren und unter ständigem Rühren aufkochen. Wenn die Masse etwa 2 Minuten gekocht hat, die Kakaobohnenbrösel beigeben. Dünn auf eine Silikonbackmatte aufstreichen und im vorgeheizten Backofen bei 165 °C Heißluft 12 Minuten backen.

Fertigstellen und Anrichten
Die gefüllten Tartelettes im vorgeheizten Backofen bei 150 °C Heißluft etwa 4 Minuten aufheizen. Mit frischen, eventuell marinierten Himbeeren garnieren und mit einem nicht zu kleinen Stück Kakaohippe dekorieren.

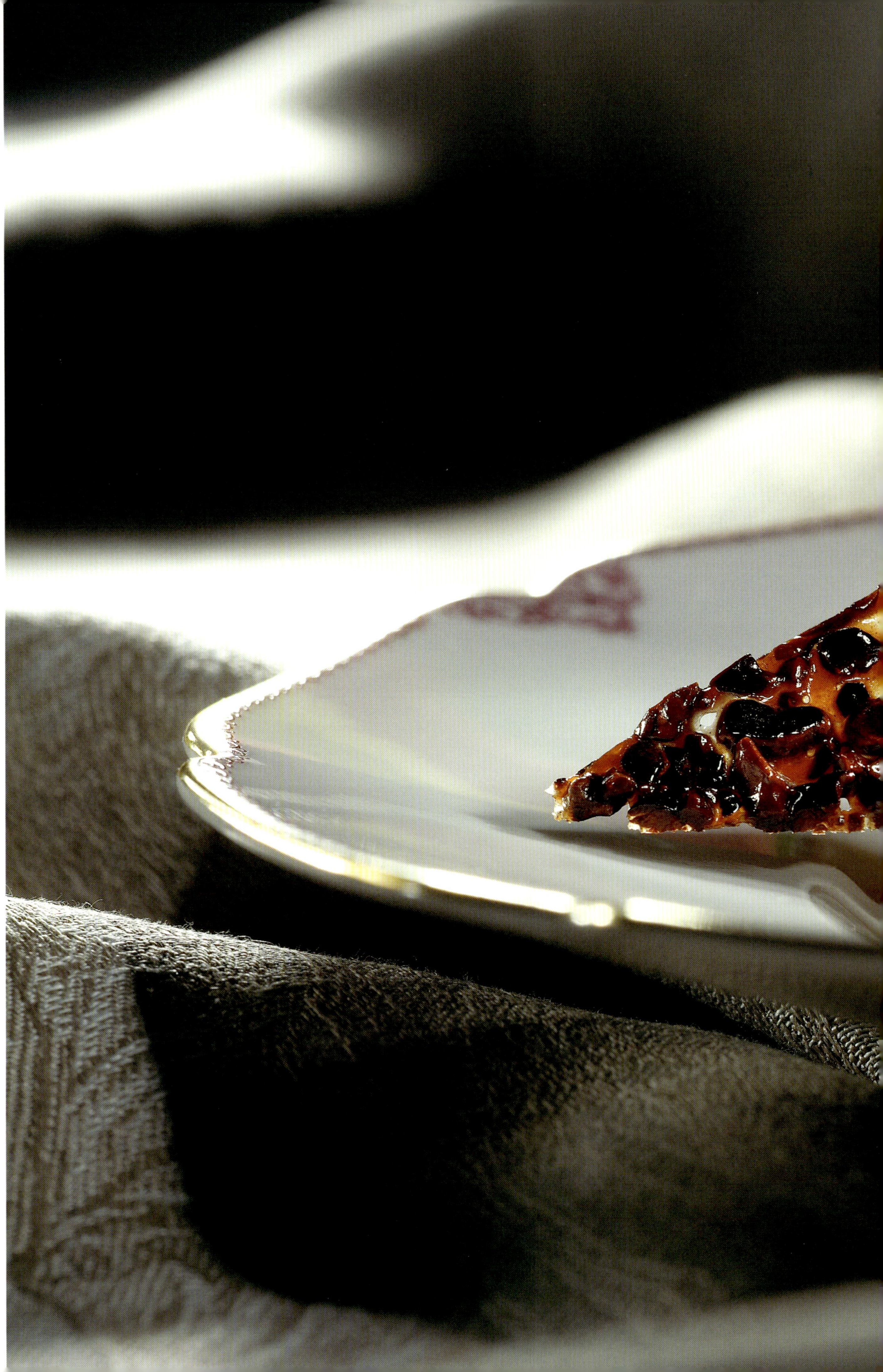

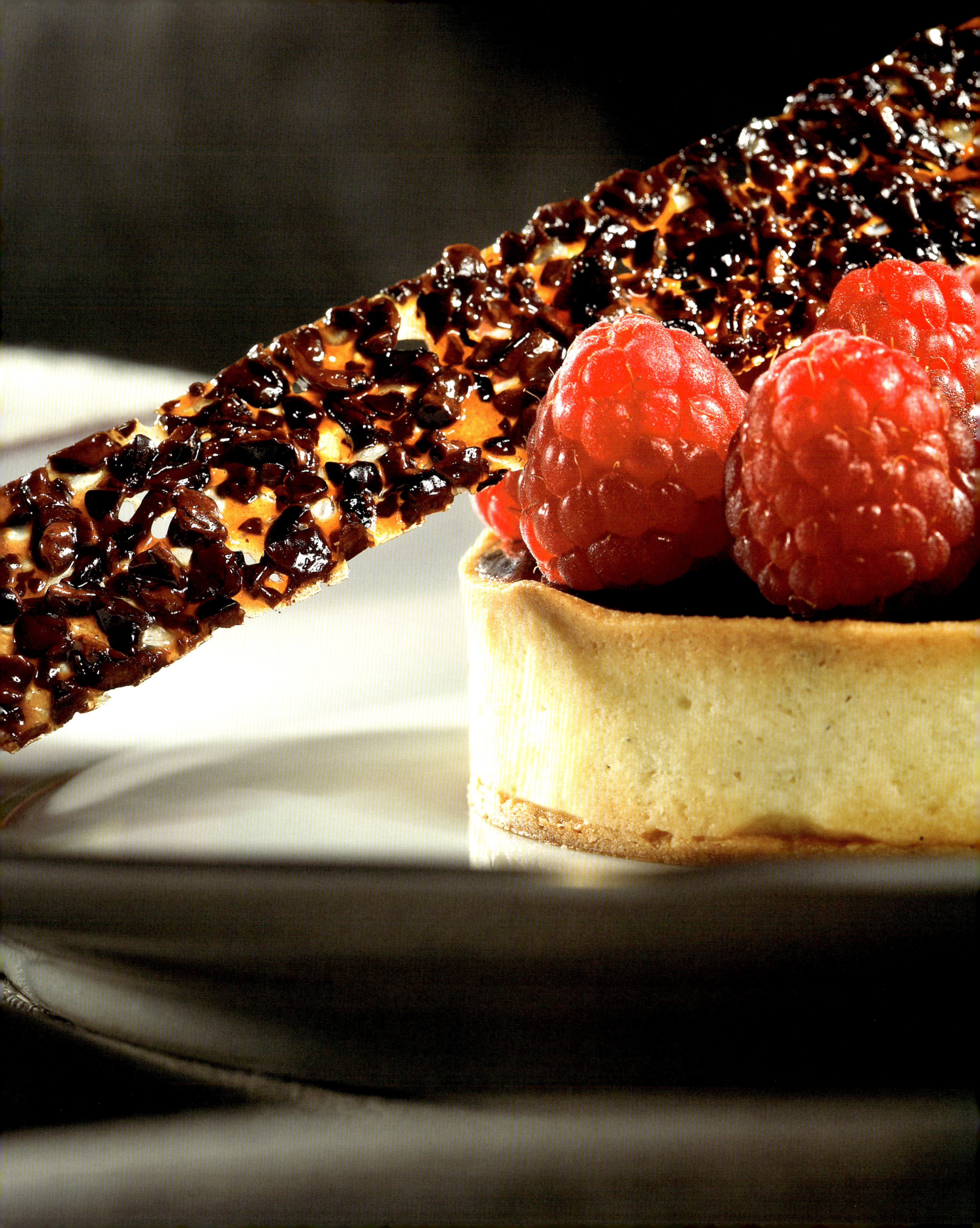

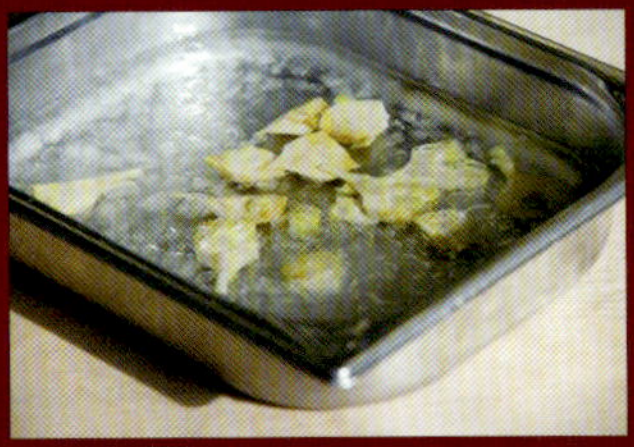
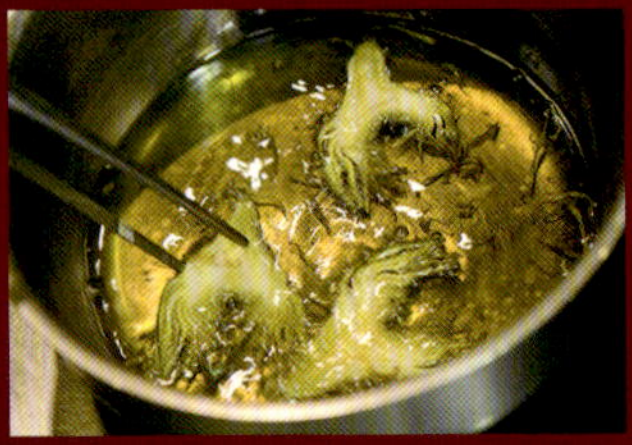
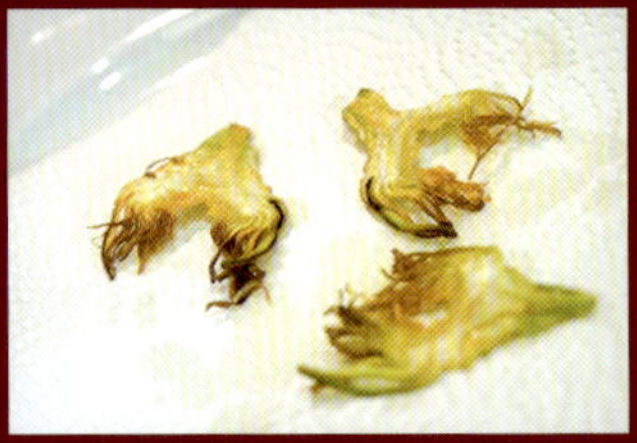
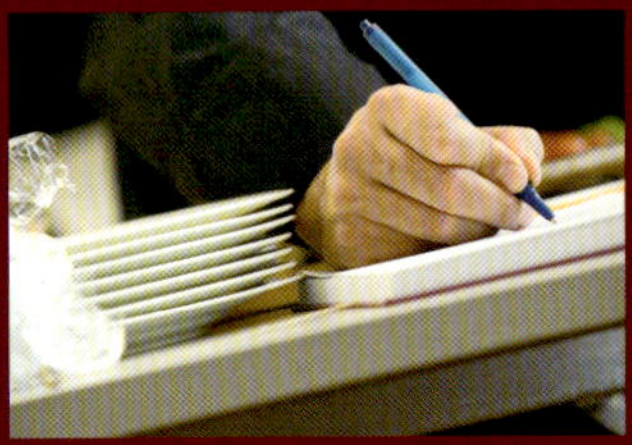
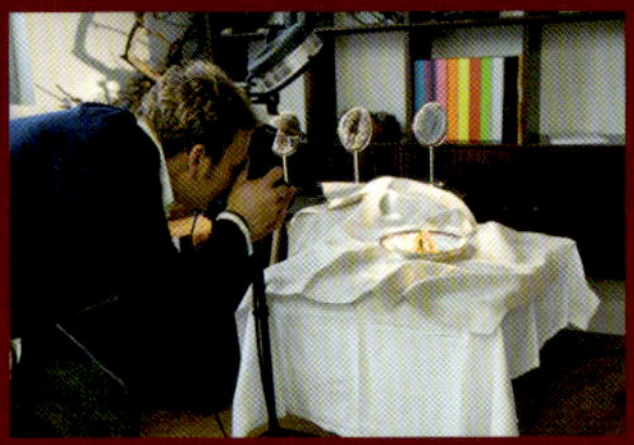
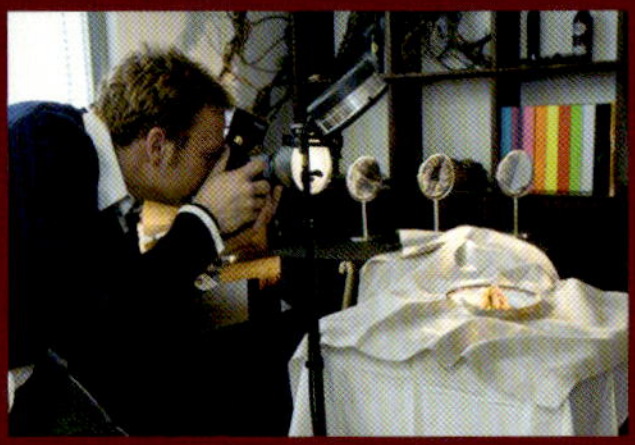
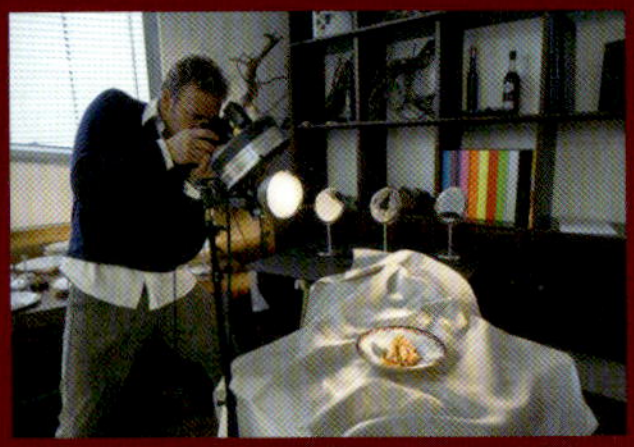
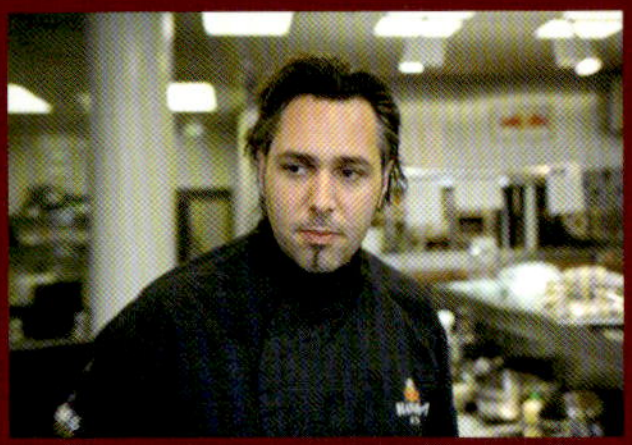
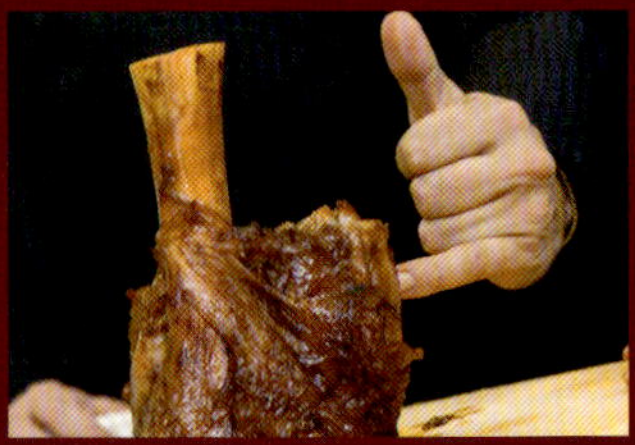
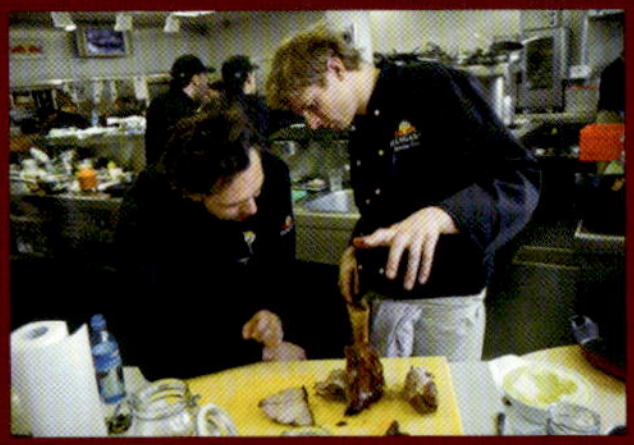
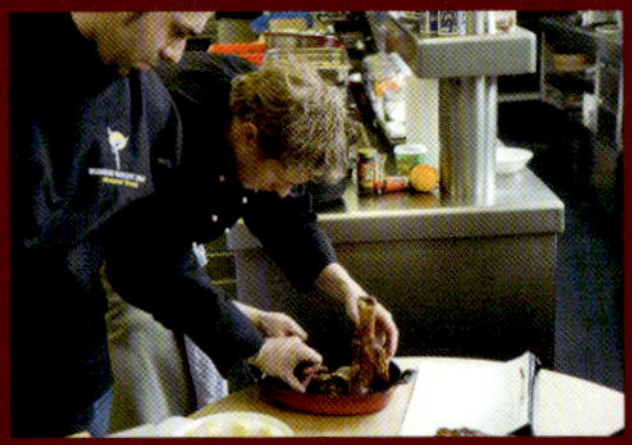
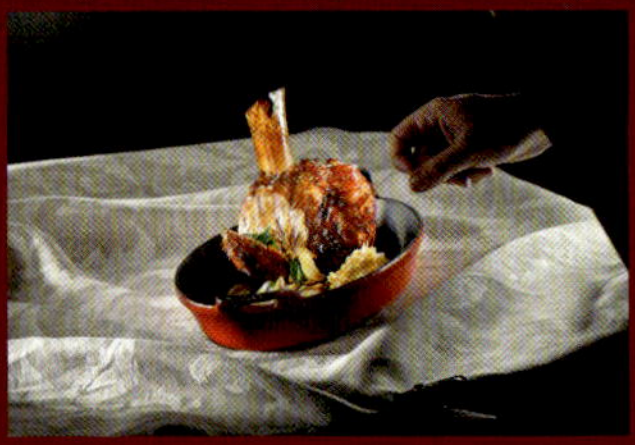
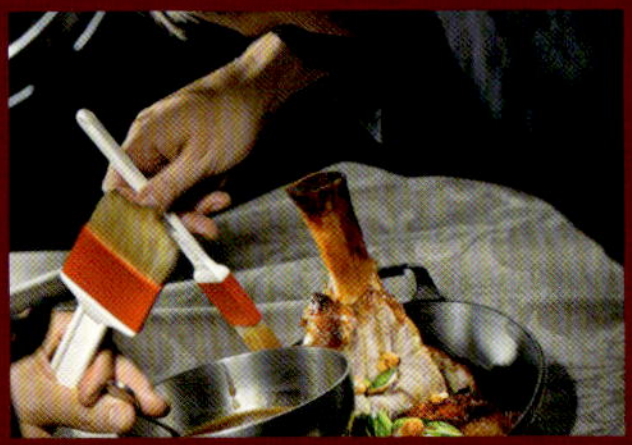
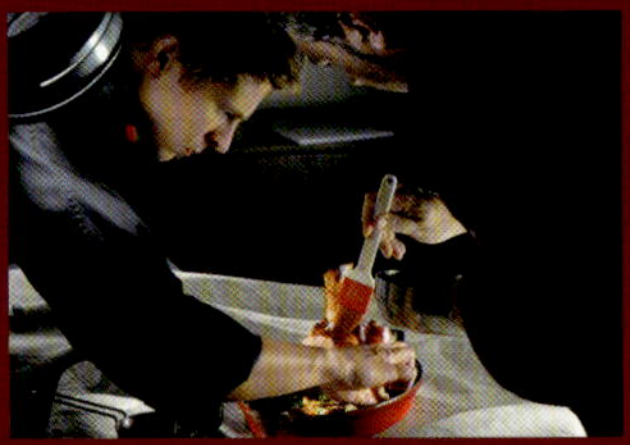
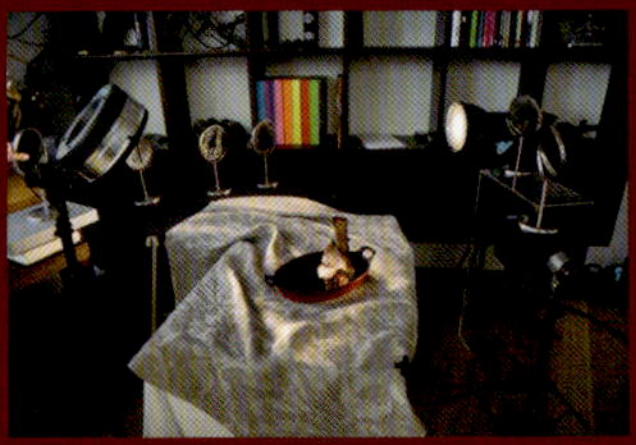

TRETTL 179

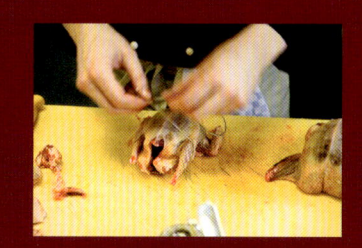

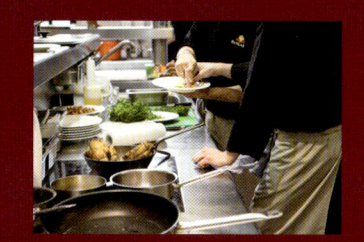

**RESTAURANT »IKARUS«
HANGAR-7**

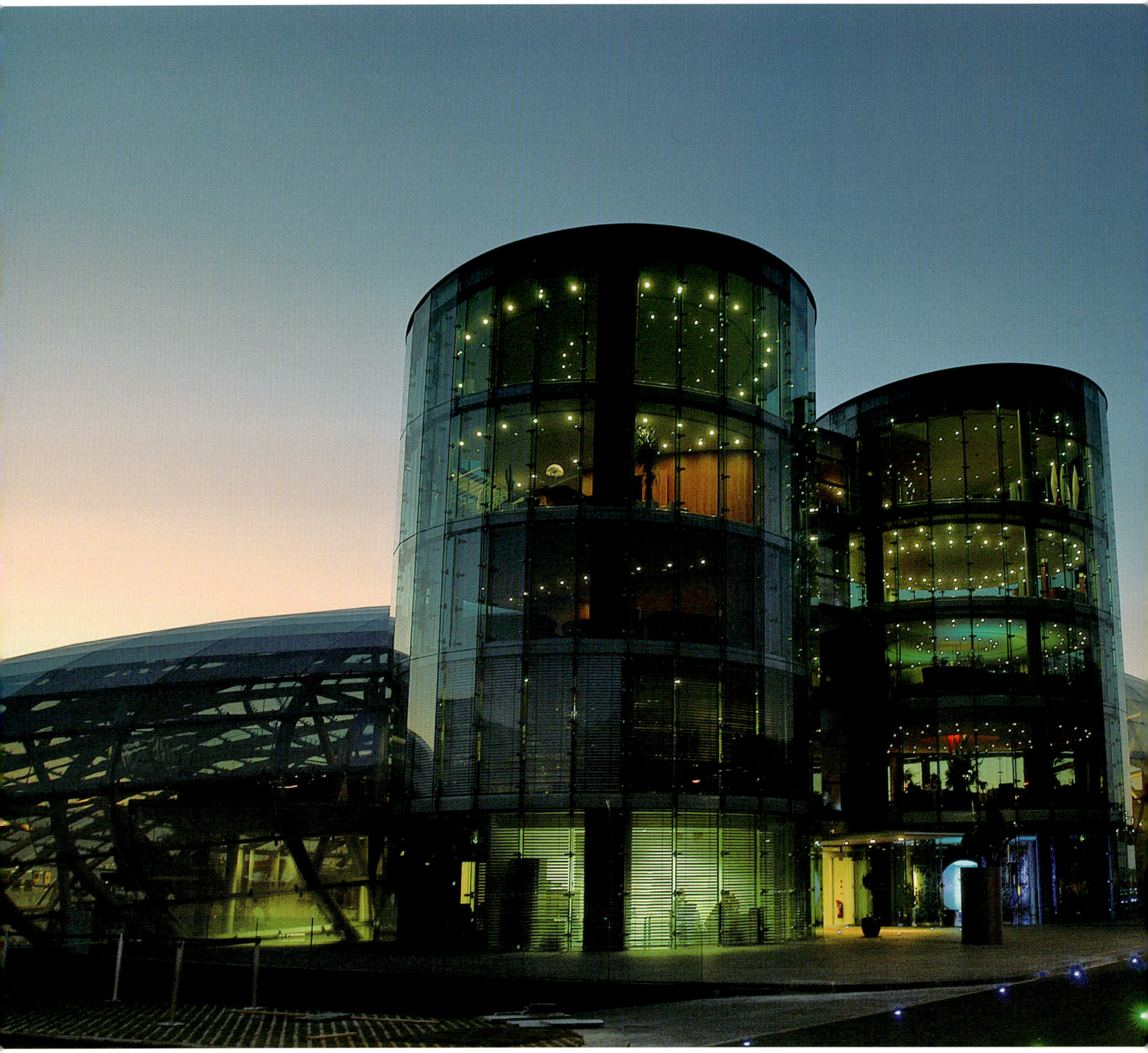

Roland Trettl – Hangar-7

Am Anfang war eine Vision: die Verdichtung internationaler Spitzengastronomie an einem einzigen Ort.

Die anerkannteste und profilierteste Kochelite aus aller Welt, präsentiert und zelebriert von einem heimischen Team, das seinerseits zu den Größten gehört – all das stand im Lastenheft, als Dietrich Mateschitz seinen Hangar-7 plante. Als Herberge einer stetig wachsenden Sammlung historischer Flugzeuge der Flying Bulls. Und als Synonym für avantgardistische Architektur, moderne Kunst und eben die Spitzengastronomie.

So raumgreifend die Vision des Dietrich Mateschitz war, so entschlossen und großzügig war die personelle Besetzung seines Konzeptes. Jahrhundertkoch Eckart Witzigmann und sein Lieblingsschüler Roland Trettl wurden in ihrer Funktion als Patron und als Executive Chef dazu ausersehen, das »Ikarus« im Hangar-7 Wirklichkeit werden zu lassen.

Und es wurde Wirklichkeit: Die Gastköche, die im monatlichen Wechsel aus allen Kontinenten nach Salzburg in den Hangar-7 kommen, bringen einem ambitionierten und kundigen Publikum einen bunten Strauß neuer und bislang nicht gekannter Rezepte und Gerichte, Geschmäcker und Genüsse. Patron Eckart Witzigmann, bis heute schier überwältigt von den kulinarischen Möglichkeiten dieses Konzeptes, spezifiziert das ganz besondere Erlebnis: »Die Besuche im ›Ikarus‹ ersparen kulinarische Weltreisen. Hier kann der Gast sitzen, während sich die Welt um ihn dreht.«

Jean-Georges Vongerichten aus New York, Jereme Leung aus Shanghai, Juan Amador aus Langen bei Frankfurt, Gianluigi Bonelli aus Hongkong, Alex Atala aus São Paulo, Jonnie Boer aus Zwolle, Greg Malouf aus Melbourne oder Norbert Kostner aus Bangkok sind nur einige, aber umso prominentere Namen dieses internationalen Konzeptes. Eines Konzeptes, das zum Zeitpunkt der Beschlussfassung als schier unumsetzbar erschien. Zum Glück nur »erschien«, wie Eckart Witzigmann heute erleichtert festhält: »Es war eine mutige Idee von Dietrich Mateschitz, die weite Welt der großen Kulinarik an einem einzigen Ort innerhalb spektakulärer Architektur zu zentrieren. Der Mut wurde belohnt, das Konzept geht bei ungebrochener Attraktivität in das sechste Jahr.«

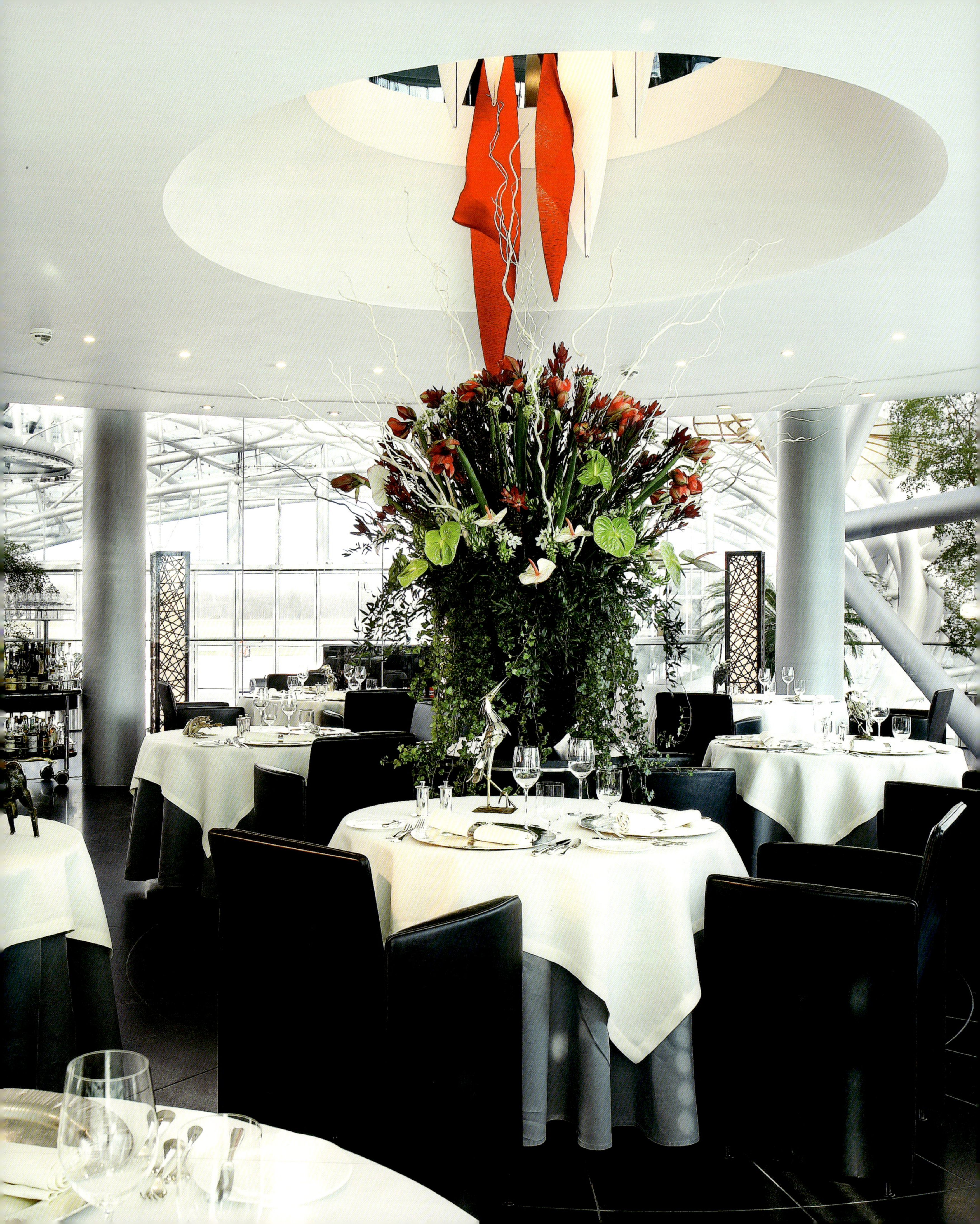

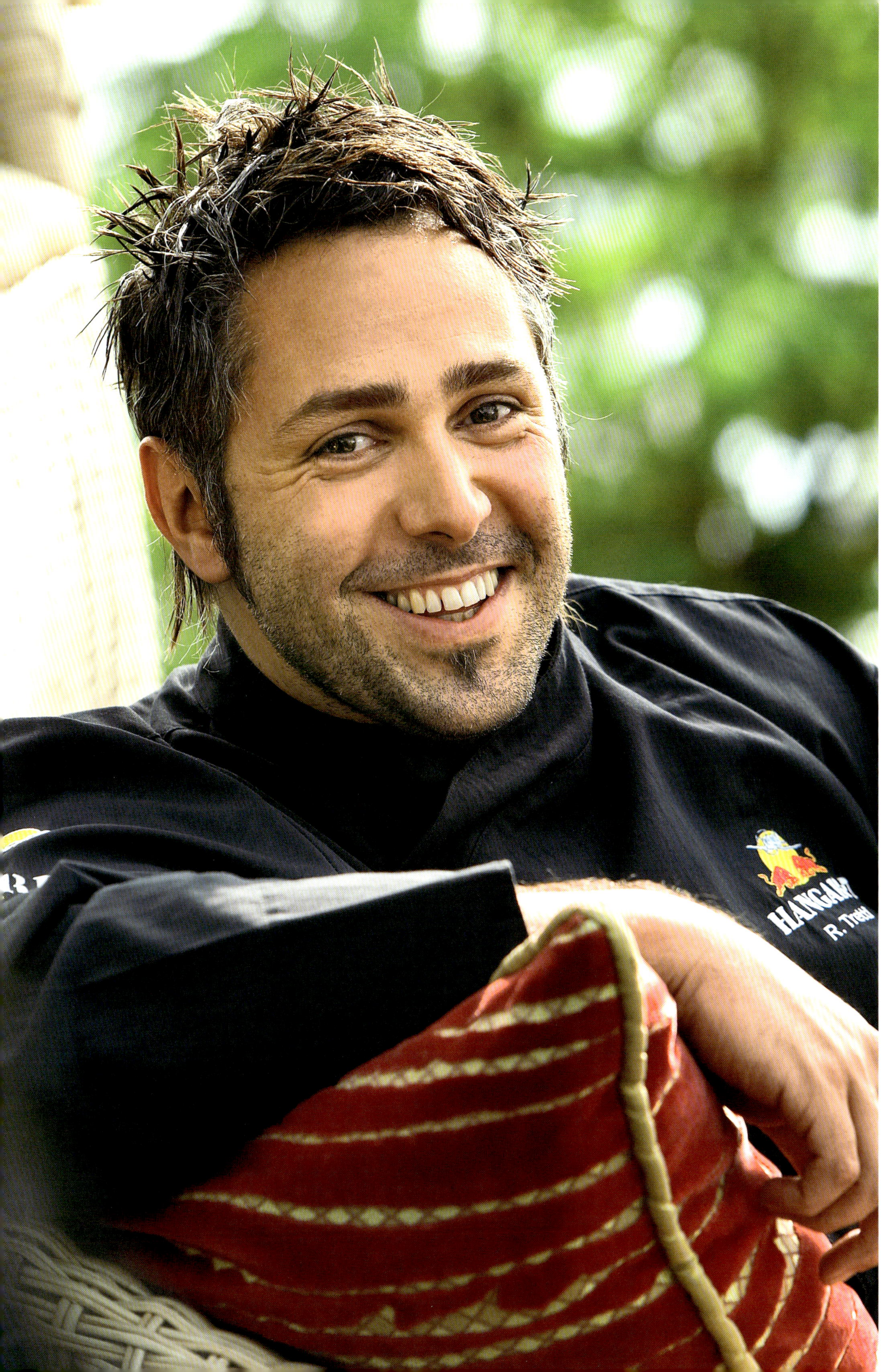
HANGAR
R. Trettl

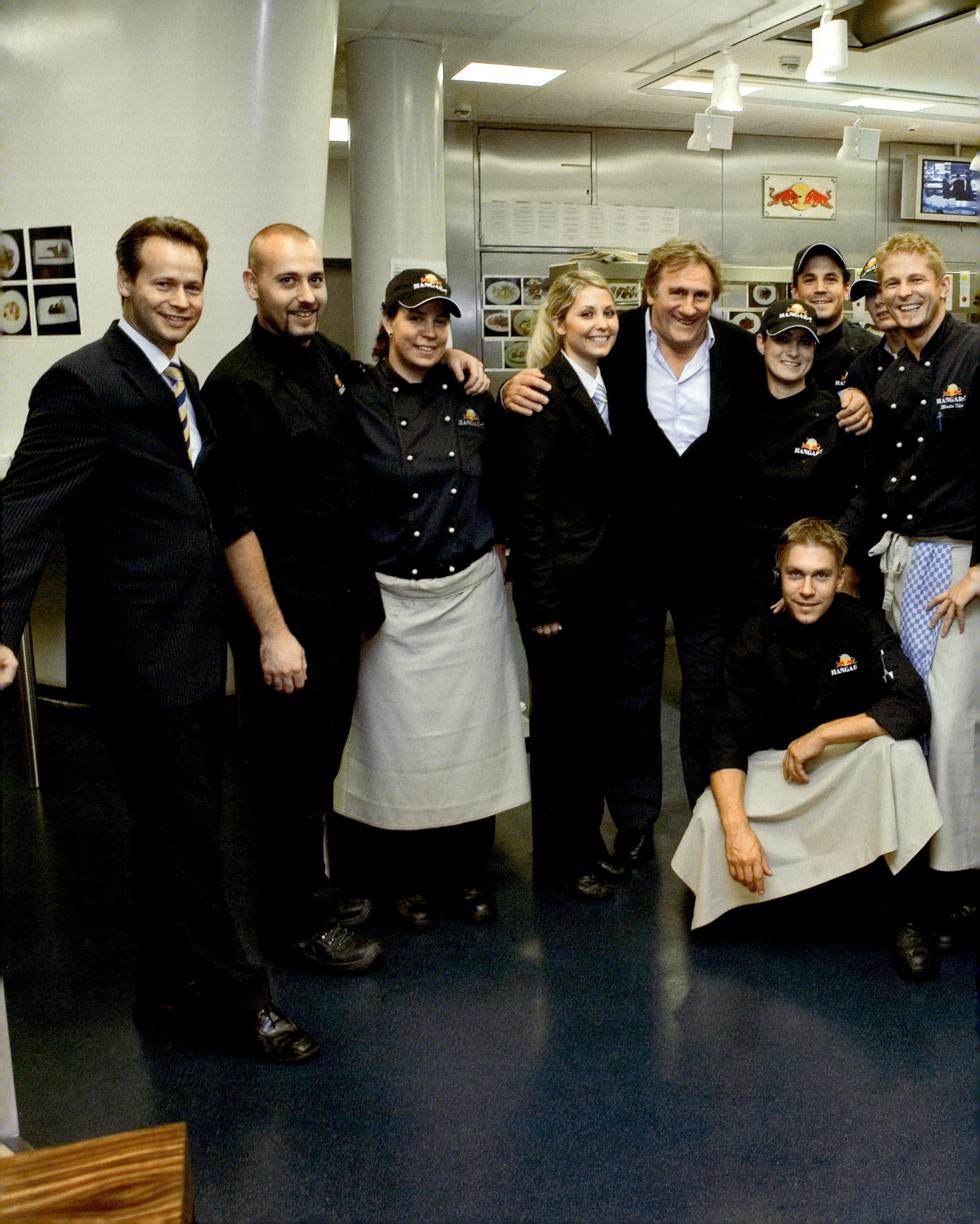

TRETTL 187

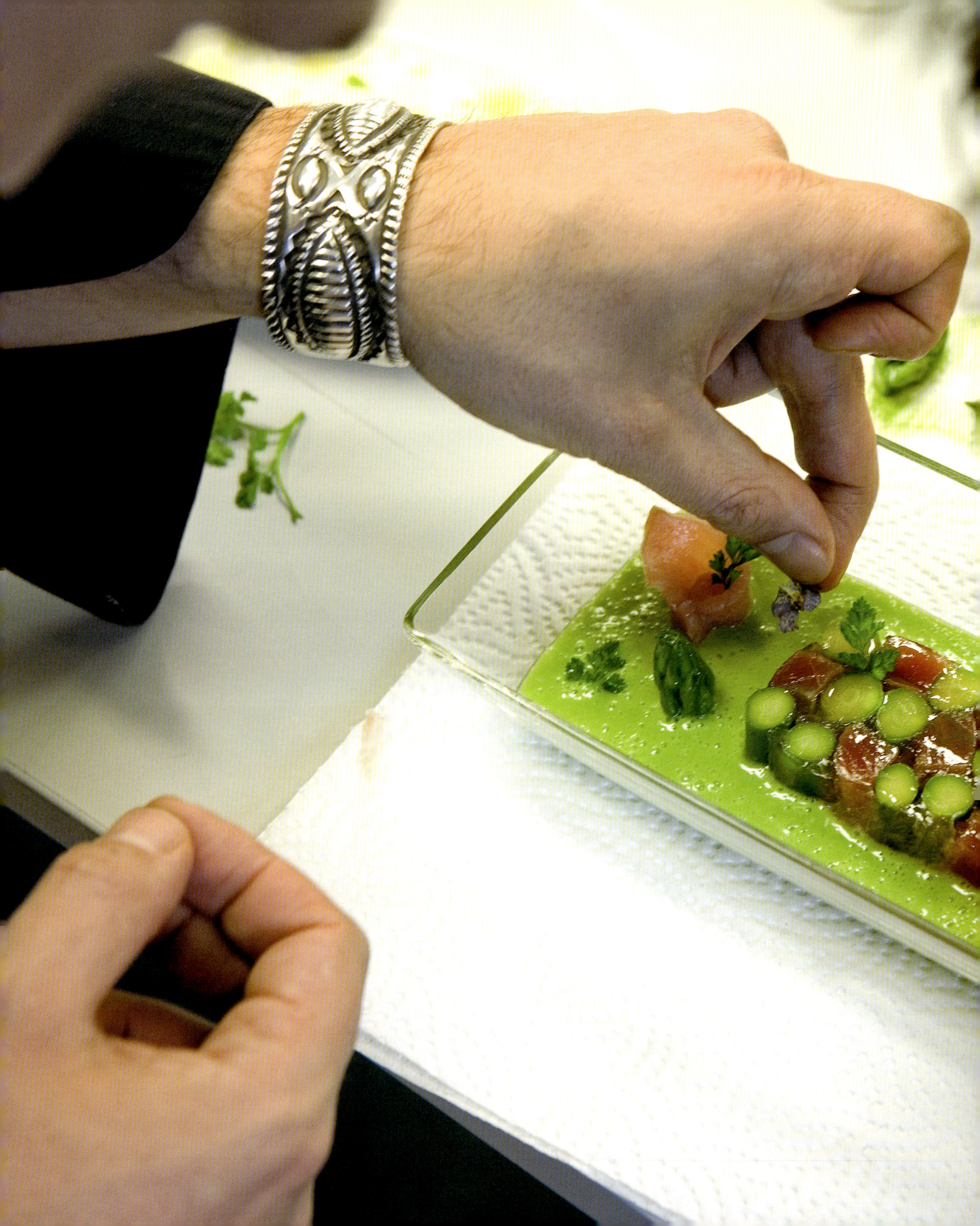

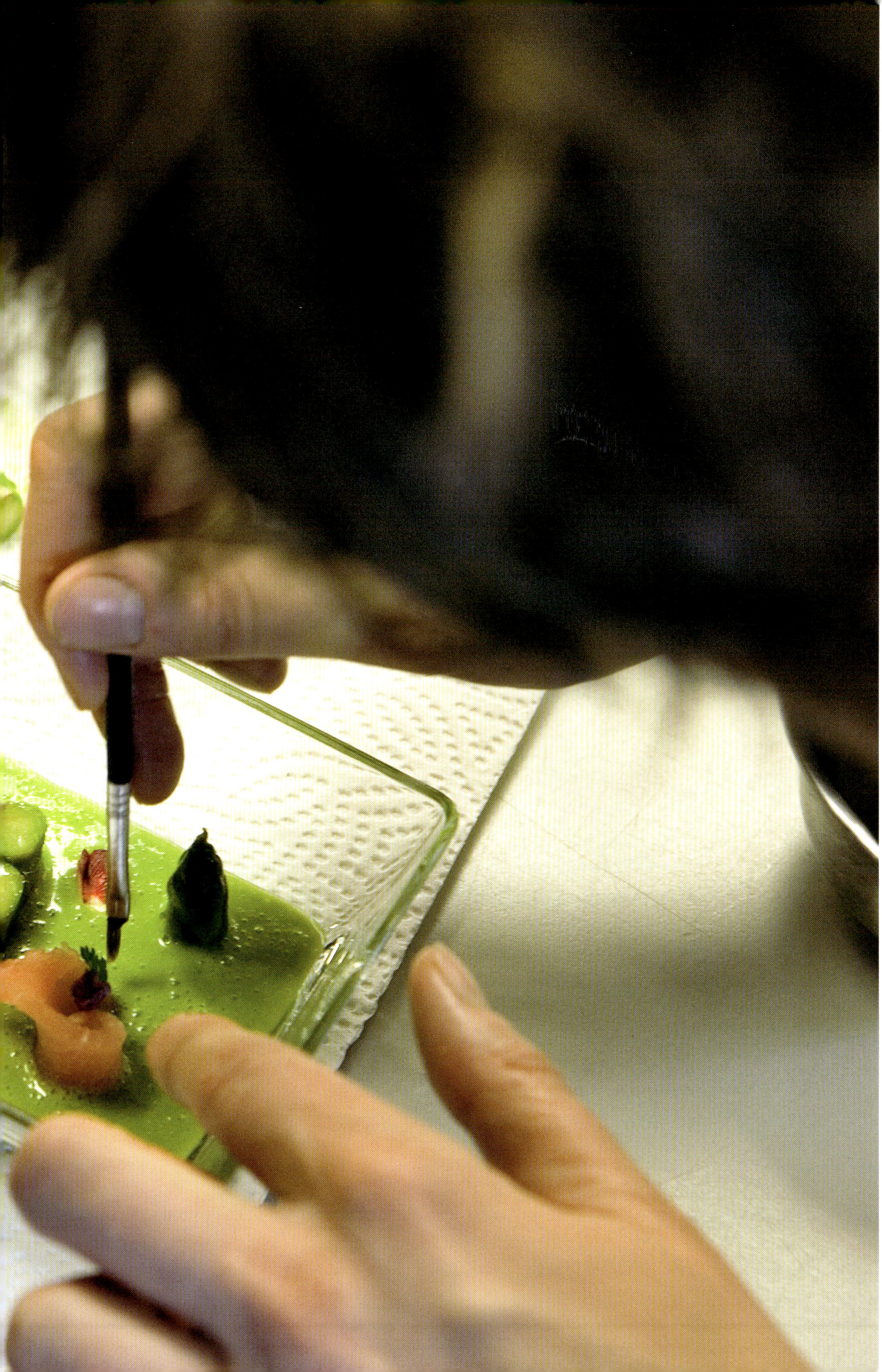

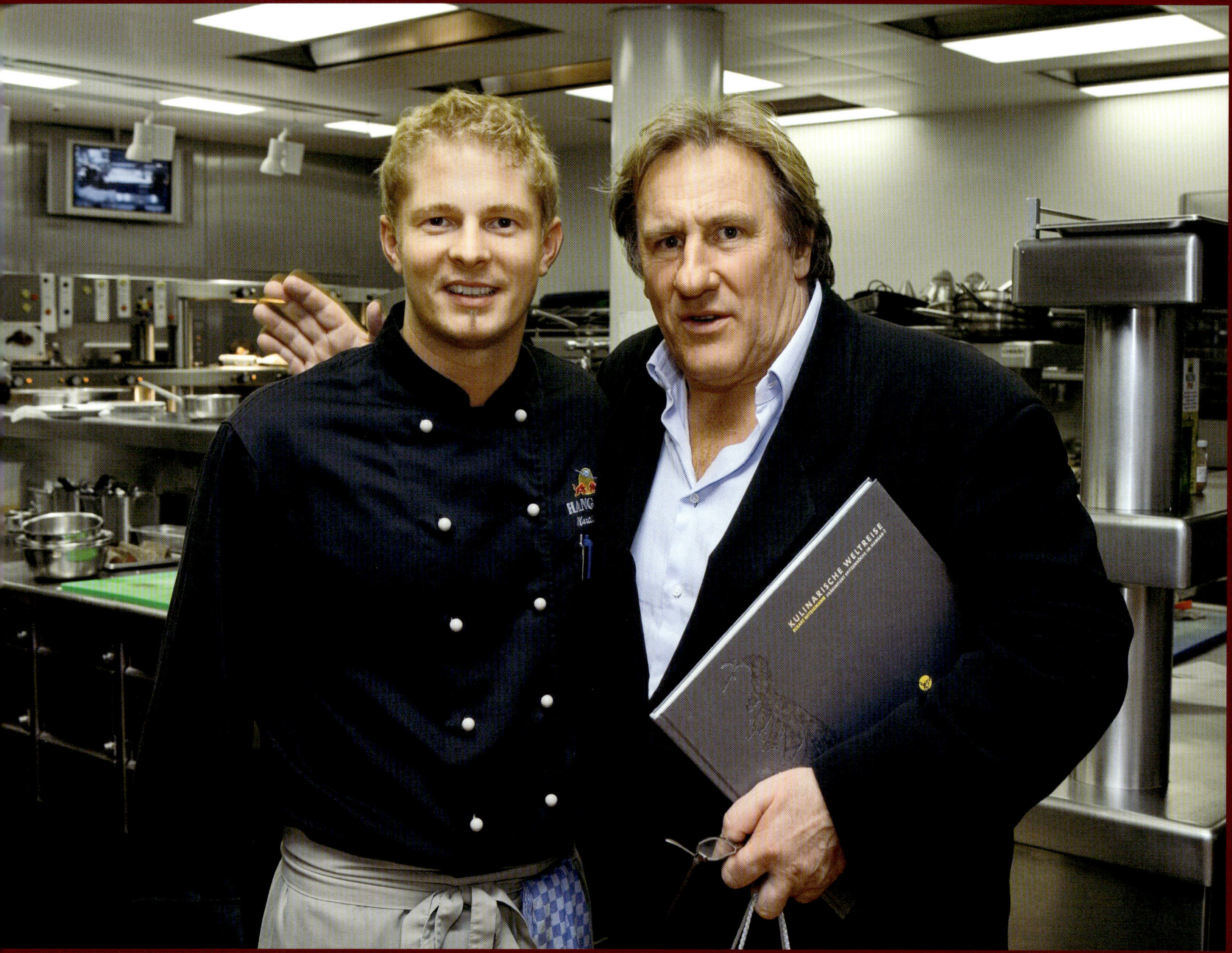
KULINARISCHE WELTREISE

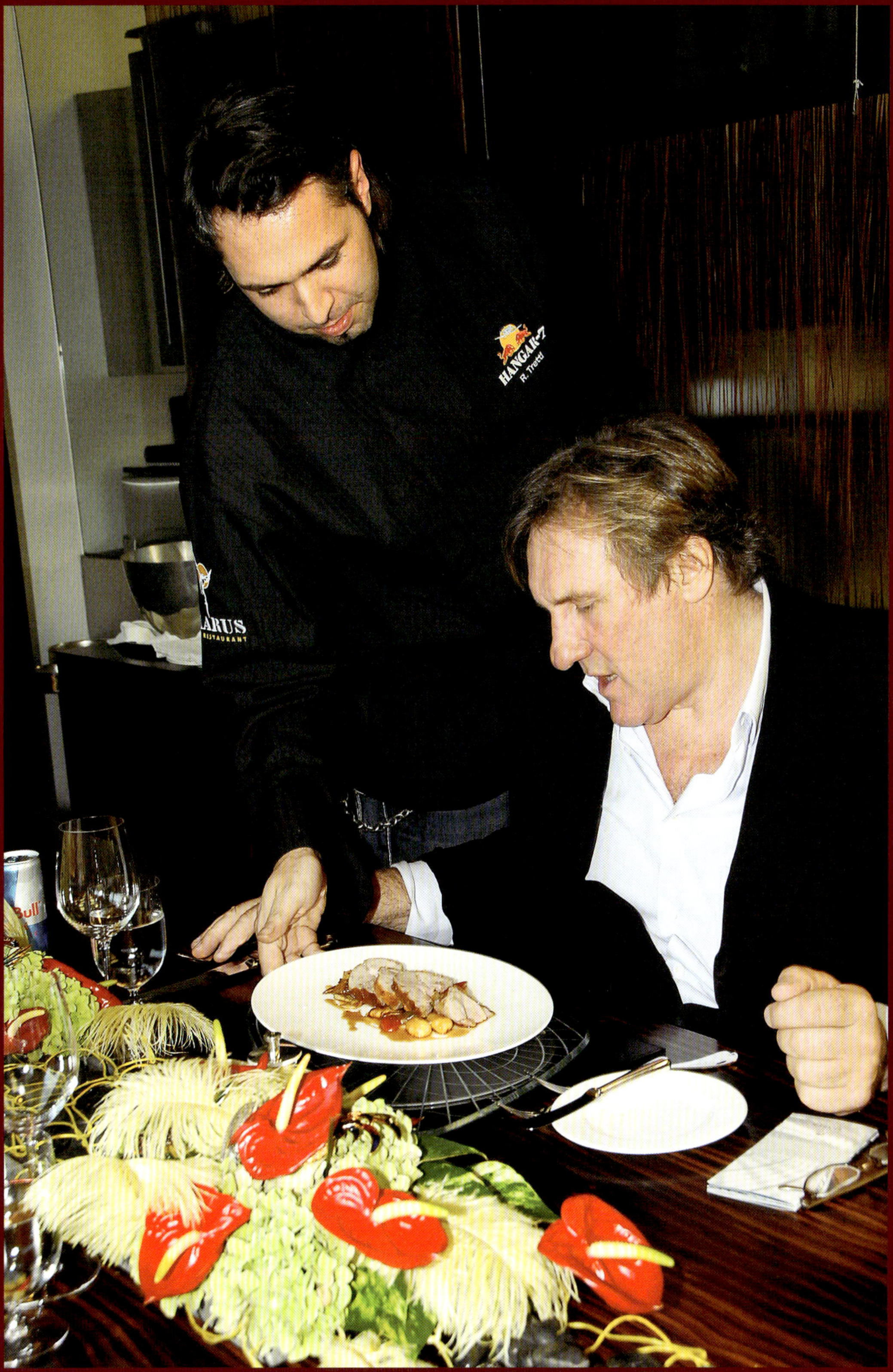
HANGAR-7
R. Trettl

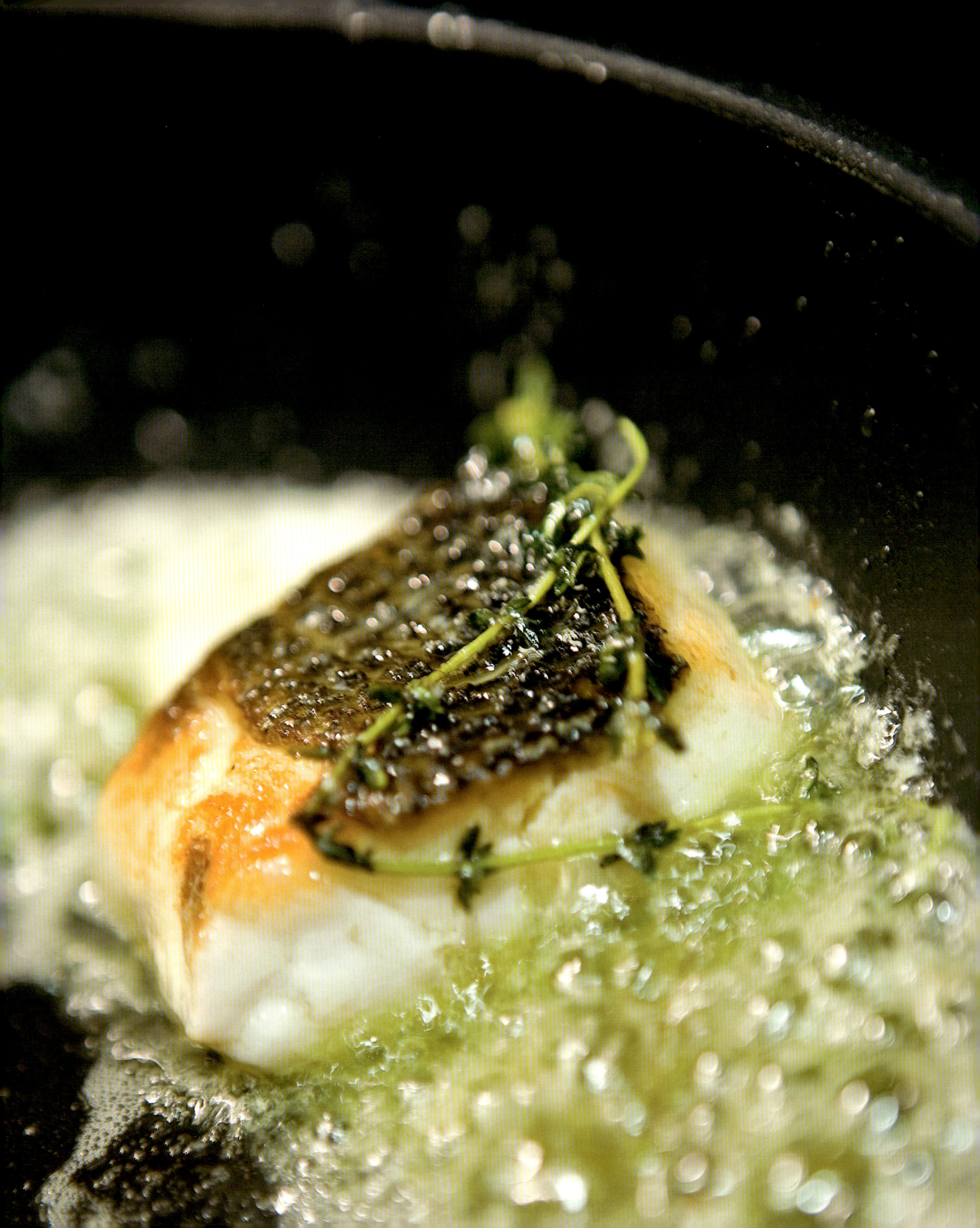

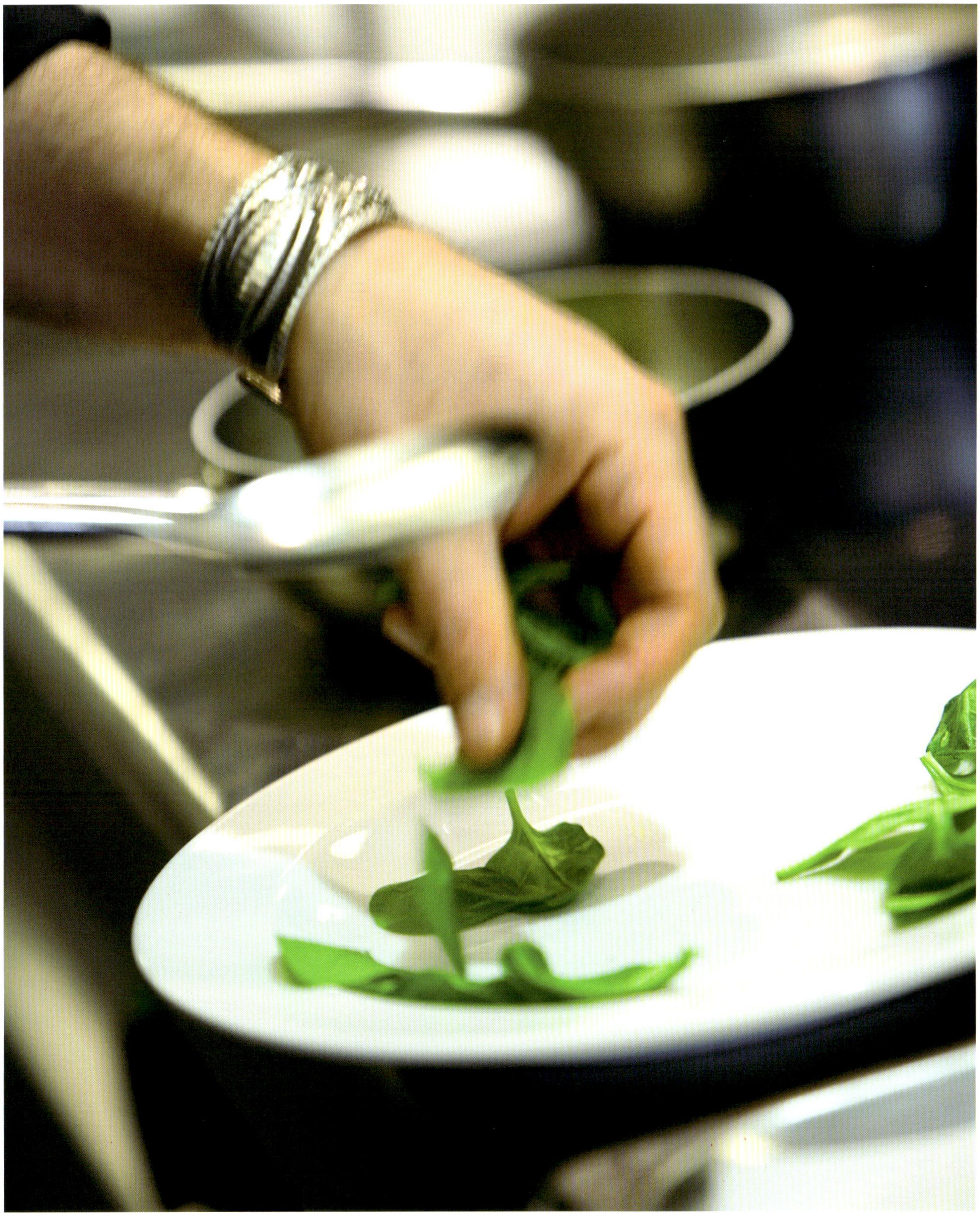

ROLAND TRETTLS
ERSTES MENÜ IM HANGAR-7

FLUSSKREBSE MIT BURRATA-RAVIOLI UND GEMÜSE IM MINESTRONESUD

Für 4 Personen

Zutaten

16 Flusskrebse, Salz

Für den Sud
100 g Lauch
120 g Karotten
80 g Stangensellerie
100 g weiße Zwiebel
80 g Blumenkohl
10 g frischer Ingwer
5 g Zitronengras
300 g Tomaten
100 ml Olivenöl
1 Knoblauchzehe
750 ml Tomatenwasser (Tomaten aufgemixt, einige Stunden abgetropft)
40 g Parmesan
15 Blätter Basilikum
Salz, Pfeffer, Cayennepfeffer, Zitronensaft

Für die Ravioli
60 g Krebsfleisch (ca. 8 Scheren von den Flusskrebsen)
300 g grüner Nudelteig
100 g Burrata (Mozzarella-Art)
30 g blanchierte, in Würfel geschnittene Schalotten
30 g Nussbutter
1 verquirltes Ei zum Bestreichen

Für die Einlage
2 Stangen Sellerie
1 Karotte
20 kleine Morcheln
etwas Babyspinat
½ Kohlrabi
Salz

Zubereitung

Flusskrebse
Die Flusskrebse in kochendes Salzwasser geben und 3 Minuten bei geringer Hitze köcheln lassen. In Eiswasser abschrecken. Die Schwänze und Scheren aus der Schale brechen und abgedeckt zur Seite stellen.

Sud
Das Gemüse waschen und in etwa 1 cm große Stücke schneiden. Im Olivenöl anschwitzen und mit dem Tomatenwasser aufgießen. Basilikum und Parmesan dazugeben und 1 Stunde köcheln lassen. Durch ein feines Sieb passieren und mit Salz, Pfeffer, Cayennepfeffer und Zitronensaft abschmecken. Der Sud soll eine leicht sämige Konsistenz haben.

Ravioli
Das Krebsfleisch fein hacken und mit den anderen Zutaten vermengen. Mit Salz abschmecken. Den Nudelteig dünn ausrollen und mit Ei bestreichen. Die Füllung versetzt auf einer Hälfte der Nudelplatte verteilen und mit der zweiten Hälfte abdecken. Mit Ausstechern Ravioli ausstechen, die dann in Salzwasser 3 Minuten gekocht werden.

Einlage
Das Gemüse waschen und in kleine Stücke mit verschiedenen Formen schneiden. In Salzwasser bissfest kochen.

Anrichten
Ravioli, Gemüse und Flusskrebse im Minestronesud erwärmen, ohne dass der Sud aufkocht. Auf 4 tiefen Tellern anrichten.

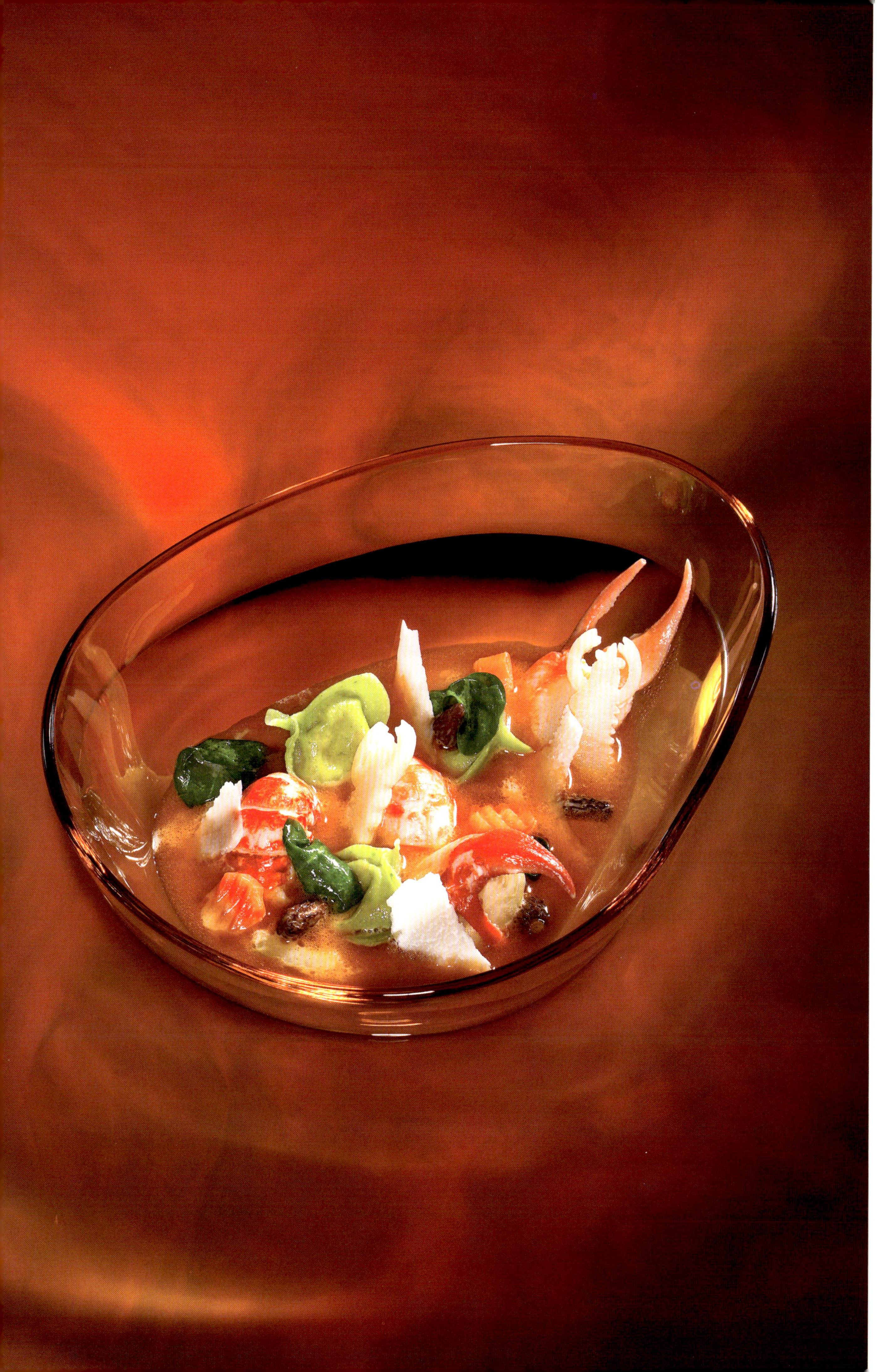

ZWEIERLEI VOM BACALAO AUF TOMATENGELEE, AIOLI UND SAUBOHNEN

Für 4 Personen

Zutaten

300 g Bacalao (Herzstück), mindestens 12 Stunden gewässert
200 g Saubohnen

Für das Gelee
½ Zwiebel
500 g Tomaten
2 EL Olivenöl
250 ml Tomatenwasser
1 Thymianzweig
2 Wacholderbeeren
1 Basilikumzweig
Salz, Zucker
2,5 g Agar-Agar auf 300 ml Tomatensud
3 Blatt Gelatine auf 300 ml Tomatensud

Für die Bacalaobrandade
100 g Schalotten
150 g Bacalao
200 g Kartoffeln
1 Knoblauchzehe
20 ml Olivenöl
250 ml Milch
15 g Kapern
15 g Pinienkerne, geröstet
etwas Petersilie, Cayennepfeffer, Zitronensaft

Für den Bacalaosalat
500 ml Olivenöl
½ Fenchelknolle
etwas Fenchelgrün
4 Tomaten, entkernt und geschält
1 Zitrone
Salz, weißer Pfeffer

Für die Aioli
4 geschälte Knoblauchzehen
150 ml Milch
1 Eigelb
100 ml Maisöl, 100 ml Olivenöl
etwas Weißweinessig, Salz

Zubereitung

Gelee
Zwiebel und Tomaten in Stücke schneiden. In Olivenöl kurz andünsten und mit Tomatenwasser aufgießen. Gewürze, etwas Salz, Zucker und Kräuter dazugeben und 20 Minuten kochen lassen. Durch ein feines Sieb passieren. Agar-Agar und die eingeweichten Gelatineblätter einrühren. Auf ein Blech gießen (½ cm dick) und kalt stellen. Das gestockte Gelee in 4 gleichmäßige rechteckige Stücke schneiden.

Bacalaobrandade
Schalotten, Bacalao, Kartoffeln und Knoblauch in ½ cm große Stücke schneiden und in Olivenöl kurz ansautieren. Mit Milch aufgießen, Kapern und Pinienkerne dazugeben und abgedeckt im vorgeheizten Backofen bei 180 °C ca. ¾ Stunde weich schmoren. Aus dem Ofen nehmen und im heißen Zustand mit einem Schneebesen zerstampfen. Mit etwas gehackter Petersilie, Cayennepfeffer und Zitronensaft abschmecken.

Bacalaosalat
Das restliche Stück Bacalao in 70 °C warmes Olivenöl legen und ca. 6 Minuten garen. Aus dem Öl nehmen und in Stücke blättern. Den Fenchel hauchdünn schneiden. Fenchelgrün hacken und Tomatenfilets in Streifen schneiden. Alles mit Olivenöl und Zitronensaft vermengen und mit Salz und weißem Pfeffer marinieren.

Aioli
Die Knoblauchzehen in 100 ml Milch blanchieren. Abkühlen lassen, mit dem Eigelb und 50 ml Milch in ein hohes Gefäß geben und mit einem Stabmixer die Öle einmontieren. Mit Salz und etwas Essig abschmecken.

Saubohnen
Die Kerne aus den Schoten nehmen und schälen. In Salzwasser blanchieren und in Eiswasser abschrecken.

Anrichten
Die Geleeplatte mit der Aioli beträufeln und die Saubohnen darauf verteilen. Darauf den Bacalaosalat und die Brandade anrichten. Das gesamte Gericht mit etwas Olivenöl beträufeln.

TRETTL 199

POELIERTER ALPENLACHS MIT GETRÜFFELTEN GRIESSNOCKEN UND GRÜNEM SPARGEL IM RÄUCHERSUD

Für 4 Personen

Zutaten

400 g Alpenlachs, filetiert, enthäutet und entgrätet
Butter, Salz
12 Stangen grüner Spargel

Für die Nocken
60 g Butter, cremig geschlagen
100 g Ricotta
50 g Grieß
40 g Brotbrösel
3 Eigelb
1 EL schwarzer Trüffel, fein gehackt
Salz, geriebene Muskatnuss

Für den Räuchersud
250 g Zwiebel, grob geschnitten
70 g Stangensellerie, grob geschnitten
60 ml Maisöl
400 g angeräucherte Lachsgräten
80 ml Weißwein
800 ml Geflügelbrühe
150 g Tomaten, grob geschnitten
3 Champignons, geviertelt
1 kleine Kartoffel, fein gerieben
1 Lorbeerblatt
6 Wacholderbeeren

Zubereitung

Lachs
Den Lachs in 4 gleich große Stücke schneiden, mit Salz würzen und auf einen Teller geben. Mit Butter bestreichen, mit Klarsichtfolie abdecken und im Ofen bei 60 °C ca. 20 Minuten garen.

Spargel
Den Spargel schälen und in Salzwasser bissfest kochen.

Nocken
Alle Zutaten vermengen und die Masse mindestens 4 Stunden ziehen lassen. Mit 2 Teelöffeln Nocken formen und in kochendes Salzwasser geben. 10 Minuten bei niedriger Temperatur garen.

Räuchersud
Zwiebel und Sellerie in Öl kurz anschwitzen. Die Lachsgräten dazugeben, kurz mitrösten, mit dem Weißwein ablöschen und Geflügelbrühe aufgießen. Die restlichen Zutaten dazugeben und den Sud 45 Minuten leicht köcheln lassen. Durch ein feines Sieb passieren und abschmecken. Mit Salz, weißem Pfeffer und Schnittlauch würzen.

Anrichten
Den Sud auf 4 tiefe Teller verteilen. Den Fisch in der Mitte platzieren und die Nocken und den Spargel im Kreis darum anrichten.

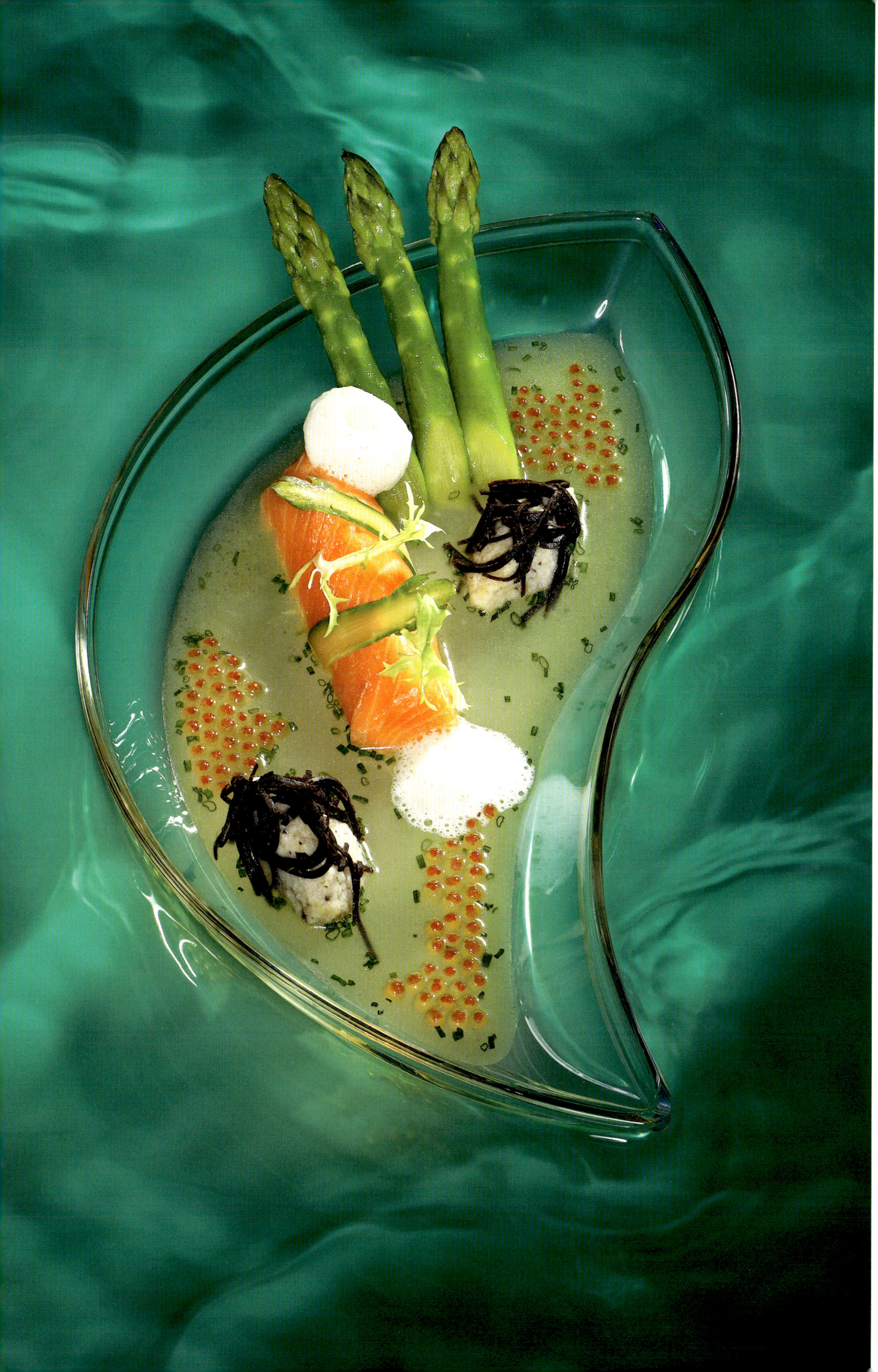

GEBRATENE SOT-L'Y-LAISSE AUF SELLERIE-PFIRSICH-TARTE

Für 4 Personen

Zutaten

Für die Creme
50 ml Sahne
50 g Sauerrahm
1 TL Speisestärke
125 g gedämpftes Selleriepüree
Salz, Pfeffer

Für die Tarte
2 Pfirsiche
4 Stücke Flammkuchenteig (15 x 7 cm)

Für die Sot-l'y-laisse
20 Stücke Sot-l'y-laisse (»Pfaffenstückchen« vom Huhn)
2 EL Öl
Salz, weißer Pfeffer
1 El Butter
2 EL Pêche Mignon (Pfirsichlikör)
4 EL Geflügeljus
2 Stangen Sellerie

Zubereitung

Creme
Sahne und Sauerrahm aufkochen. Speisestärke mit etwas kaltem Wasser anrühren und zur Sahnemischung geben. Das Selleriepüree einrühren und mit Salz und Pfeffer abschmecken.

Tarte
Die Pfirsiche vom Kern befreien, halbieren und die Hälften in dünne Scheiben schneiden. Die Creme auf den Flammkuchenteig-Rechtecken verstreichen und darauf schuppenförmig die Pfirsichscheiben verteilen. Die Tarte im vorgeheizten Backofen bei 230 °C etwa 8 Minuten backen.

Sot-l'y-laisse
Die Sot-l'y-laisse in einer Pfanne mit dem Öl anbraten. Mit Salz und Pfeffer würzen. Nach 2 Minuten die Butter dazugeben und die Sot-l'y-laisse darin schwenken. Mit dem Pêche Mignon ablöschen, den Jus dazugeben und eine Minute köcheln lassen.

Anrichten
Die Tartes auf vier Teller legen. Die Sot-l'y-laisse darauf verteilen. Die Selleriestangen längs in dünne Streifen schneiden, etwas salzen und ebenfalls auf der Tarte anrichten.

TRETTL 203

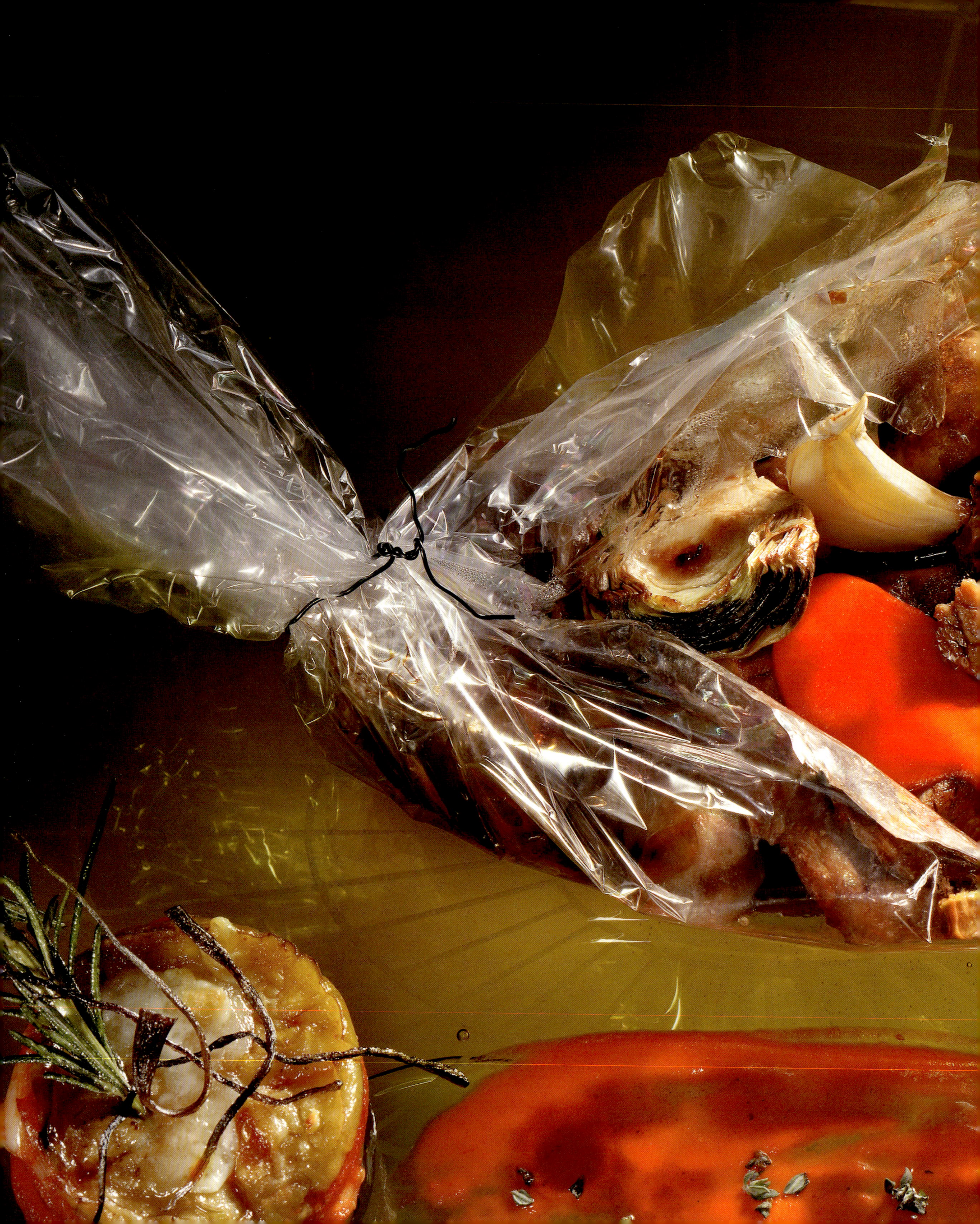

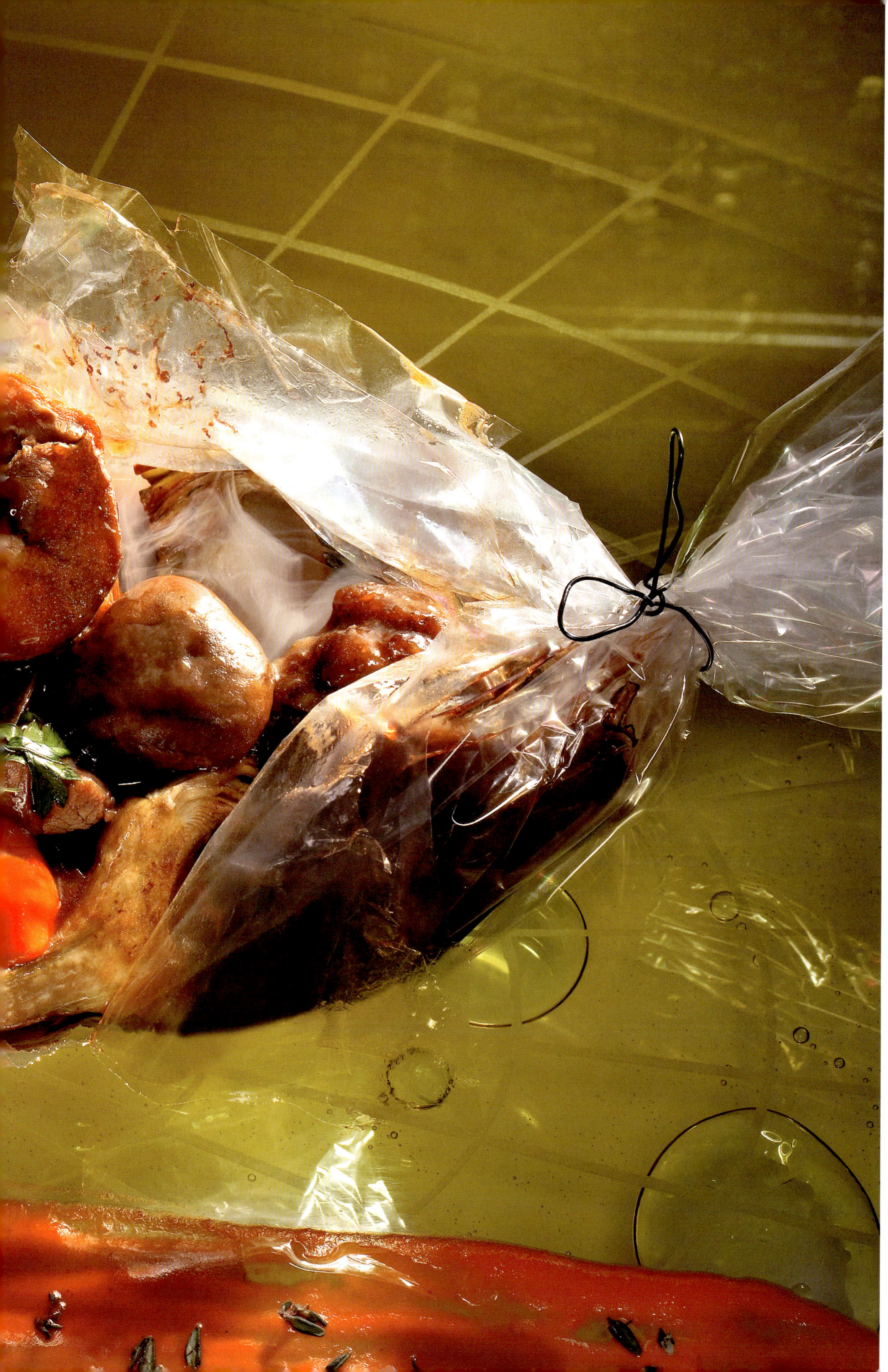

GESCHMORTE MILCHLAMMSCHULTER MIT AUBERGINENLASAGNE UND PAPRIKACOULIS

Für 4 Personen

Zutaten

Für die Milchlammschulter
1 Milchlammschulter à 2 kg
Salz, Pfeffer
60 ml Olivenöl
1 rote Zwiebel
1 Karotte
2 Stangen Sellerie
4 Knoblauchzehen
10 Cocktailtomaten
1 Lorbeerblatt
1 Rosmarinzweig
2 Thymianzweige
1 EL Tomatenmark
125 ml Rotwein
125 ml Madeira
20 ml Balsamico
500 ml Geflügelbrühe
6 mittelgroße Artischocken
150 g Pfifferlinge

Für die Auberginenlasagne
1 Schalotte, gehackt
1 Knoblauchzehe, gehackt
60 ml Olivenöl
6 Tomaten, geschält und entkernt
1 Aubergine
Salz, Zucker, Pfeffer
20 g Pecorino, gerieben

Für das Paprikacoulis
2 rote Paprika
2 Schalotten
½ Knoblauchzehe
40 ml Olivenöl
200 ml Tomatenwasser
Salz, Cayennepfeffer

Zubereitung

Milchlammschulter
Die Lammschulter mit Salz und Pfeffer einreiben und auf beiden Seiten in Olivenöl anbraten. Herausnehmen. Das in 1 cm große Stücke geschnittene Gemüse und die Kräuter im Topf ca. 10 Minuten anrösten. Das Tomatenmark dazugeben und kurz mitrösten. Mit Rotwein, Madeira und Balsamico ablöschen, dann die Geflügelbrühe auffüllen. Die angebratene Lammschulter wieder dazugeben und im vorgeheizten Backofen erst 30 Minuten bei 160 °C und dann eine Stunde bei 120 °C abgedeckt schmoren.

Die Schulter vom Knochen befreien und in 12 gleich große Stücke schneiden. Den Schmorfond durch ein feines Sieb passieren. Die geputzten Artischocken achteln und mit den Pfifferlingen in Olivenöl anbraten. Mit Salz und Pfeffer würzen. Das Fleisch, die Artischocken und die Pfifferlinge mit dem Sud übergießen, abdecken und zur Seite stellen.

Auberginenlasagne
Schalotten und Knoblauch in Olivenöl andünsten. Die Tomatenfilets klein schneiden und dazugeben. Würzen und bei niedriger Temperatur 20 Minuten einkochen lassen.
Die Aubergine in 12 Scheiben schneiden (ca. 1 cm dick), salzen und in Olivenöl beidseitig anbraten. Die Scheiben auf Küchenpapier geben und schichtweise mit den Tomaten belegen, sodass man 4 Türme à 3 Auberginenscheiben erhält. Den Pecorino darüber verteilen. Im vorgeheizten Backofen bei 160 °C 10 Minuten erwärmen und unter dem Salamander gratinieren.

Paprikacoulis
Die Paprika klein schneiden. Mit den Schalotten und dem Knoblauch in Olivenöl anschwitzen, würzen und mit dem Tomatenwasser auffüllen. Bei niedriger Hitze ca. ½ Stunde schmoren lassen. Alles aufmixen und durch ein feines Sieb passieren.

Anrichten
Fleisch, Artischocken und Pfifferlinge mit dem Sud in Backpapier einwickeln und im Backofen 10 Minuten erwärmen.
Das Paprikacoulis mit einem Pinsel dick auf die Teller streichen, die Auberginen und das Lamm daneben anrichten (siehe Bild).

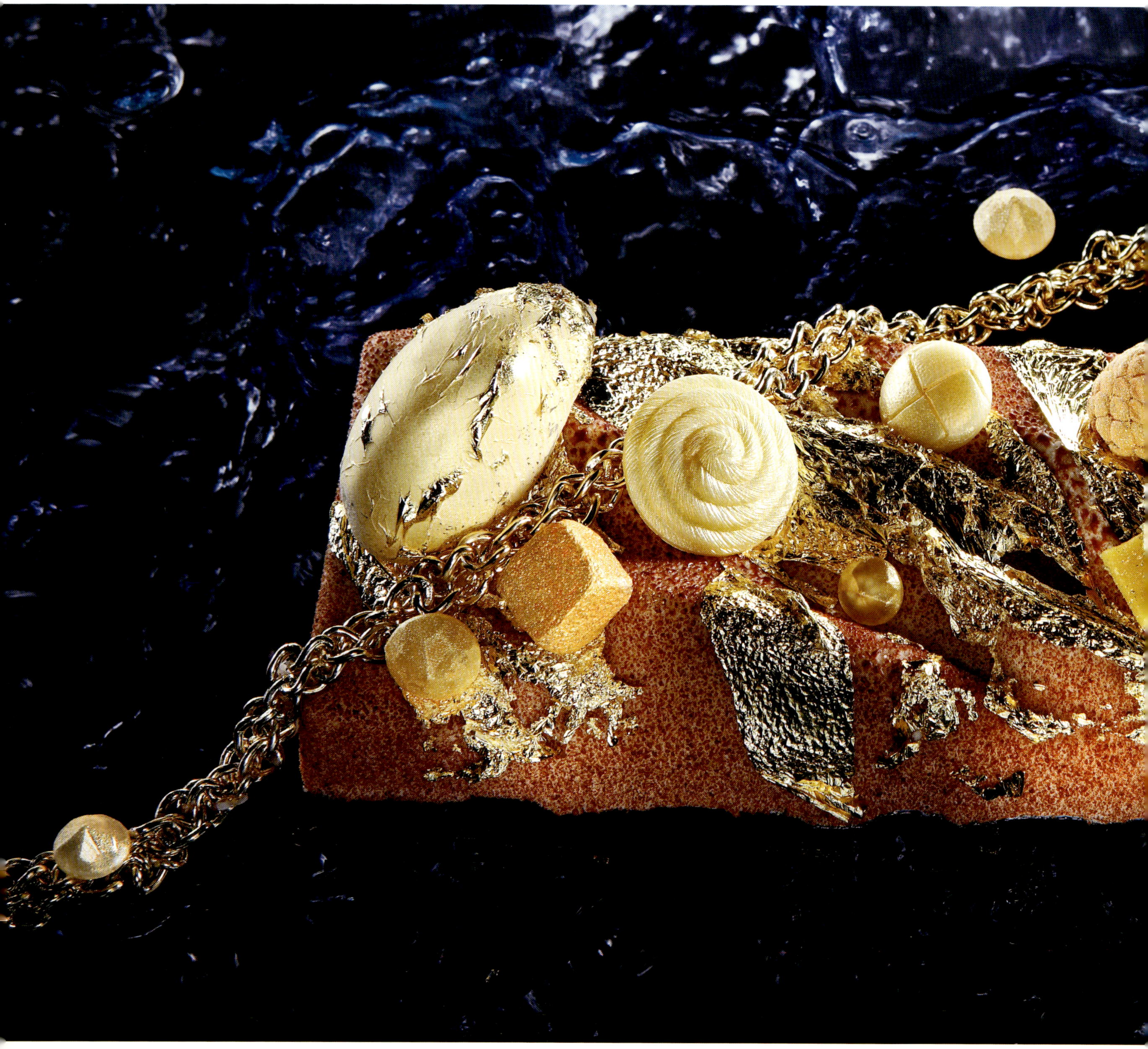

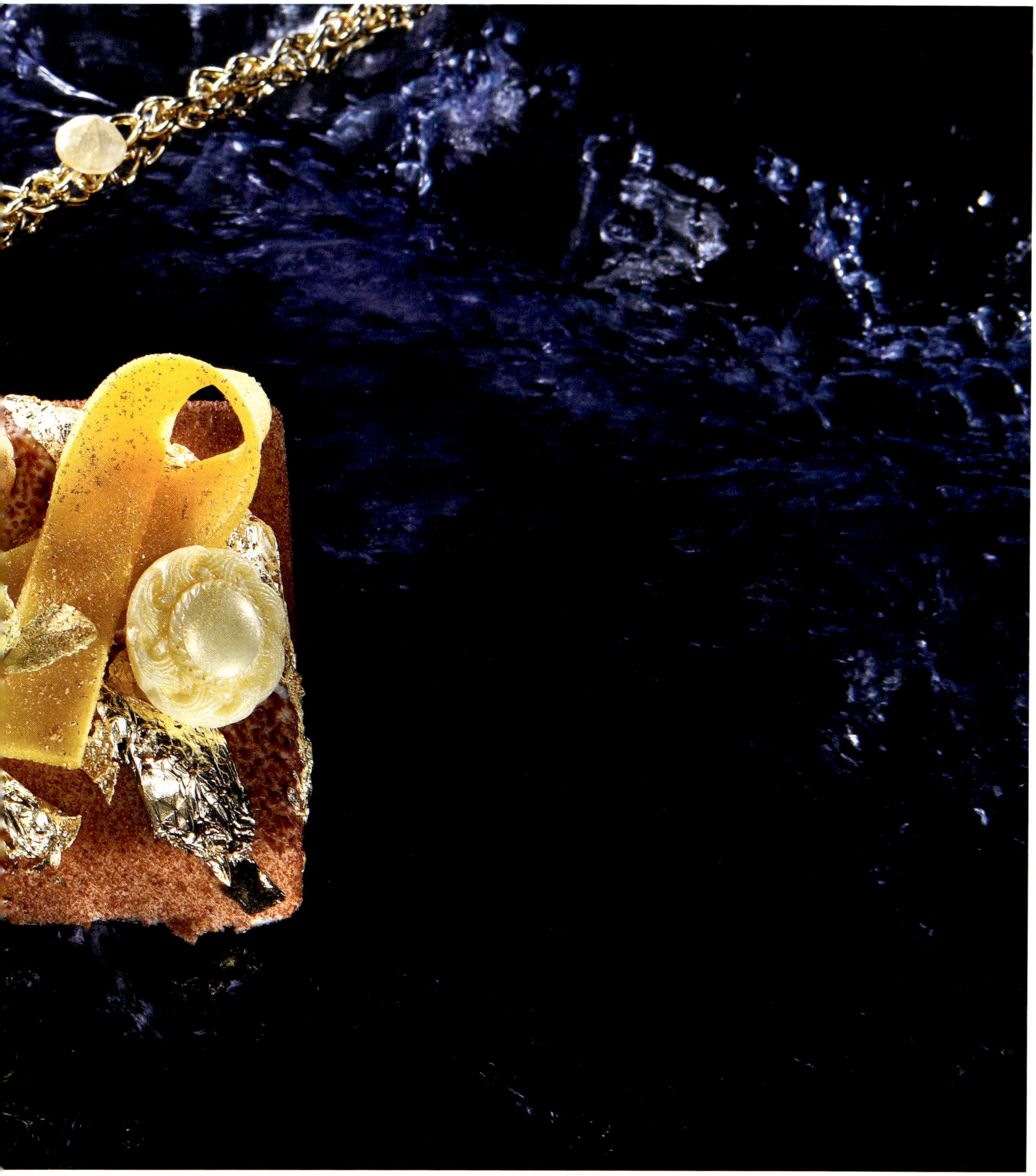

GOLD

Für 4 Personen

Zutaten

Für den Pistazienbiskuit
2 Eier
3 Eigelb
110 g Puderzucker
110 g Pistaziengrieß
210 g Eiweiß
75 g Zucker
90 g Mehl
25 g Pistazienöl

Für die gelierten Aprikosenwürfel
50 g Vanillezucker
4 g Pektin NH
500 g gewürfelte Aprikosen
½ abgeriebene Orangenschale
½ abgeriebene Zitronenschale

Für das Himbeercoulis
330 g Himbeerpüree
65 g Läuterzucker
18 g Zucker
9 g Pektin NH
2 g Zitronensäure

Für die Mandelcreme
150 g Marzipan
360 ml Milch
25 ml Amaretto
2 EL Vanillezucker
8 g Gelatine
300 ml Sahne

Für die Himbeereispraline
120 g Zucker
30 g Glukosepulver
250 ml Wasser
500 g Himbeerpüree
350 g Ivoire (weiße Kuvertüre)
150 g Kakaobutter
Blattgold zum Überziehen

Für das Aprikosengelee
50 g Puderzucker
12 g Pektin
280 g Kristallzucker
150 g Glukosepulver
500 g Aprikosenpüree
18 g Zitronensäure, flüssig
Blattgold zum Überziehen

Zubereitung

Pistazienbiskuit
Eier, Eigelb, Puderzucker und Pistaziengrieß weißschaumig aufschlagen. Eiweiß und Zucker zu nicht zu festem Schnee schlagen und mit dem gesiebten Mehl unter die Eigelbmasse heben. Zum Schluss das Pistazienöl unterziehen. Die Biskuitmasse auf ein mit Backpapier ausgelegtes Blech ca. 4 mm dünn aufstreichen und im vorgeheizten Backofen bei 200 °C Heißluft 6 bis 7 Minuten backen. Die fertigen Biskuits sofort vom Blech auf ein Gitter ziehen und auskühlen lassen. In 16 x 6,5 cm große Rechtecke schneiden.

Gelierte Aprikosenwürfel
Vanillezucker und Pektin trocken mischen. Restliche Zutaten vermengen und lauwarm rühren. Pektinmischung beigeben und aufkochen, ca. 2 Minuten köcheln lassen und rasch abkühlen. Mindestens 2 Stunden kalt stellen.

Himbeercoulis
Himbeerpüree und Läuterzucker erwärmen. Zucker, Pektin und Zitronensäure trocken mischen, in das Püree einrühren und aufkochen. Auf ein mit Folie ausgelegtes Blech 2 mm dünn aufstreichen und tiefkühlen. In 16 x 6,5 cm große Rechtecke schneiden, auf die Biskuitrechtecke legen und wieder tiefkühlen.

Mandelcreme
Marzipan, 300 ml Milch, Amaretto und Vanillezucker im Mixbecher glatt mixen und in eine Schüssel auf Eiswasser umfüllen. 60 ml Milch mit der zuvor eingeweichten Gelatine erwärmen, um die Gelatine aufzulösen. Mit einem Schneebesen gut mit der Marzipanmilch verrühren und leicht eindicken lassen. Die Sahne nicht zu fest aufschlagen und mit einem Teigschaber unter die eingedickte Marzipanmasse heben. Vague-Formen etwa zur Hälfte mit der Mandelcreme füllen. Die gelierten Aprikosenwürfel mit 1 cm Abstand vom Rand der Form einfüllen und den Himbeercoulis-Pistazienbiskuit einlegen. Die gefüllten Formen mindestens 4 Stunden tiefkühlen. Zum Entnehmen kurz in lauwarmes Wasser tauchen und die Desserts aus der Form drücken.

Himbeereispraline
Zucker und Glukosepulver trocken mischen. Lauwarmes Wasser in einen Topf geben und die trockene Mischung einrühren. Rasch und kurz aufkochen und möglichst schnell abkühlen. Das Himbeerpüree einrühren und in der Sorbetmaschine frieren. Mit einem Kaffeelöffel schöne Nocken abstechen und diese sofort in den Froster stellen. Für den Überzug die weiße Kuvertüre mit der Kakaobutter schmelzen und auf etwa 30 °C bringen. Die Sorbetnocken vom Froster einzeln in die Schokoladenmischung tauchen und auf Backpapier setzen. Sofort wieder tiefkühlen. Mit Gold überziehen.

Aprikosengelee
Puderzucker und Pektin, Kristallzucker und Glukosepulver jeweils trocken mischen. Das Aprikosenpüree erwärmen, Pektinmischung einrühren und unter ständigem Rühren aufkochen. Die Glukosemischung in 4 Portionen dem kochenden Püree beifügen, dazwischen immer aufkochen lassen. Auf 104 °C kochen, vom Feuer nehmen und die Zitronensäure einrühren. In eine entsprechende Form ca. 1 cm hoch einfüllen und auskühlen lassen. In 1 cm große Würfel schneiden und mit Blattgold überziehen.

Fertigstellung
Die aufgetauten Dessertrechtecke mit reichlich Blattgold belegen. Die vergoldete Himbeereispraline sowie das vergoldete Aprikosengelee daraufsetzen und mit Goldstaub überzogene frische Himbeeren anlegen.

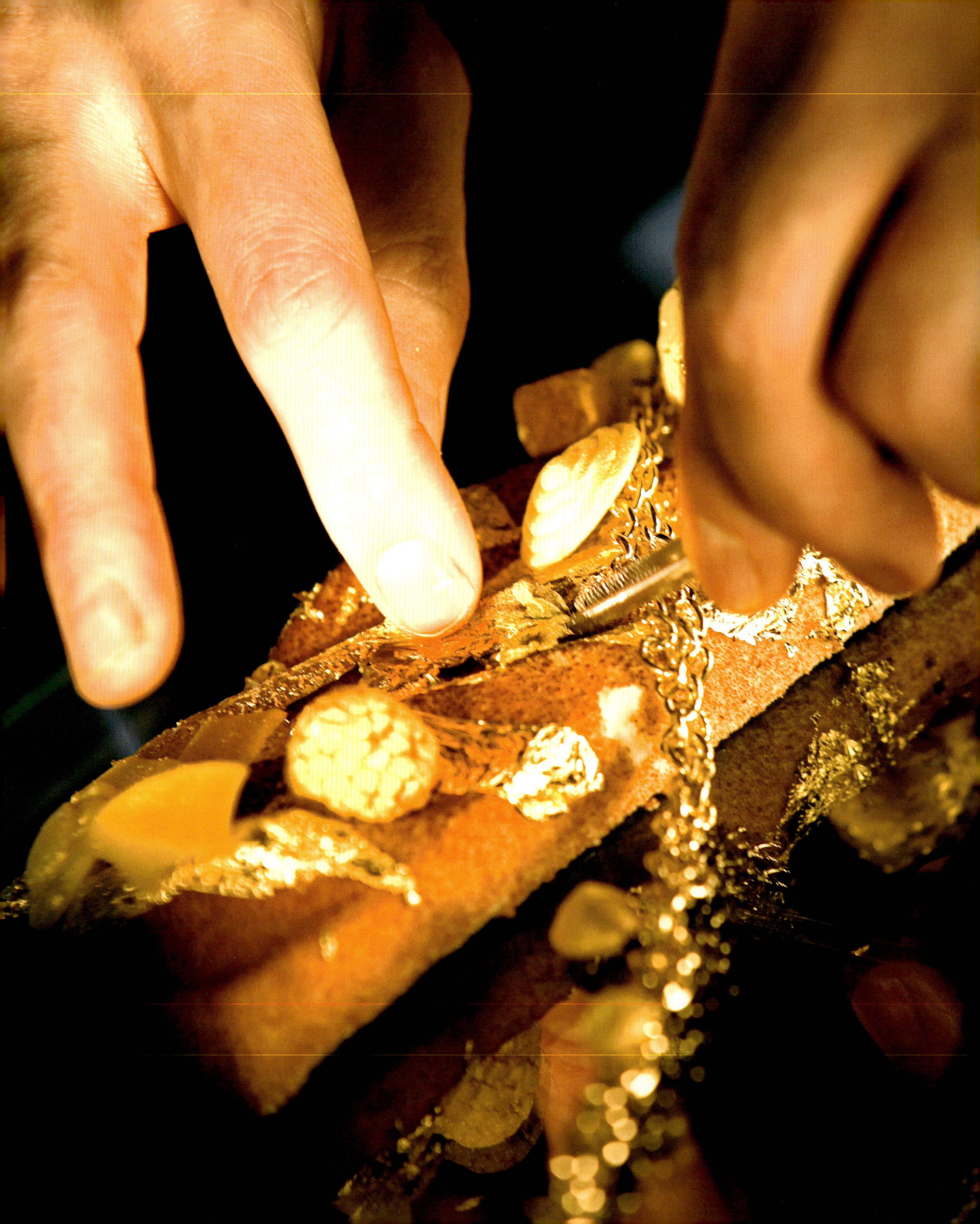

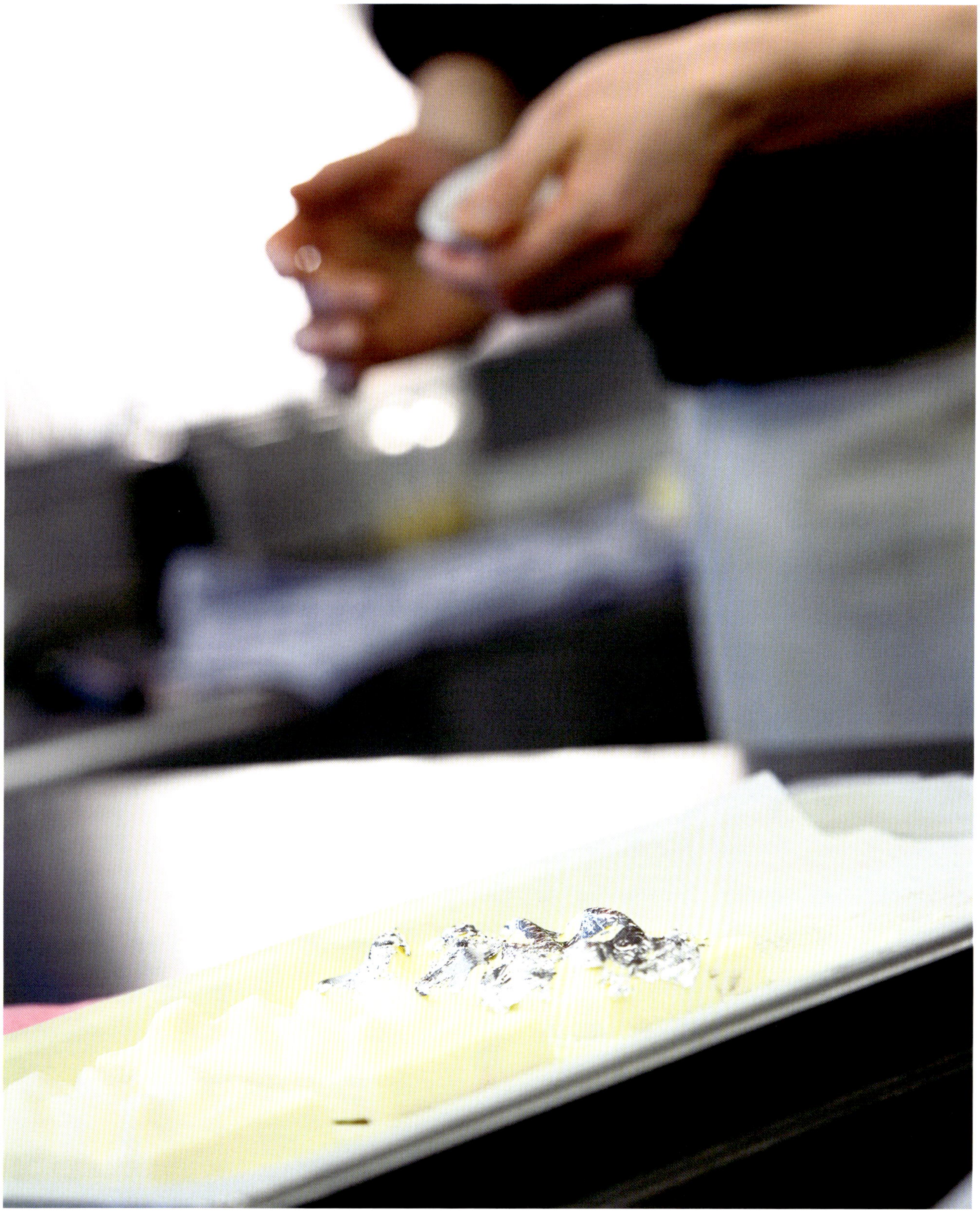

ROLAND TRETTLS
ZWEITES MENÜ IM HANGAR-7

TERRINE VOM THUNFISCH UND GRÜNEM SPARGEL MIT TORO UND GEEISTEM KRÄUTERSÜPPCHEN

Für 4 Personen

Zutaten

8 Scheiben Bluefin Tuna Toro (Bauch vom Thunfisch)

Für die Terrine
250 ml Tomatenwasser
6 Blatt Gelatine
Salz, Pfeffer
12 Stangen grüner Spargel
200 g Bluefin Tuna, in 1 cm dicke Balken geschnitten

Für das Kräutersüppchen
250 ml Kräutertee
5 g Kerbel
5 g Petersilie
10 g Rucola
30 g Kopfsalat
40 g grüner Spargel
30 g Avocado
100 g ungesüßter Joghurt

Für die Zitronenvinaigrette
20 ml Zitronensaft
10 ml Wasser
eine Prise Salz, Zucker
30 ml Olivenöl

Zubereitung

Terrine
Für das Tomatengelee das Tomatenwasser erwärmen und die eingeweichte Gelatine darin auflösen. Mit Salz und Pfeffer abschmecken, etwas abkühlen lassen.
Den grünen Spargel bis zur Hälfte schälen und 3 cm vom unteren Teil wegschneiden. Die Stangen in Salzwasser weich kochen und in Eiswasser abschrecken. Auf Küchenpapier legen, bis der Spargel schön trocken ist. Die Spargelspitzen für die Garnitur bis zu 4 cm abschneiden.
Die Spargelstangen und die Thunfischbalken in das abgeschmeckte lauwarme Tomatengelee legen und 3 Minuten ziehen lassen. Dann schichtweise in eine mit Folie ausgelegte Terrinenform geben und immer wieder mit dem warmen Tomatengelee begießen. Mit Folie abdecken und mind. 12 Stunden im Kühlschrank ruhen lassen.

Kräutersüppchen
Für das Kräutersüppchen alle Zutaten 5 Minuten aufmixen. Abpassieren, mit Salz und weißem Pfeffer abschmecken und kalt stellen.

Zitronenvinaigrette
Für die Vinaigrette alle Zutaten verrühren.

Anrichten
Die Terrine aus der Form nehmen. Mit dem Elektromesser in vier 1,5 cm dicke Scheiben schneiden und auf vier tiefe Teller legen. Die Terrine mit der Zitronenvinaigrette bepinseln und mit etwas grobem Meersalz bestreuen. Rund um die Terrine etwas von dem Kräutersüppchen füllen. Die Toroscheiben einrollen, ebenfalls mit der Vinaigrette bepinseln und mit den Spargelspitzen im Süppchen platzieren.

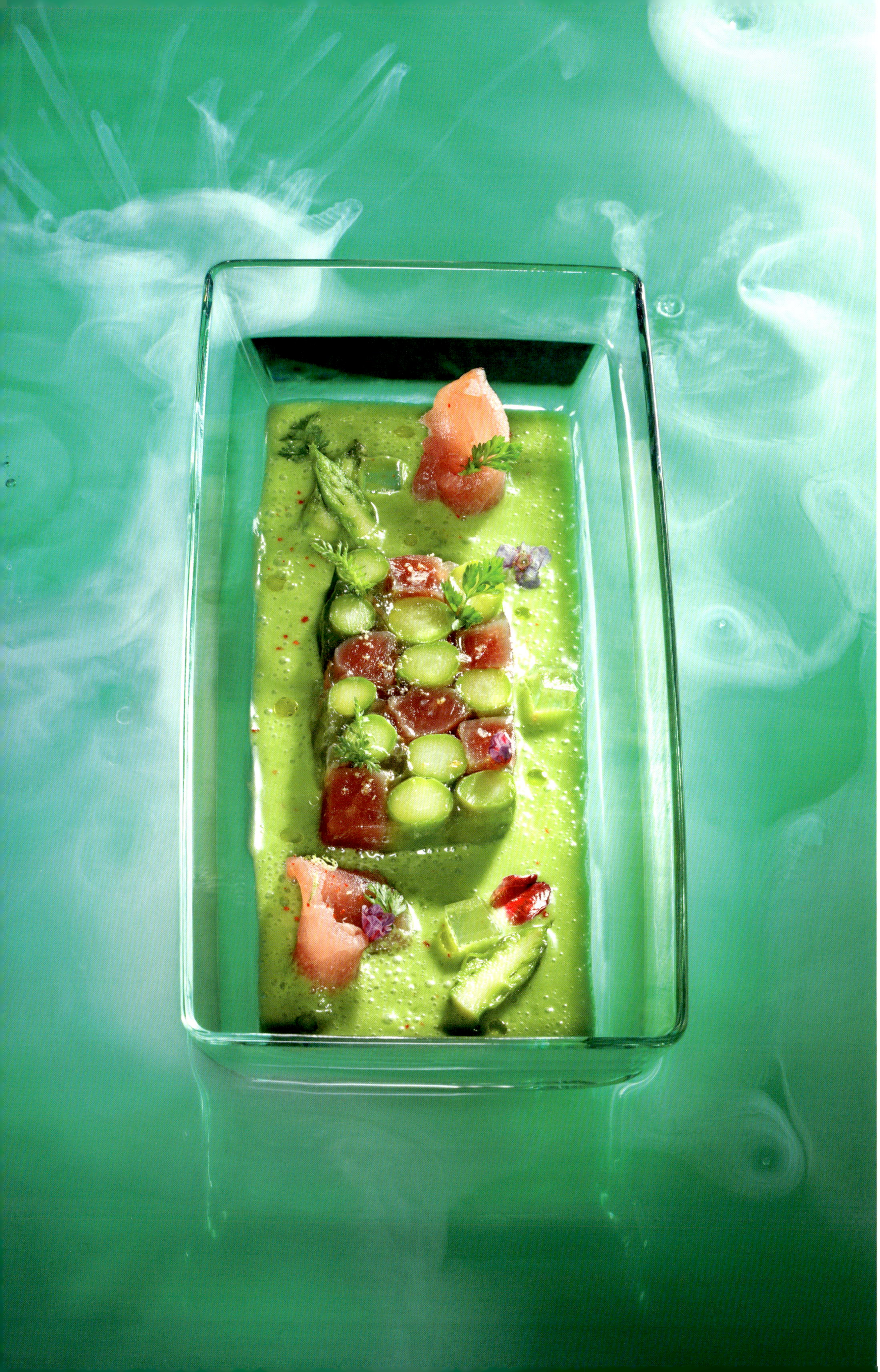

SAUTIERTE JAKOBSMUSCHELN MIT RUCOLA-CRÊPES, PFIFFERLINGEN UND KARTOFFEL-TOMATEN-VINAIGRETTE

Für 4 Personen

Zutaten

10 ausgebrochene Jakobsmuscheln, halbiert

Für das Rucolaöl
45 g Rucolablätter
20 g Frühlingslauch (Grün)
120 ml Olivenöl
Salz, weißer Pfeffer

Für die Crêpes
70 g Mehl
100 ml Milch
70 ml Wasser
eine Prise Salz
5 EL Rucolaöl

Für die Füllung
200 g Ricotta
40 g Scamorza, in Würfel geschnitten
20 g Rucola, in Julienne geschnitten
2 EL blanchierte Schalottenbrunoise
Salz, weißer Pfeffer
eventuell etwas Milch

Für die Kartoffelvinaigrette
100 g Schalotten, in Streifen geschnitten
80 g Lauch, in Ringe geschnitten
60 g Pfifferlinge
60 g Kartoffeln, in Würfel geschnitten
80 g Schmortomaten
50 ml Walnussöl
150 ml Geflügelbrühe
2 EL Weißweinessig
Salz

Zubereitung

Rucolaöl
Für das Rucolaöl alle Zutaten vermengen.

Crêpes und Füllung
Die Zutaten für den Crêpeteig glatt rühren und in einer Pfanne hauchdünne Crêpes backen.
Für die Füllung alle Zutaten verrühren und dünn auf die Crêpes streichen. Die Crêpes fest einrollen und abgedeckt kalt stellen.

Kartoffelvinaigrette
Die Hälfte der Schalotten, Lauch, Pfifferlinge und Kartoffeln im Walnussöl ansautieren. Mit der Geflügelbrühe auffüllen und weich kochen. Aufmixen und mit dem Essig und Salz abschmecken. Die restlichen Pfifferlinge, Kartoffeln und den Lauch in Würfel schneiden, weich schmoren und in die Marinade rühren.

Anrichten

Die Jakobsmuscheln salzen und beidseitig in Olivenöl anbraten. Die Rucola-Crêpes in 1 cm dicke Scheiben schneiden und im vorgeheizten Backofen bei 160 °C aufwärmen. Jakobsmuscheln und Crêpes versetzt auf Tellern anrichten und die Vinaigrette darauf verteilen. Mit einigen Rucolablättern ausgarnieren.

TRETTL 219

ZWEIERLEI VOM BRETONISCHEN HUMMER MIT MEDITERRANEM QUINOA UND TOMATENCROUTONS

Für 4 Personen

Zutaten

2 Hummer à 500–600 g
Wasser, Salz, Olivenöl
1 Laib Tomatenbrot

Für den Quinoa
100 g Quinoa
3 EL rote Zwiebeln, fein geschnitten
3 EL Auberginen, in feine Würfel geschnitten
3 EL Zucchini, in feine Würfel geschnitten
3 EL rote Paprika, in feine Würfel geschnitten
3 EL gelbe Paprika, in feine Würfel geschnitten
1 TL Olivenöl
etwas Thymian
1 EL gehackte Pinienkerne
1 EL gehackte Taggiasca-Oliven
1 Sardellenfilet
125 ml Tomatenwasser
125 ml roter Paprikasaft
5 g Xanthan
etwas Curry, Salz und Cayennepfeffer

Für die Espuma
100 g rote Paprika, grob geschnitten
70 g Auberginen, grob geschnitten
120 g rote Zwiebeln, grob geschnitten
100 g Zucchini, grob geschnitten
200 g Kartoffeln, grob geschnitten
100 ml Olivenöl
700 ml Hummersud
Salz, Cayennepfeffer
4 g Xanthan auf 400 g Masse

Für den Hummersud
Karkassen von 2 Hummern, sehr fein geklopft
150 g Zwiebeln
500 ml Tomatenwasser

Zubereitung

Hummer
Die Hummer in kochendes Wasser geben. Von der Kochstelle ziehen und 7 Minuten garen. Den Hummer in Eiswasser abkühlen und ausbrechen. Die Scheren längs halbieren und auf einen Teller legen. Salzen und mit Olivenöl beträufeln. Mit Klarsichtfolie abdecken. Kurz vor dem Anrichten 6 Minuten in den auf 60 °C vorgeheizten Backofen schieben.

Quinoa
Quinoa 10 Minuten in Salzwasser vorkochen. Alle Gemüse in einer Pfanne mit Olivenöl andünsten. Thymian, Oliven, Pinienkerne und das Sardellenfilet dazugeben und würzen. Wenn das Gemüse weich ist, den Quinoa dazugeben. Tomatenwasser und Paprikasaft jeweils mit 2,5 g Xanthan andicken. Den Quinoa mit dem Tomaten-Paprika-Saft abbinden. Mit Curry, Salz und Cayennepfeffer abschmecken.

Espuma
Die Gemüse in Olivenöl anschwitzen und langsam weich schmoren. Den Hummersud aufgießen, würzen und alles in einem Mixer fein pürieren. Durch ein feines Sieb passieren. Im kochenden Zustand das Xanthan in das Püree einrühren. Die Masse in eine Syphonflasche füllen und mit 3 Gaspatronen versetzen.

Hummersud
Alle Zutaten ansetzen und köcheln lassen, bis die Flüssigkeit auf ein Drittel eingekocht ist. Durch ein feines Sieb passieren.

Brot
Das Brot in 4 dünne Scheiben schneiden (Durchmesser 10 cm) und trocknen.

Anrichten
Den Quinoa auf 4 Tellern in Ringen von etwa 10 cm Durchmesser anrichten. Darauf den Hummer legen. Die Espuma auf den Hummer geben und darauf die Croutons platzieren.

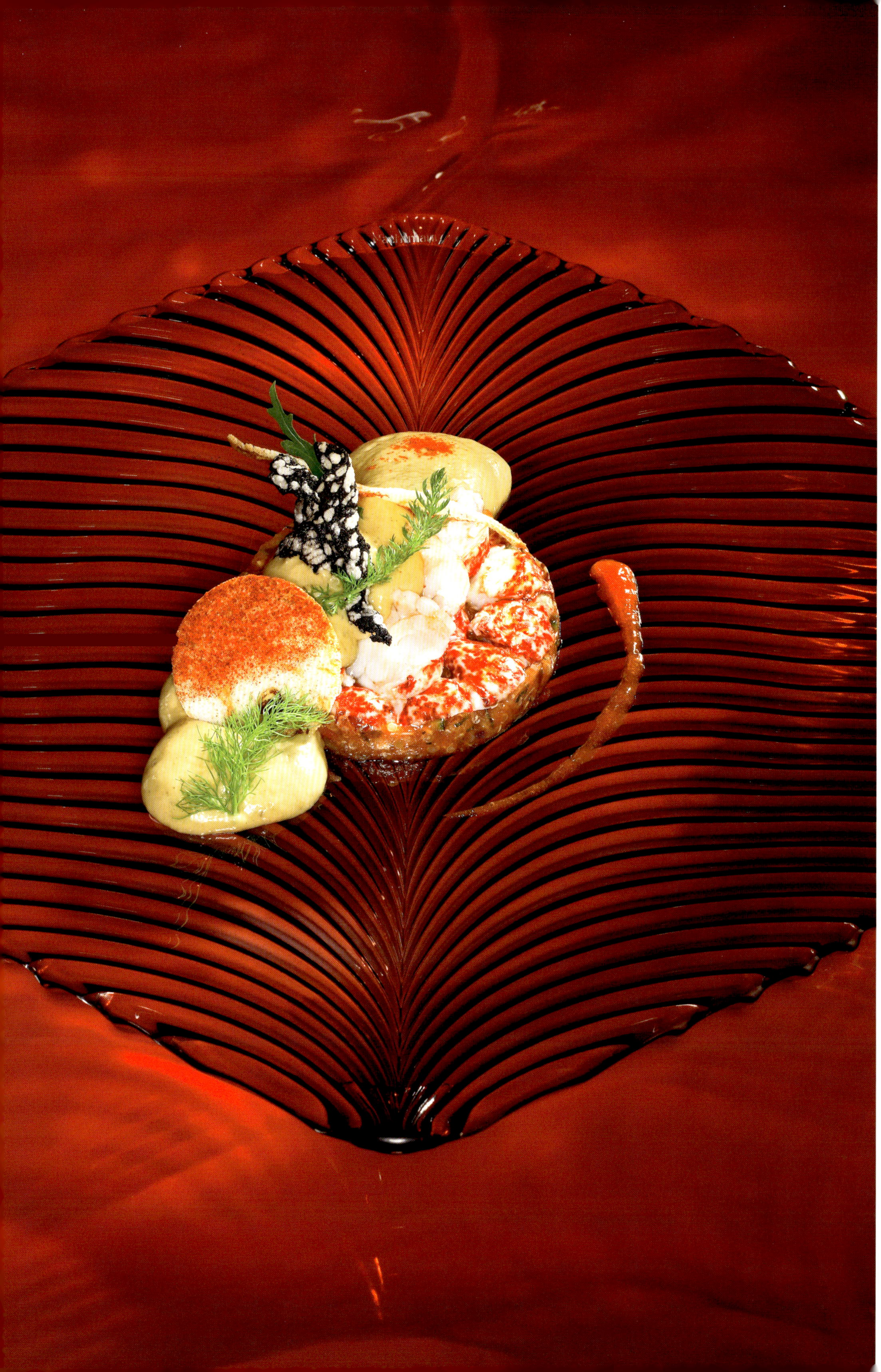

GEBRATENER WOLFSBARSCH MIT FALSCHEN CHORIZO-GNOCCHI UND BOHNEN-KAPERN-RAGOUT

Für 4 Personen

Zutaten

500 g Wolfsbarschfilet, in 4 Teile geschnitten
Salz, weißer Pfeffer, Olivenöl

Für die Chorizo-Gnocchi
600 g geschälte Kartoffeln, in gleich große Stücke geschnitten
100 g Schalotten, in gleich große Stücke geschnitten
100 g Paprika, in gleich große Stücke geschnitten
100 g Chorizo, in gleich große Stücke geschnitten
1 Knoblauchzehe
100 ml Olivenöl
900 ml Brühe
300 ml Paprikasaft
Salz, weißer Pfeffer
50 g Sauerrahm
7,5 g Alginat

Für das Bohnenragout
150 g Risinabohnen
2 Schalotten
1 Selleriestange
1 Rosmarinzweig
1 Knoblauchzehe
600 ml Geflügelbrühe

Für das Chorizo-Kapern-Öl
50 g Chorizo
100 ml Olivenöl
1 Rosmarinzweig
1 Knoblauchzehe
2 EL Kapern (1 Stunde gewässert)

Für die Pedro-Ximénes-Zwiebel
1 große weiße Zwiebel
100 ml Pedro Ximénes
80 ml Geflügelbrühe
Salz, weißer Pfeffer

Zubereitung

Chorizo-Gnocchi
Gemüse und Chorizo in 50 ml Olivenöl anschmoren und mit den Flüssigkeiten aufgießen. Weich kochen und passieren. 600 ml vom Kochfond, 280 g vom Gemüse- und Chorizobrei mit Sauerrahm und 50 ml Olivenöl vermischen, mit Alginat aufmixen. Nochmals passieren und in eine Syphonflasche füllen. Mit einer Patrone versetzen. Den Inhalt schlangenförmig in eine Calciumchlorid-Lösung (1 l Wasser, 13 g Calciumchlorid) spritzen. Kurz abwarten, bis die Masse leicht anzieht, um dann mit einer Schere 2 cm große Stücke zu schneiden. Etwa 4 Minuten in der Lösung lassen. Herausnehmen und in sauberes Wasser geben. Vorsichtig in einer Sauteuse erwärmen.

Bohnenragout
Alle Zutaten ansetzen und köcheln lassen, bis die Bohnen weich sind. Eine Hälfte der Bohnen herausnehmen und die andere Hälfte aufmixen. Passieren und die Bohnenkerne wieder dazugeben.

Chorizo-Kapern-Öl
Chorizo, Olivenöl, Rosmarin und Knoblauch 10 Minuten köcheln lassen. Abpassieren und die Kapern in das Öl geben.

Zwiebel
Die Zwiebel in 4 gleichmäßige Scheiben schneiden. Mit dem Pedro Ximénes und dem Geflügelfond im vorgeheizten Backofen bei 160 °C weich schmoren. Mit Salz und Pfeffer würzen.

Fisch
Den Wolfsbarsch auf der Fleischseite mit Salz und weißem Pfeffer würzen. Auf der Hautseite in Olivenöl anbraten, nach ca. 5 Minuten wenden und nach 10 Sekunden aus der Pfanne nehmen.

Anrichten
Das Bohnenragout mit den Chorizo-Gnocchi auf 4 Tellern verteilen. In der Mitte den Fisch und an der Seite die Zwiebel platzieren. Alles mit dem Chorizo-Kapern-Öl beträufeln.

TRETTL 223

GEBRATENES BISONFILET »ROSSINI«

Für 4 Personen

Zutaten

Für das Trüffel-Agar-Agar
150 ml Rinderconsommé
20 ml Trüffeljus
5 g geriebener schwarzer Trüffel
1,5 g Agar-Agar

Für die Pommes Maxime
2 mittelgroße Kartoffeln
40 g geklärte Butter
Salz, Pfeffer, Muskatnuss

Für den Lauch
3 Stangen Frühlingslauch
20 g Butter
Salz, weißer Pfeffer

Für das Bisonfilet
600 g Bisonfilet am Stück
4 Scheiben Gänsestopfleber, ½ cm dick
Salz, Pfeffer, Öl und Butter zum Braten
120 ml Kalbjus mit gehacktem Trüffel

Zubereitung

Trüffel-Agar-Agar
Consommé und Trüffeljus aufkochen. Das Agar-Agar einrühren und den geriebenen Trüffel dazugeben. Das Gelee dünn auf ein Blech gießen und kalt stellen.

Pommes Maxime
Die Kartoffeln zu einem Zylinder formen und dünne Scheiben schneiden. Die Scheiben würzen und rund zu einer Rosette legen (siehe Bild). Dann vorsichtig auf beiden Seiten in der geklärten Butter goldgelb herausbraten.

Lauch
Den Frühlingslauch in Butter mit etwas Wasser und Salz abgedeckt weich schmoren.

Bisonfilet
Das Bisonfilet salzen, pfeffern und in einer Pfanne mit Öl auf allen Seiten scharf anbraten. Dann im vorgeheizten Backofen bei 90 °C etwa 30 Minuten garen.
Die Gänseleber in einer beschichteten Pfanne 1 Minute beidseitig scharf anbraten. Salzen und pfeffern. Das Bisonfilet in derselben Pfanne mit etwas Butter nachbraten und in vier Scheiben schneiden.

Anrichten
Das Filet auf die Teller legen, darauf die Leber, das Trüffel-Agar-Agar, den Frühlingslauch und die Maxime-Kartoffeln stapeln. Rund um den Turm die getrüffelte Kalbjus verteilen.

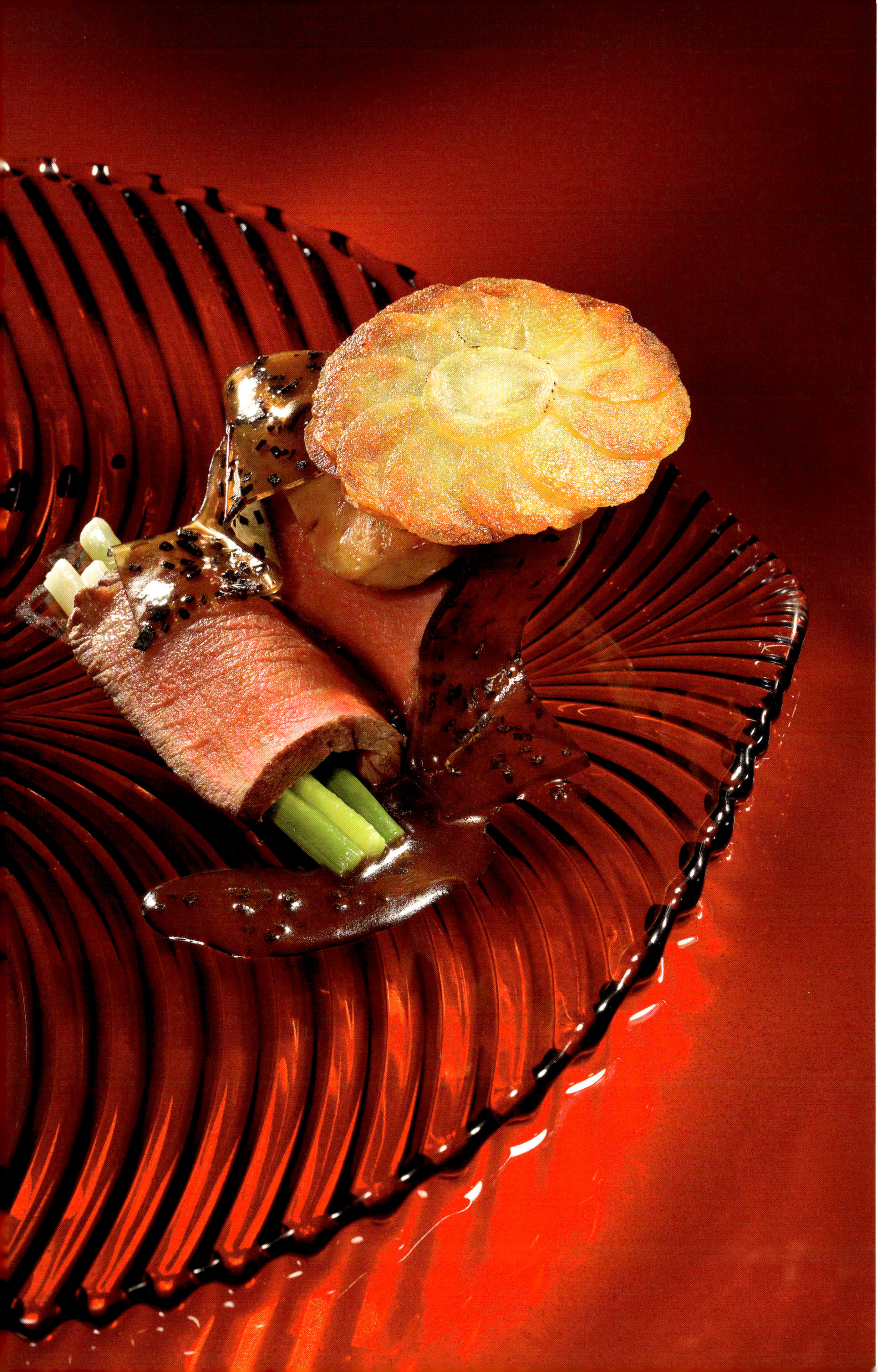

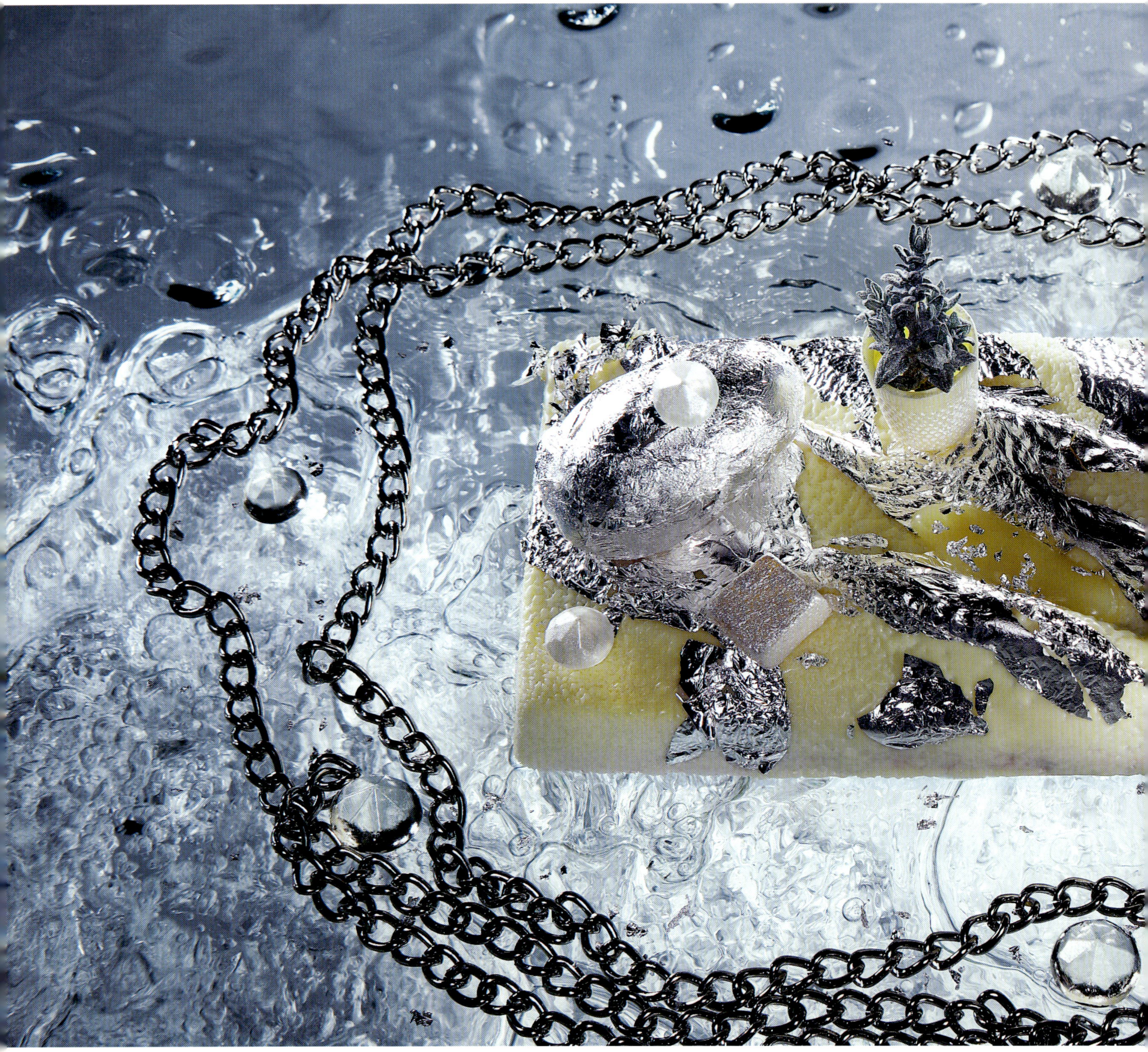

TRETTL 227

SILBER

Für 4 Personen

Zutaten

Für den Bittermandelbiskuit
2 Eier
3 Eigelb
115 g Puderzucker
50 g süße Mandeln, gerieben
65 g Bittermandeln, gerieben
210 g Eiweiß
75 g Zucker
90 g Mehl
25 g Mandelöl
3 Tropfen Bittermandelöl

Für das Sauerkirschcoulis
330 g Sauerkirschpüree
65 g Läuterzucker
9 g Zucker
5 g Pektin NH
1 g Zitronensäure

Für die gelierten Schwarzkirschen
50 g Zucker
6 g Pektin NH
500 g halbierte, entsteinte Schwarzkirschen
½ abgeriebene Orangenschale
1 Zimtstange

Für die Thymiansahne
225 ml Milch
40 g Zucker
2 g Zitronenthymian
1 abgeriebene Zitronenschale
3 Blatt Gelatine
225 ml Schlagsahne

Für die Weichseleispraline
130 g Zucker
30 g Glukosepulver
335 ml Wasser
500 g Weichselpüree
350 g Ivoire (weiße Kuvertüre)
150 g Kakaobutter
Blattsilber zum Überziehen

Für das Milchgelee
500 ml Milch
1 Vanilleschote
90 g Zucker
15 g Pektin X58
2 abgeriebene Zitronenschalen
Blattsilber zum Überziehen

Zubereitung

Bittermandelbiskuit
Eier, Eigelb, Puderzucker, Mandeln und Bittermandeln weißschaumig aufschlagen. Eiweiß und Zucker zu nicht zu festem Schnee schlagen und mit dem gesiebten Mehl unter die Eigelbmasse heben. Zum Schluss das Mandel- und Bittermandelöl unterziehen. Die Biskuitmasse auf ein mit Backpapier ausgelegtes Blech ca. 4 mm dünn aufstreichen und im vorgeheizten Backofen bei 200 °C Heißluft 6 bis 7 Minuten backen. Die fertigen Biskuits sofort vom Blech auf ein Gitter ziehen und auskühlen lassen. In 16 x 6,5 cm große Rechtecke schneiden.

Sauerkirschcoulis
Sauerkirschpüree und Läuterzucker erwärmen. Zucker, Pektin und Zitronensäure trocken mischen, in das Püree einrühren und aufkochen. Auf ein mit Folie belegtes Blech 2 mm dünn aufstreichen und tiefkühlen.
In gefrorenem Zustand in 16 x 6,5 cm große Rechtecke schneiden, auf die Biskuitrechtecke legen und wieder tiefkühlen.

Gelierte Schwarzkirschen
Zucker und Pektin trocken mischen. Restliche Zutaten vermengen und lauwarm rühren. Pektinmischung beigeben und aufkochen, ca. 2 Minuten köcheln lassen und rasch abkühlen. Mindestens 2 Stunden kalt stellen. Zimtstange vor dem Weiterverwenden entfernen.

Thymiansahne
Milch und Zucker aufkochen. Zitronenthymian und Zitronenschale beigeben und ca. 8 Minuten ziehen lassen. Durch ein Haarsieb passieren. Die eingeweichte Gelatine in die warme Thymianmilch rühren und auf Eiswasser leicht eindicken lassen. Die Sahne nicht zu fest aufschlagen und mit einem Teigschaber unter die eingedickte Thymianmasse heben.
Vague-Formen etwa zur Hälfte mit der Thymiansahne füllen. Die gelierten Schwarzkirschen mit 1 cm Abstand vom Rand einfüllen und den Sauerkirschcoulis-Bittermandelbiskuit einlegen. Die gefüllten Formen mindestens 4 Stunden tiefkühlen. Zum Entnehmen kurz in lauwarmes Wasser tauchen und die Desserts aus der Form drücken.

Weichseleispraline
Zucker und Glukosepulver trocken mischen. Lauwarmes Wasser in einen Topf geben und die trockene Mischung einrühren. Rasch und kurz aufkochen und möglichst schnell abkühlen. Das Weichselpüree einrühren und in der Sorbetmaschine frieren. Mit einem Kaffeelöffel schöne Nocken abstechen und diese sofort in den Froster stellen. Für den Überzug die weiße Kuvertüre mit der Kakaobutter schmelzen und auf etwa 30 °C bringen. Die Sorbetnocken vom Froster einzeln in die Schokoladenmischung tauchen und auf Backpapier setzen. Sofort wieder tiefkühlen. Mit Blattsilber überziehen.

Milchgelee
Milch und Vanilleschote aufkochen. Zucker und Pektin X58 trocken mischen und in die Milch rühren. Einmal kurz aufkochen und die geriebenen Zitronenschalen beigeben. Zugedeckt etwa 4 Minuten ziehen lassen und dann durch ein Haarsieb passieren. In eine entsprechende Form ca. 1 cm hoch einfüllen und auskühlen lassen. In 1 cm große Würfel schneiden und mit Blattsilber überziehen.

Anrichten
Die aufgetauten Dessertrechtecke mit reichlich Blattsilber belegen. Die versilberte Eispraline sowie das versilberte Milchgelee daraufsetzen und mit Silber überzogene frische Kirschen anlegen.

230

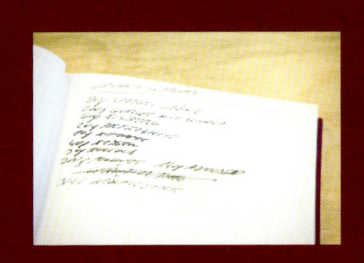

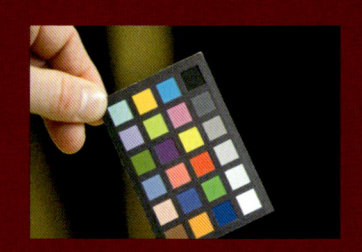

TRETTL 231

**ZWEI MÄNNER
UND DIE KUNST**

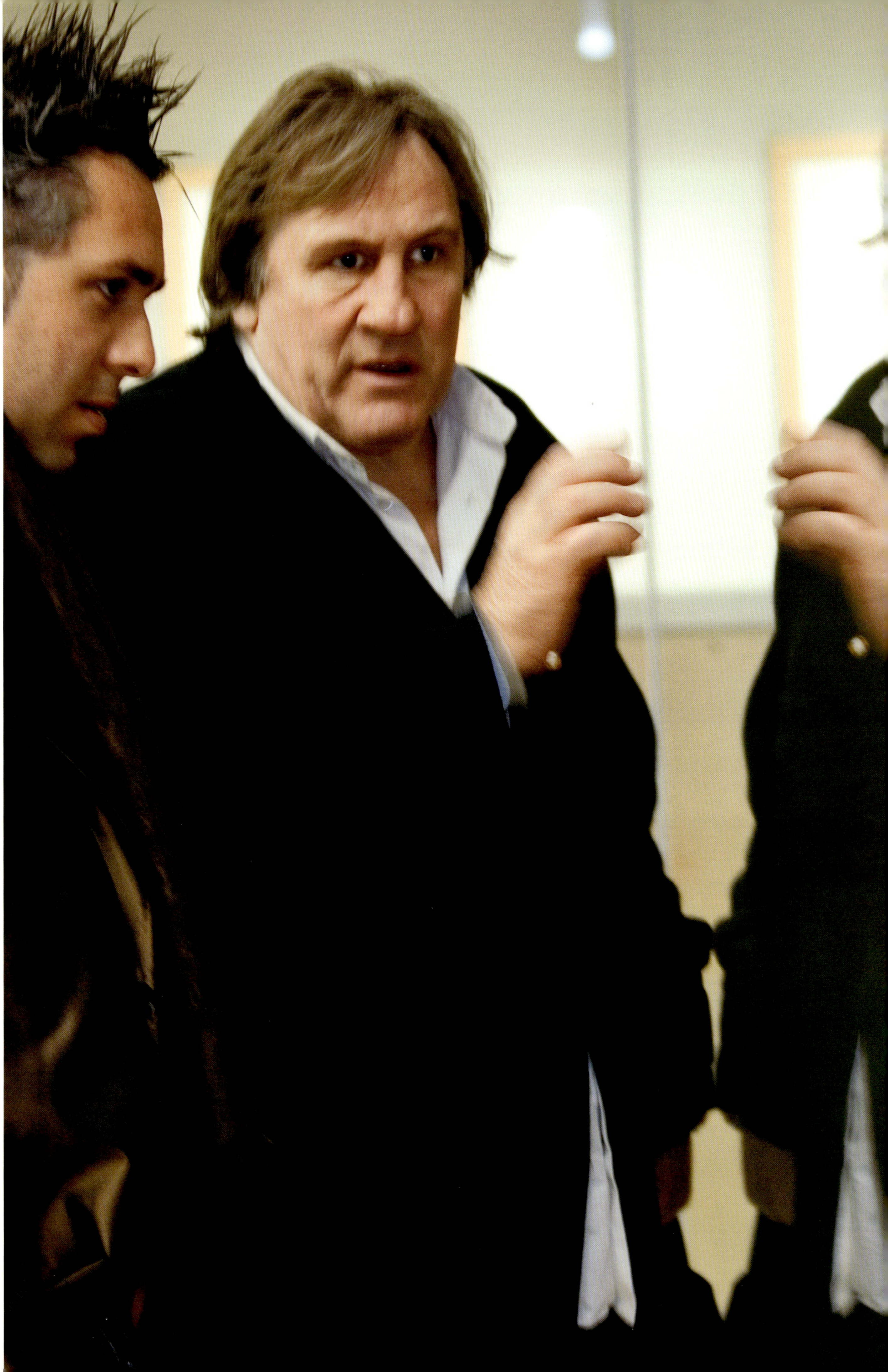

Zwei Männer und die Kunst

»Trinken Sie Kaffee oder Wein?«, will Gérard Depardieu von seinem Interviewer wissen. »Kaffee«, sagt dieser. »Also gut, Wein«, erwidert Depardieu und holt zwei Gläser und eine Flache Weißwein. Dieser Dialog gehört zu den absoluten Depardieu-Klassikern.

Man kann es nicht anders sagen: Gérard Depardieu lebt auch diese Passion. Unter dem Stichwort Beruf stehen nicht umsonst zweierlei Angaben in Gérard Depardieus Pass: »Schauspieler« und »Winzer«. Und es gibt Momente, in denen man nicht genau weiß, was für den großen Franzosen an erster Stelle kommt. Legendär sind die Gerüchte von geschwänzten Drehtagen, wenn im Herbst der Weinberg ruft.

Selbstverständlich kann man mit dem Mimen jederzeit über seine Filme reden – »Ich habe auch viel Müll gedreht« ist ein absoluter Bonmot-Klassiker Depardieus – aber garantiert richtig in Wallung kommt Depardieu, wenn die Rede von Wein ist.

»Für mich ist der Wein zur richtigen Leidenschaft geworden.« Fast 20 Jahre ist es her, dass Depardieu sich selbst zum Schlossbesitzer machte. Was mit 25 Hektar anfing, sind heute über 100 Hektar mit deutlich über 700 000 Flaschen pro Jahr. Wobei Depardieu alle Stufen des Kommerzes beherrscht – die Flasche für über 60 Euro, aber auch den Vertrieb über die französische Supermarktkette Carrefour.

»Als ich das Château Tigné im Anjou erworben hatte, habe ich sofort gesehen, dass zwischen dem Menschen, der den Boden bearbeitet, und dem, was der Boden gibt, eine ganz bestimmte Beziehung besteht. Eine Art von Zähmung, Kontrolle, Beherrschen. Ein Austausch, eine Art Korrespondenz zwischen dem Boden und dem, der ihn bebaut.«

Mittlerweile ist Gérard Depardieu auch ein Großer im weltweiten Wein-Business. Zusammen mit Bernard Magrez – neben über weiteren 30 Weingütern ist Magrez auch Inhaber des legendären Bordelais-Weingutes Pape Clément – und beraten vom international umtriebigen »flying winemaker« Michel Rolland, sind es mittlerweile ein knappes Dutzend Gewächse, die Depardieu in Frankreich, Spanien, Marokko und Algerien anbaut.

Wo immer er antritt, bleibt er seiner Maxime als Winzer treu: »Ich liebe den bäuerlichen Wein, nicht den bürgerlichen. Ich habe gar nicht den Ehrgeiz,

236 DEPARDIEU

irgendwelche Spitzenweine zu machen, nein, mir sind ehrliche, unkomplizierte Trinkweine viel lieber.«

Redet er vom Kampf der Reben und vom Terroir, erscheint es nur zu oft, als redet er von sich selbst. Von seiner harten, armen Jugend und von dem, was er heute – dank seiner Wurzeln – ist und erreicht hat: »Je ärmer der Boden ist, desto besser ist der Wein. Je mehr die Wurzeln Wasser suchen müssen, je mehr sich der Rebstock anstrengen, ja leiden muss, umso besser wird der Wein. Ist das nicht großartig?«

Sich anstrengen, leiden müssen – für den gelernten Sommelier Roland Trettl, dessen Familie sowohl väterlicherseits wie mütterlicherseits mit Weinanbau beschäftigt war, sind diese Gedanken mehr als geläufig. Und trotzdem berühren sie ihn auch ohne irgendwelche Weinambitionen ganz persönlich, treffen sie doch für ihn ins Mark seines Kreativitäts- und Kunstbegriffes.

Was für Gérard Depardieu der Weinanbau ist – nämlich Herausforderung, Anspruch, Leistung und Belohnung fernab der Kernprofession –, ist für den Südtiroler Spitzenkoch der immer wieder gesuchte Ausflug ins Künstlerisch-Kreative. Wer an dieser Stelle die Meinung vertritt, genau in diesem Bereich sei man als Spitzenkoch ohnehin mehr als genug gefordert, stößt auf einen heftig widersprechenden Roland Trettl. Entschieden besteht der Spitzenkoch darauf: »Für mich ist Kochen nicht Kunst. Kochen fällt mir viel zu leicht, für mich ist es fast wie ein Spiel. Zur Kunst gehört aber – zumindest, was mich betrifft – immer auch eine gewisse Portion sich quälen können und wollen.«

Sich auf völliges Neuland zu begeben, dabei einem übervollen Tag die Nacht als Schaffenszeit abzuringen, unsicher zu sein, was jetzt wohl der nächste Schaffensschritt sein könnte oder vielleicht sein müsste – das sind die Momente, die einen Roland Trettl am Kreativsein so fesseln und die er in den vergangenen Jahren bevorzugt mit seiner Modeleidenschaft in direkter Verbindung mit seiner Kochleidenschaft umsetzt: Fashion und Food, sprich *FashionFood*, kunstvoll im Fotostudio in Szene gesetzt. Roland Trettl fast trotzig: »Jeder möchte hören, dass ich als Koch ein Künstler bin, dann mache ich mich eben zum Künstler. Aber auf meine Weise.«

An dieser Stelle widerspricht ihm der Schauspieler energisch: »Roland, ich bin völlig überzeugt davon, dass du ein Künstler bist. Aber eben auch als Koch. Ich glaube, dass es etwas gibt, was man nicht lernen kann, etwas, was sich nur als ganz spezielles Wahrnehmen von Dingen einstellt. Wie man beispielsweise die Sauce einer Speise umrührt oder wie man im Kochen aufgeht, sich völlig dem Kochen hingibt. Ich glaube, das ist das Wichtige. Es mag unbegreiflich erscheinen, aber genau das Unbegreifliche ist das Wichtige und macht letztendlich die Kunst aus.«

Einerlei, ob man nun auf der Bühne steht, vor der Kamera, ob man *FashionFood*-Fotos arrangiert oder ob man neue Gerichte kreiert, für Gérard Depardieu steht nicht die Frage im Vordergrund, ob es jemandem schwerfällt, sondern vielmehr, ob es jemandem gelingt, dem Schaffensprozess »den künstlerischen Atem«, wie er es nennt, einzuhauchen. »Ich nehme einen Fotoapparat und ein Fotokünstler nimmt ebenfalls einen«, nennt Depardieu als Beispiel, »wir fotografieren beide dasselbe. Wer von uns beiden ist der Künstler? Doch wohl nur derjenige, der dem Moment Magie vermitteln kann. Ich bin einfach nur ein schlechter Fotograf, nichts weniger als ein Fotokünstler. Es ist sonderbar, man kann es nicht erklären, aber es ist Magie, die den Unterschied ausmacht. Und so verhält es sich auch beim Kochen. Zwei bereiten das gleiche Gericht zu, nehmen die gleichen Zutaten, das gleiche Rezept, aber das eine Gericht ist besser als das andere. Das ist sonderbar und unerklärlich.«

Gérard Depardieus Resümee ist kurz und bündig: »Ich glaube, dass Roland eine zu hohe Meinung von einem Künstler hat.« Gleiches, bloß umgekehrt, hält Roland Trettl dem großen Schauspieler vor: »Kochen ist keine Kunst. Wenn ein Depardieu in Salzburg auf der Bühne steht – das ist Kunst.«

Was bleibt, sind zwei Männer, die sich vor der Leistung des anderen verneigen. Und ein letztes Wort, das Gérard Depardieu hat: »Roland glaubt wirklich, dass Kochen keine Kunst ist? Dann sag ich einfach einen Satz, der gleichermaßen auf uns beide zutrifft: Ein Künstler, der kocht, bleibt immer ein Künstler.«

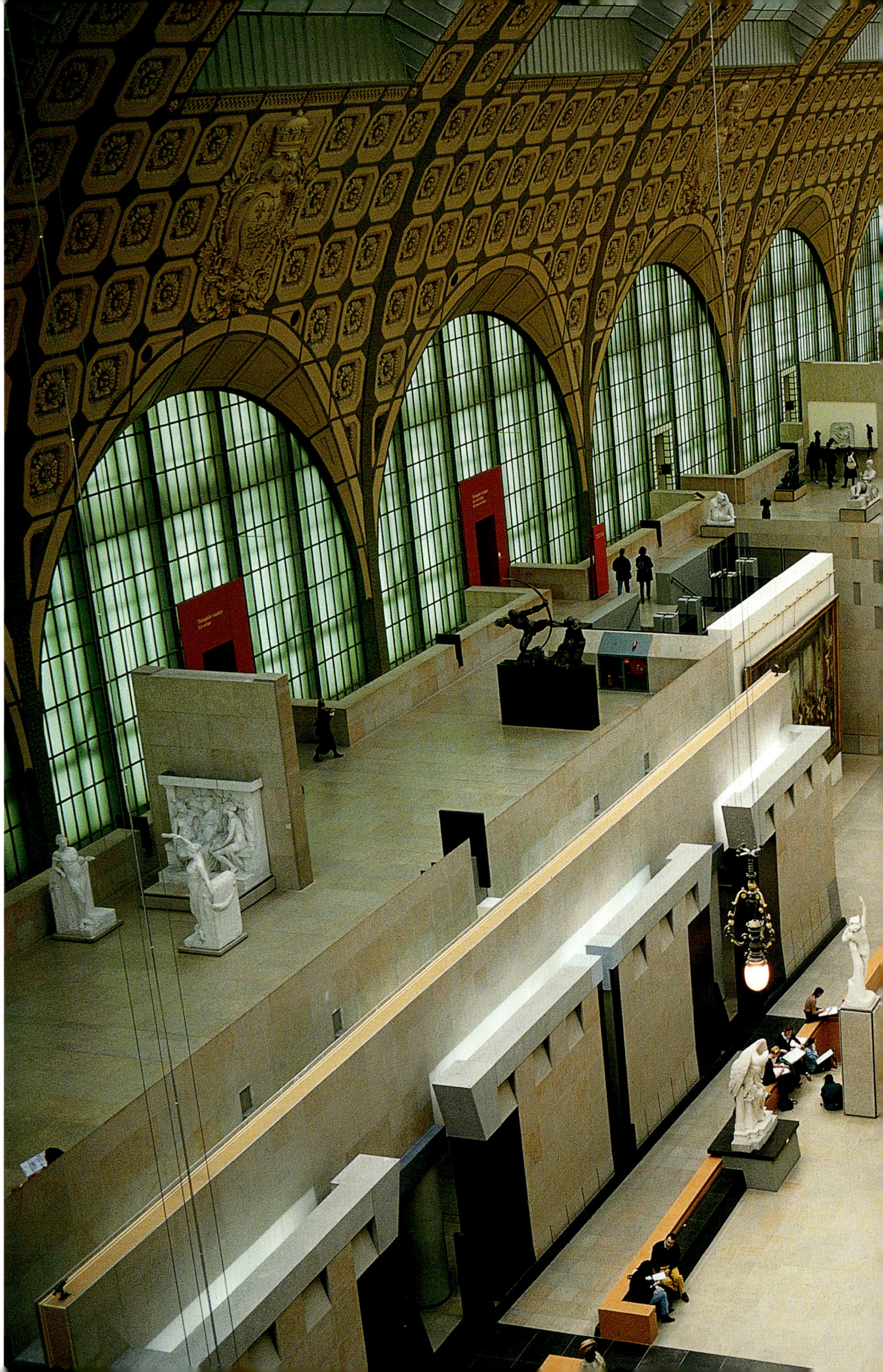

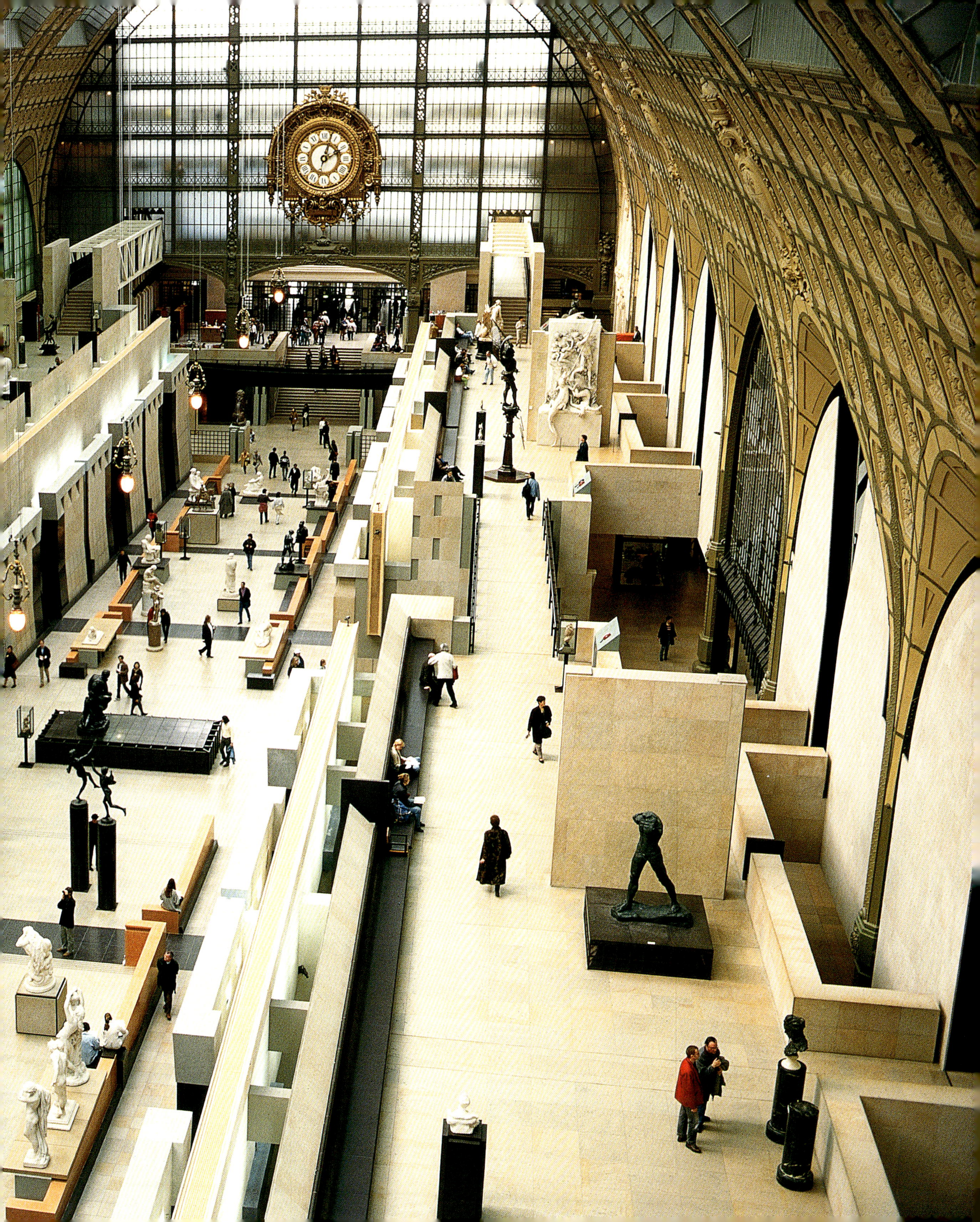

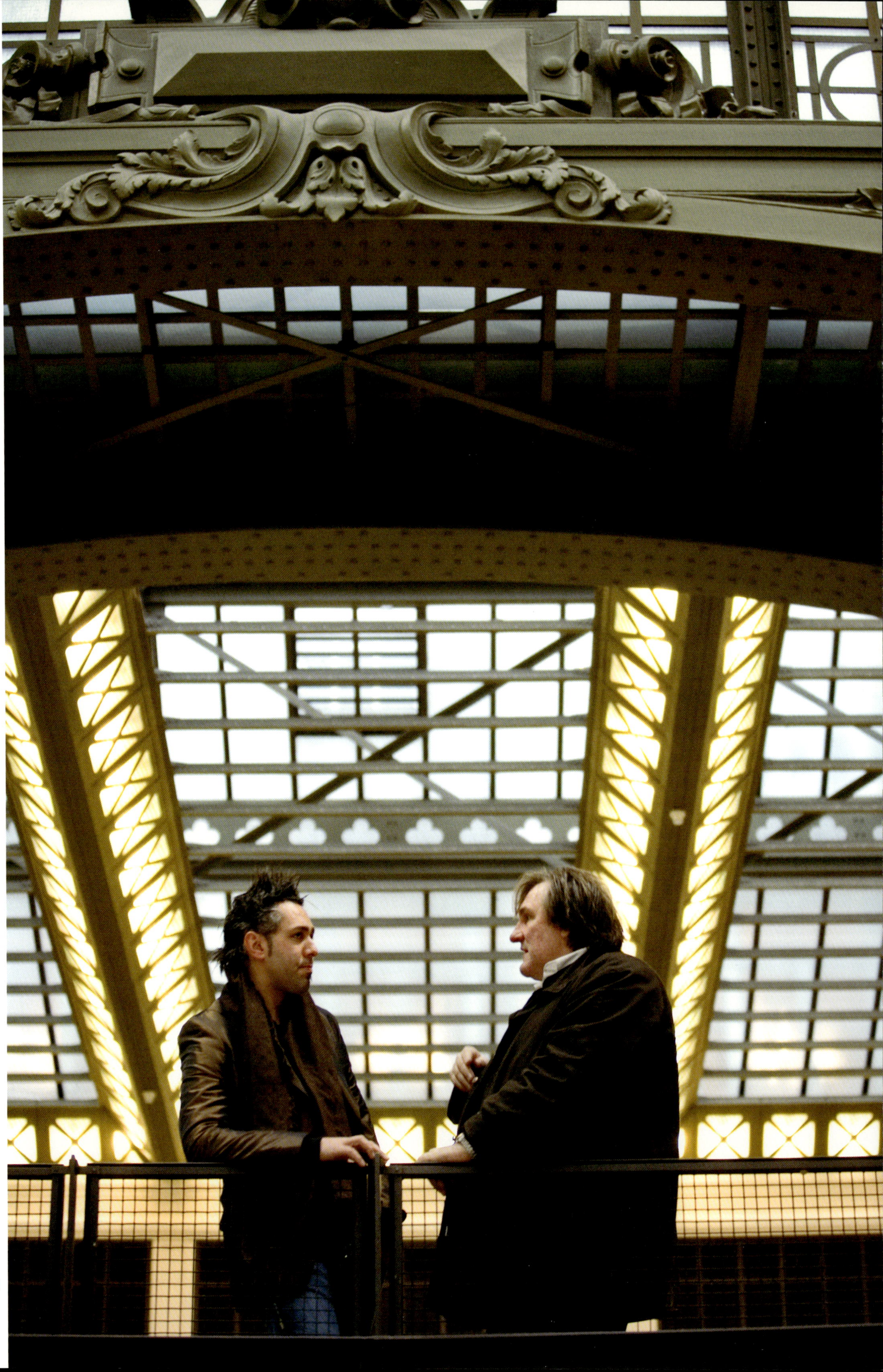

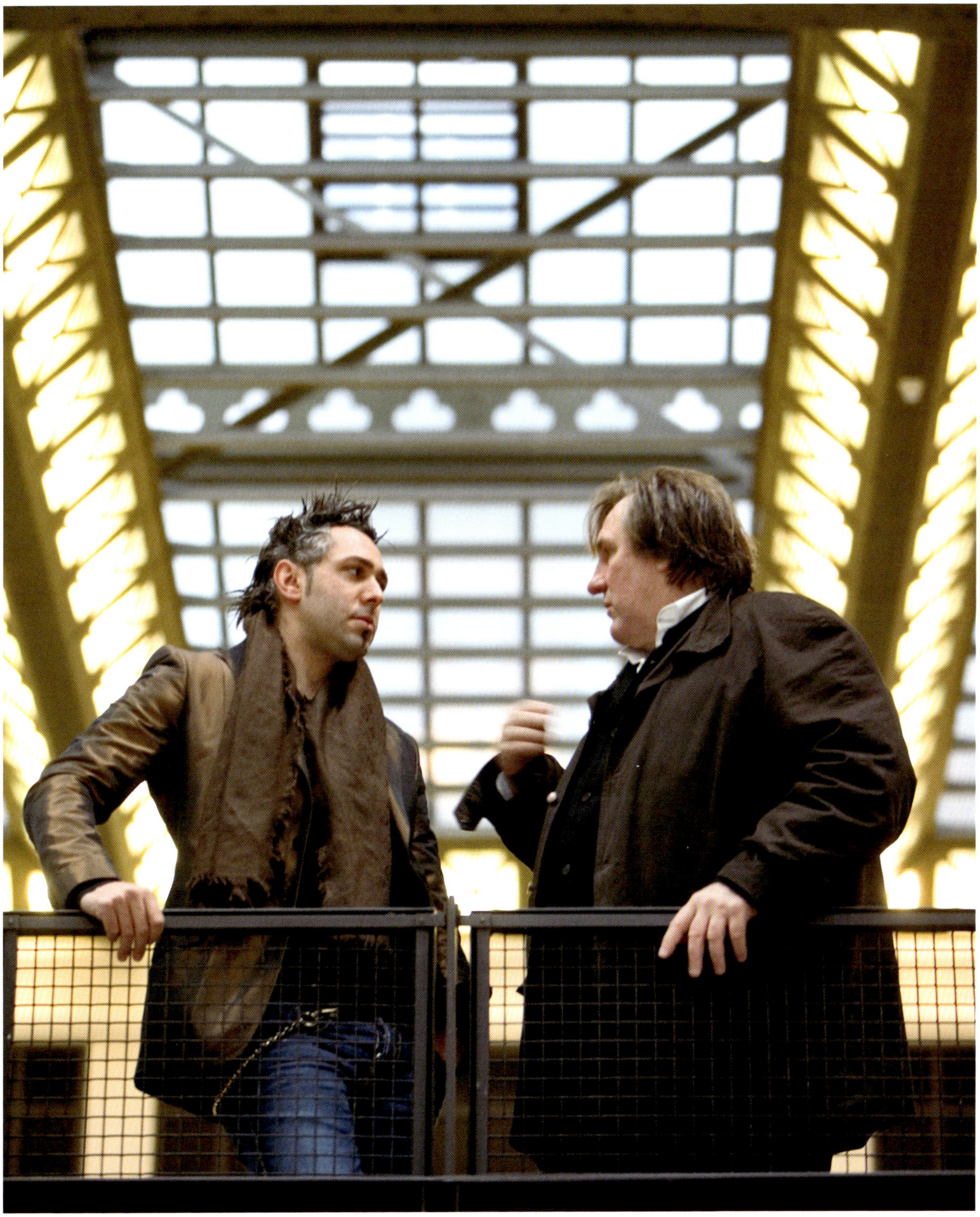

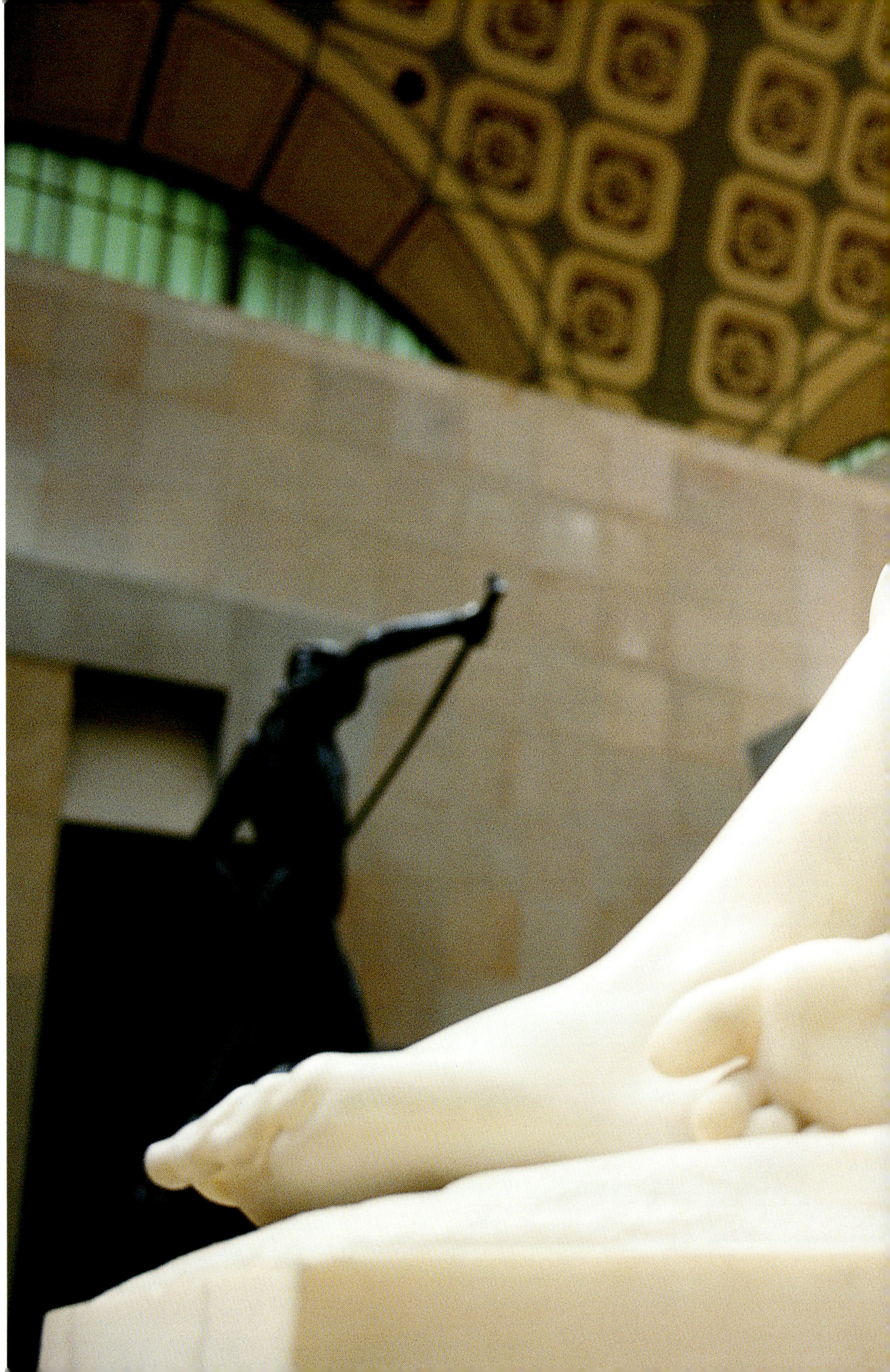

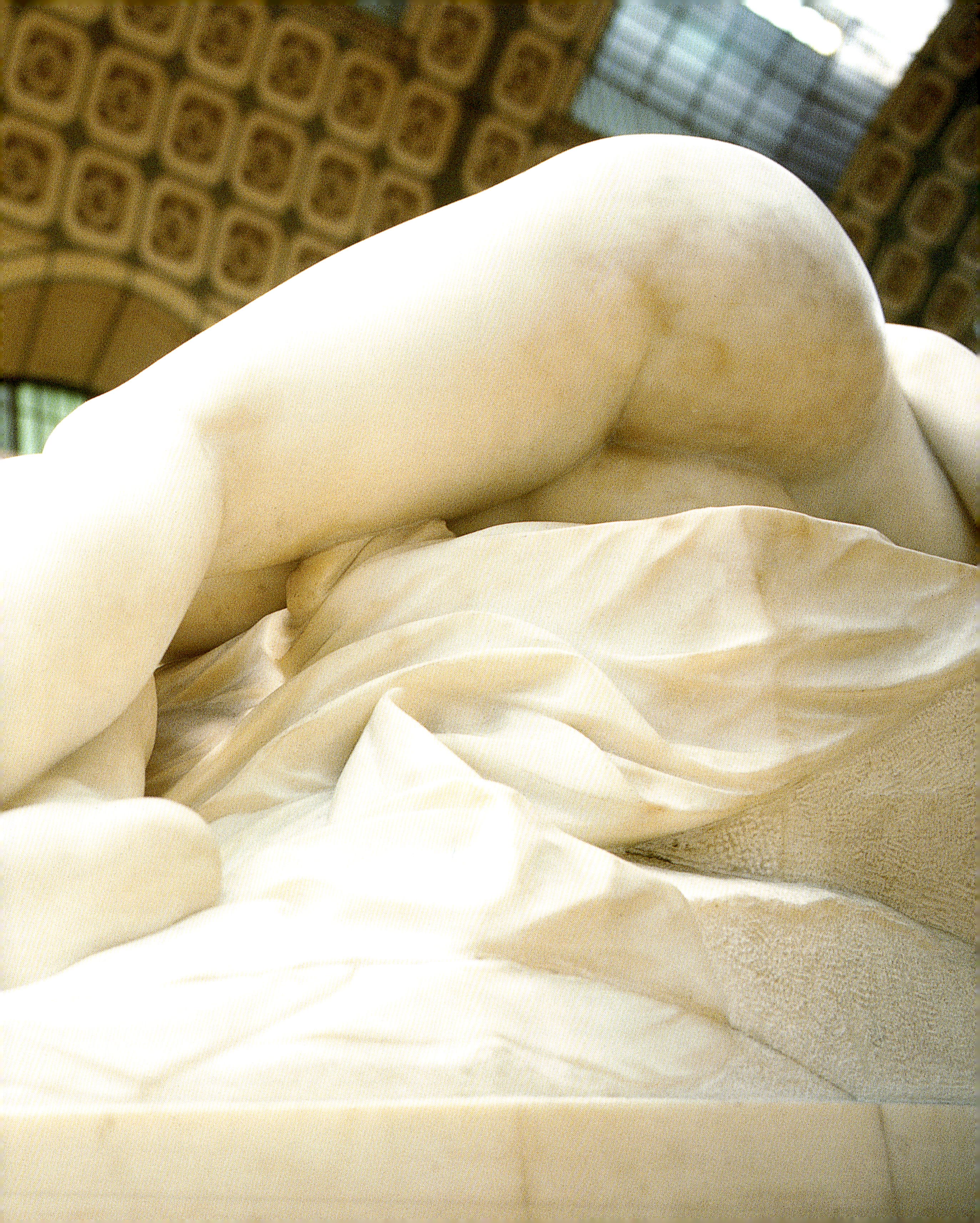

244 DEPARDIEU

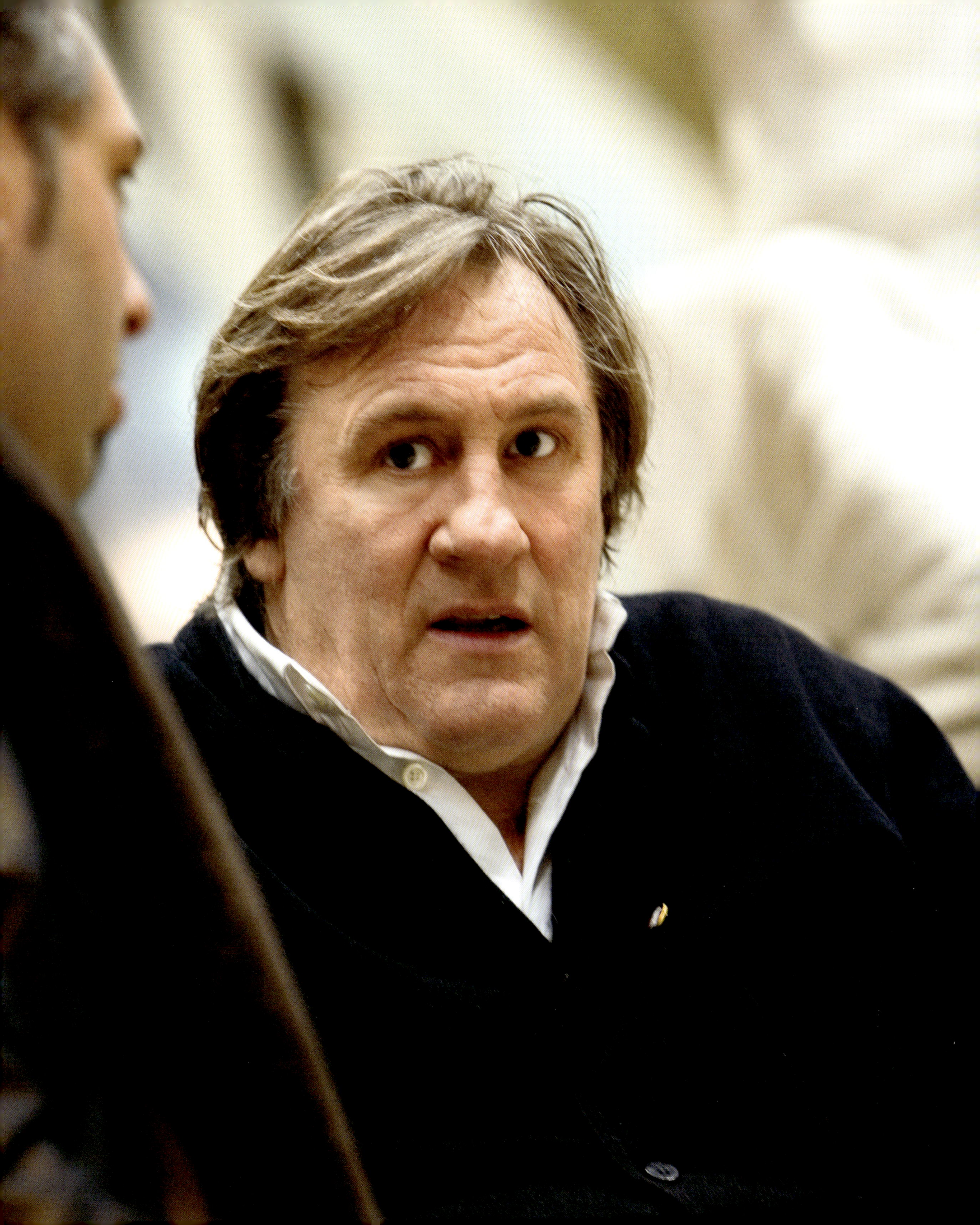

»ROLAND glaubt wirklich, dass Kochen keine Kunst ist? Dann sag ich einfach einen Satz, der gleichermaßen auf uns beide zutrifft: Ein Künstler, der kocht, bleibt immer ein Künstler.«

Gérard Depardieu

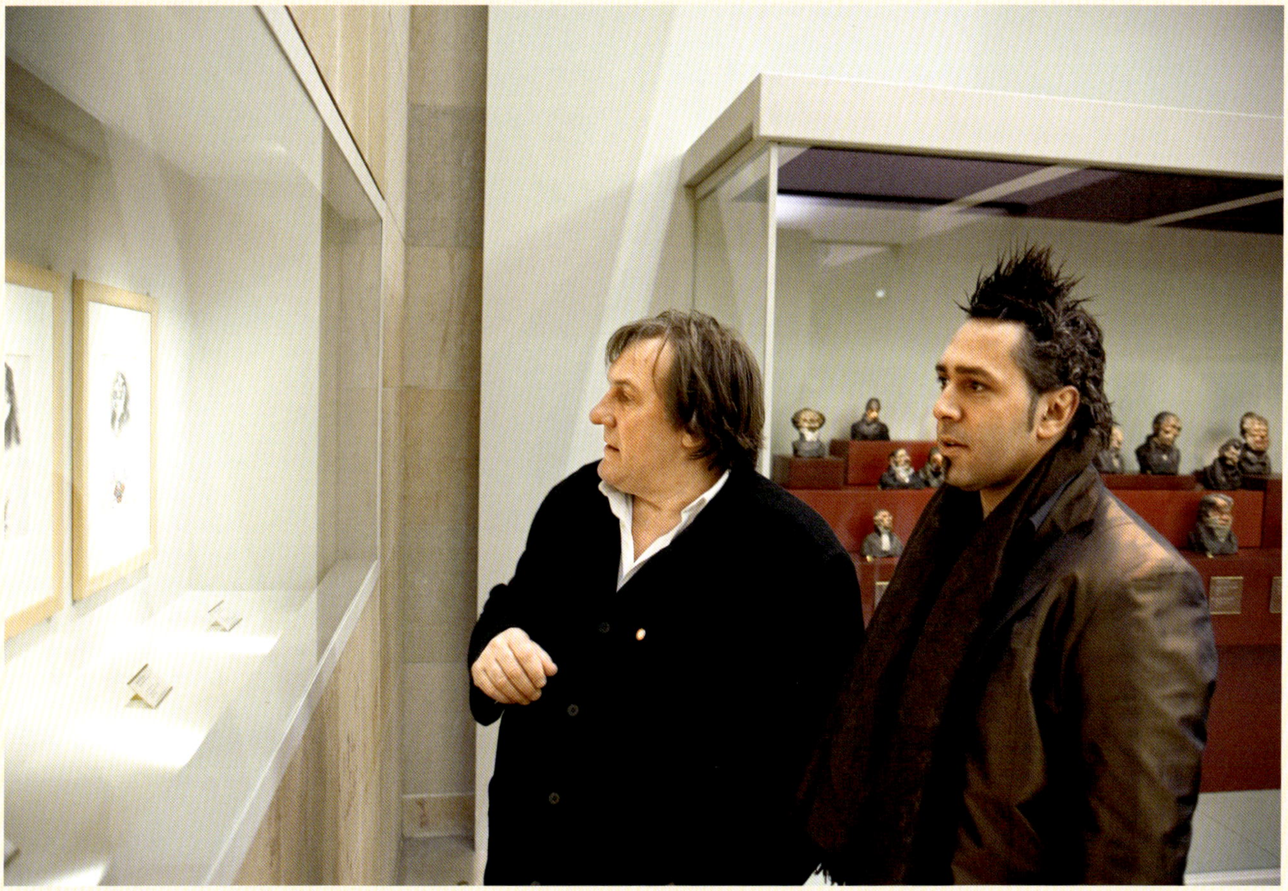

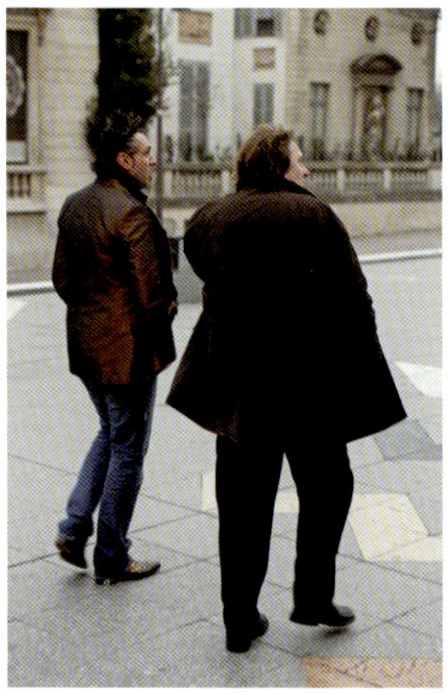

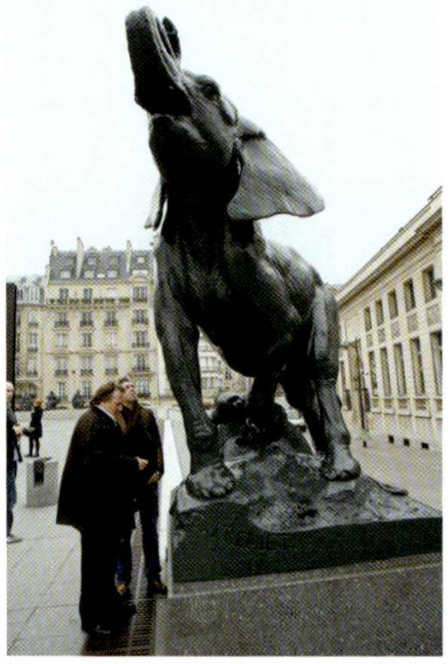

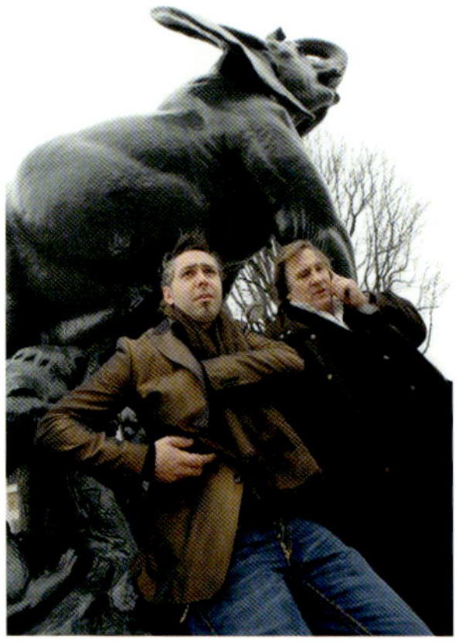

TRETTL 249

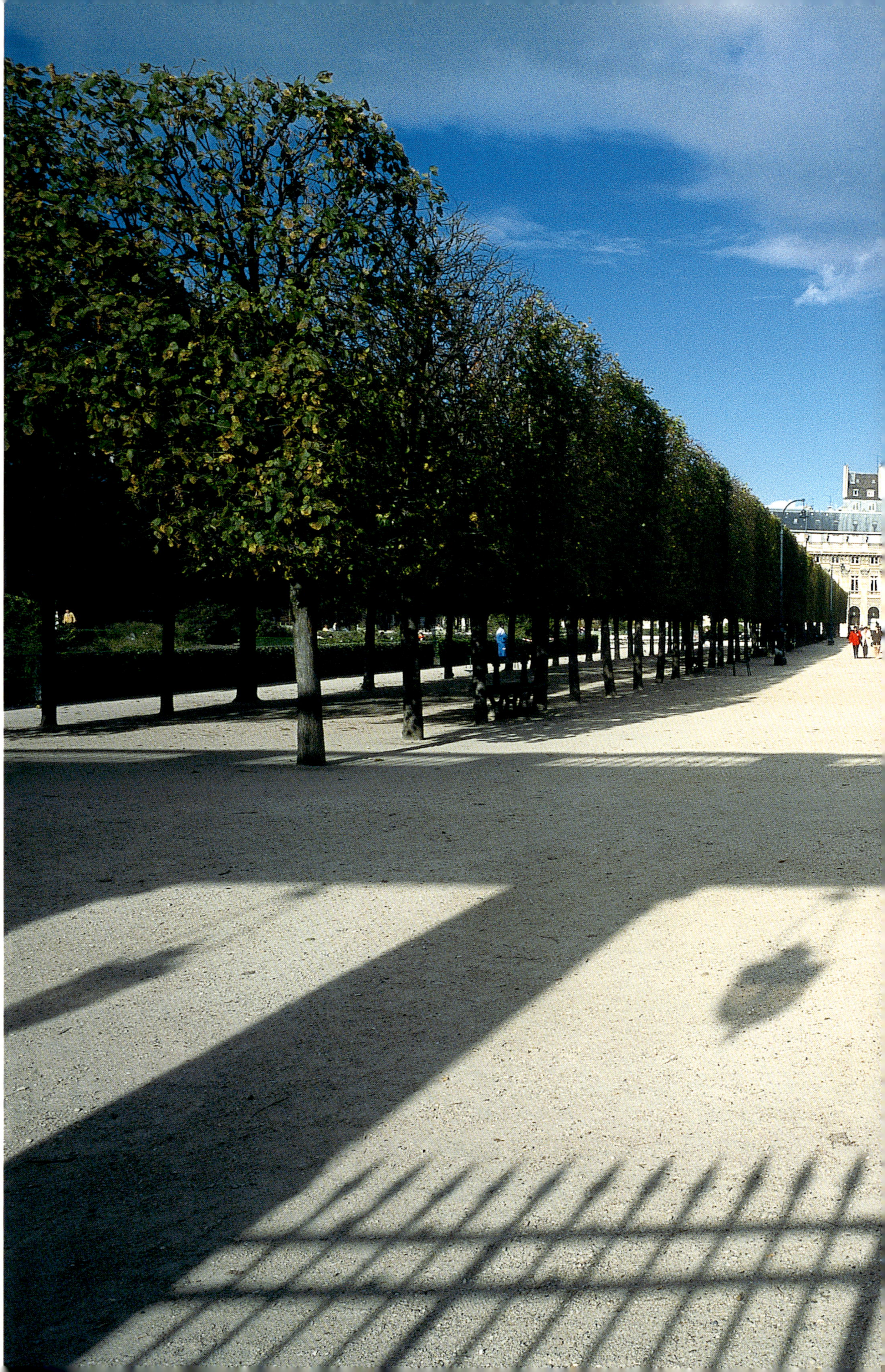

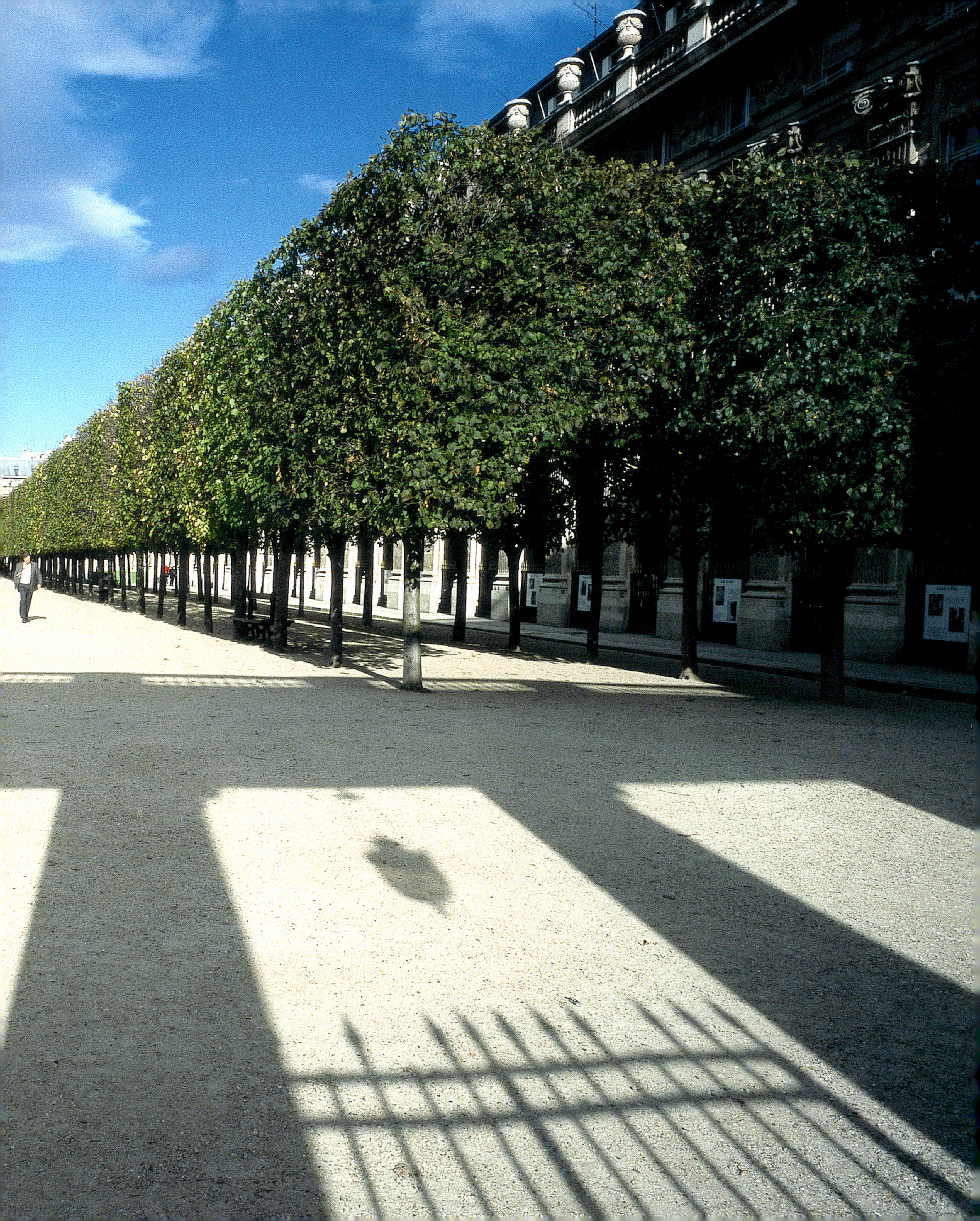

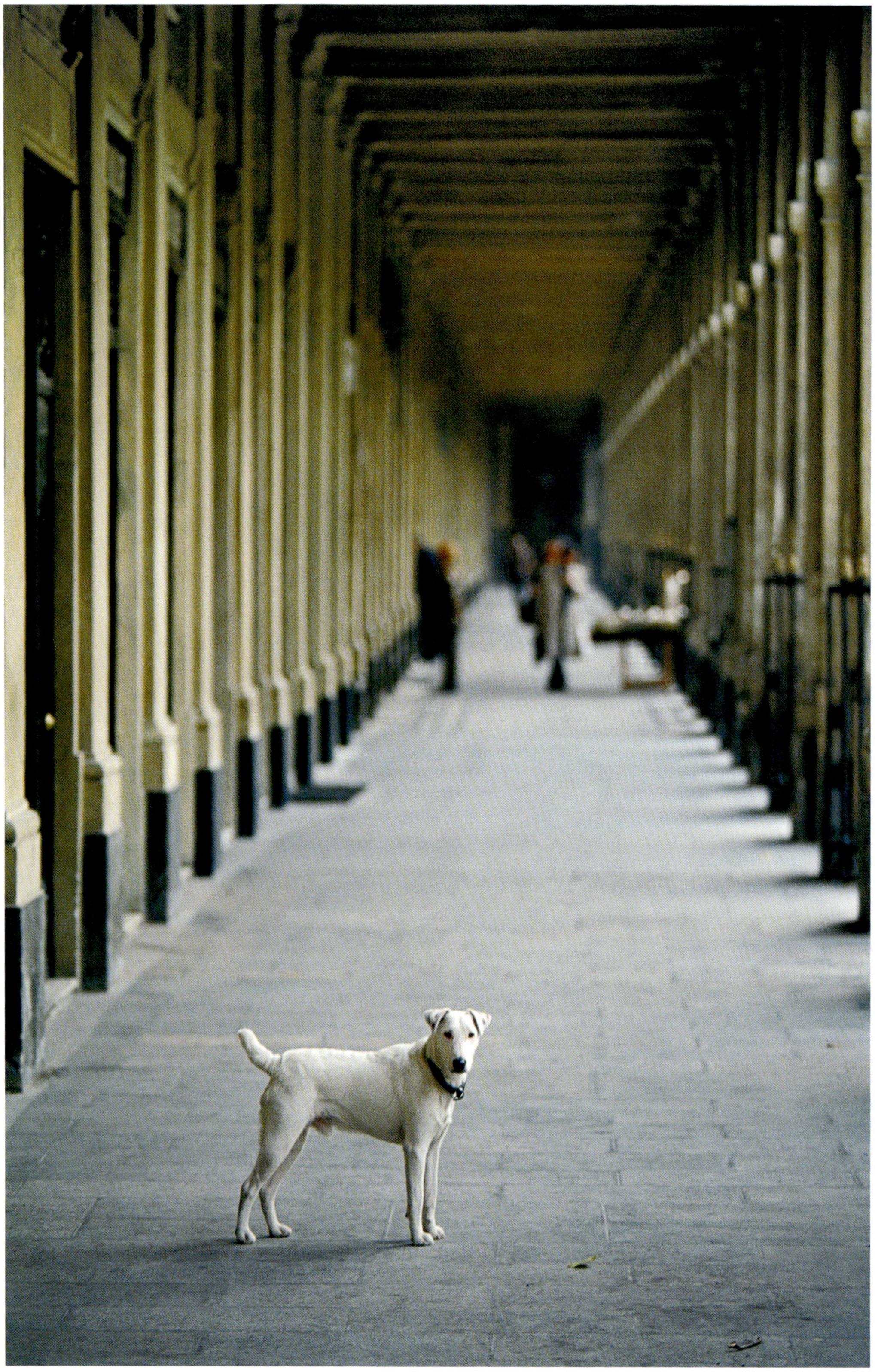

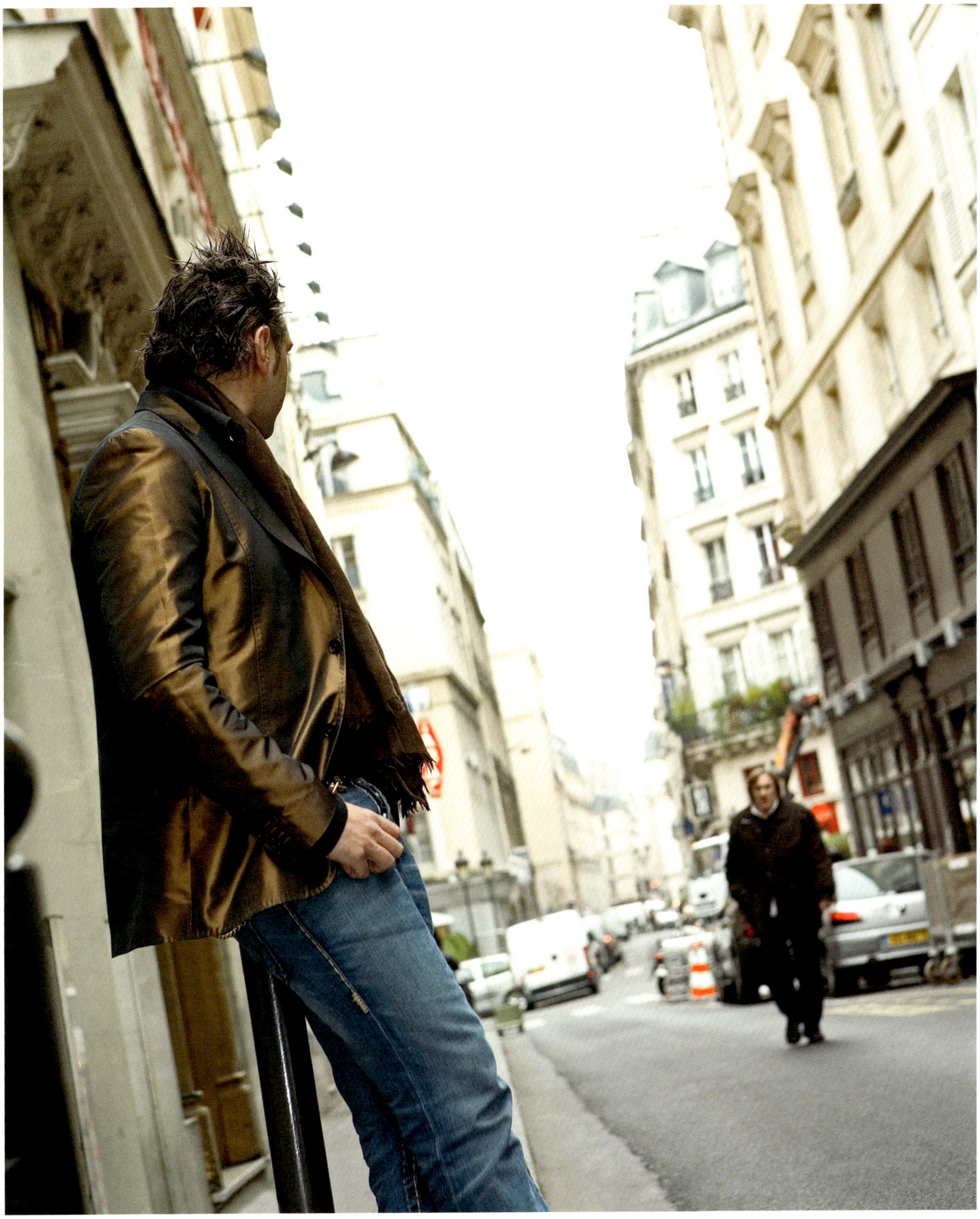

254　DEPARDIEU

»Ich ziehe Obelix allen anderen Rollen vor.
Wenn sie von einem anderen gespielt würde,
wäre ich sehr traurig, denn es würde bedeuten,
dass ich meine Kindheit verloren hätte.«

Gérard Depardieu im »FOCUS«

exposition
MARGUERITE
DURAS
UNE QUESTION
D'AMOUR
entrée libre
du mardi au dimanche de 14h à 18h

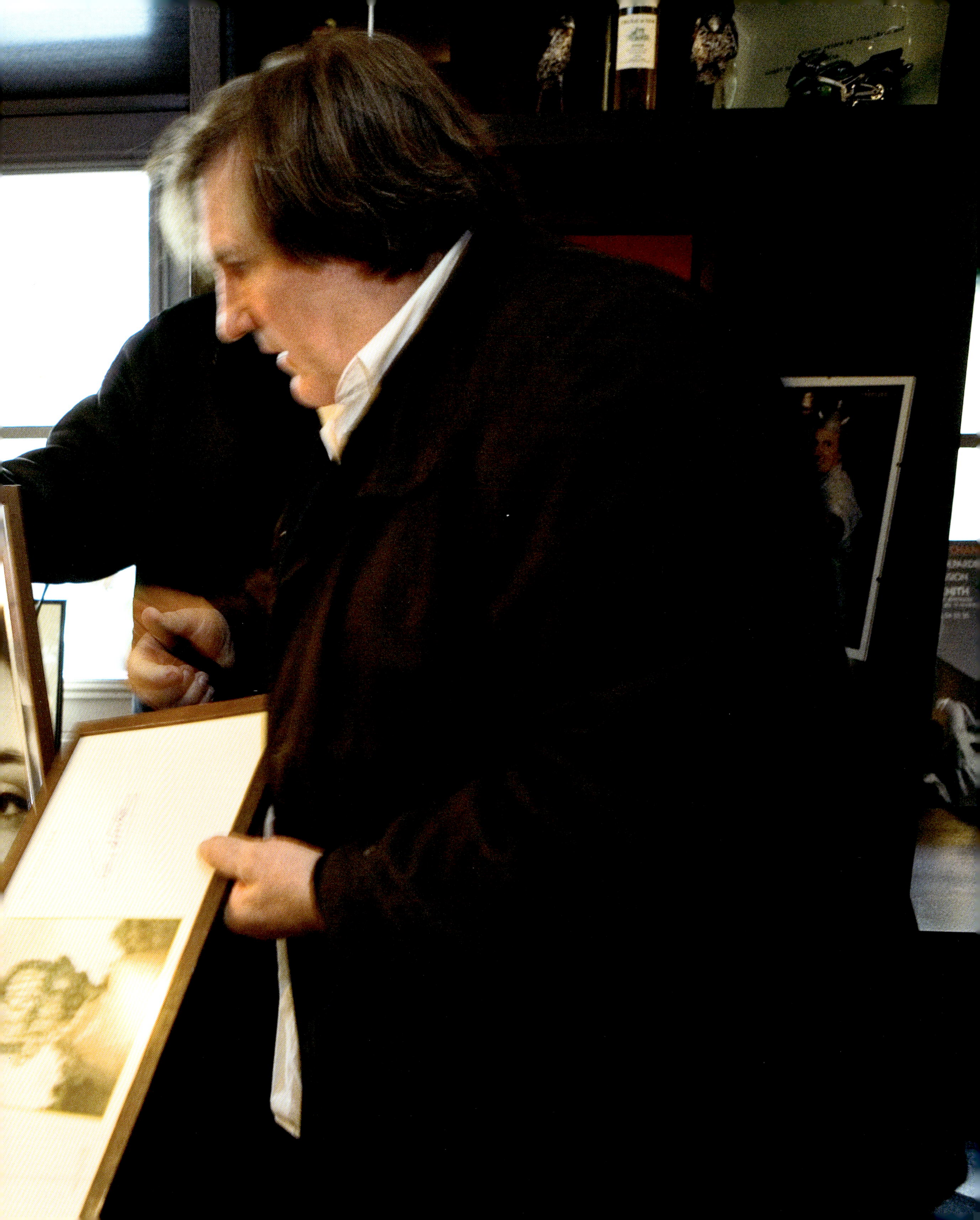

258 DEPARDIEU

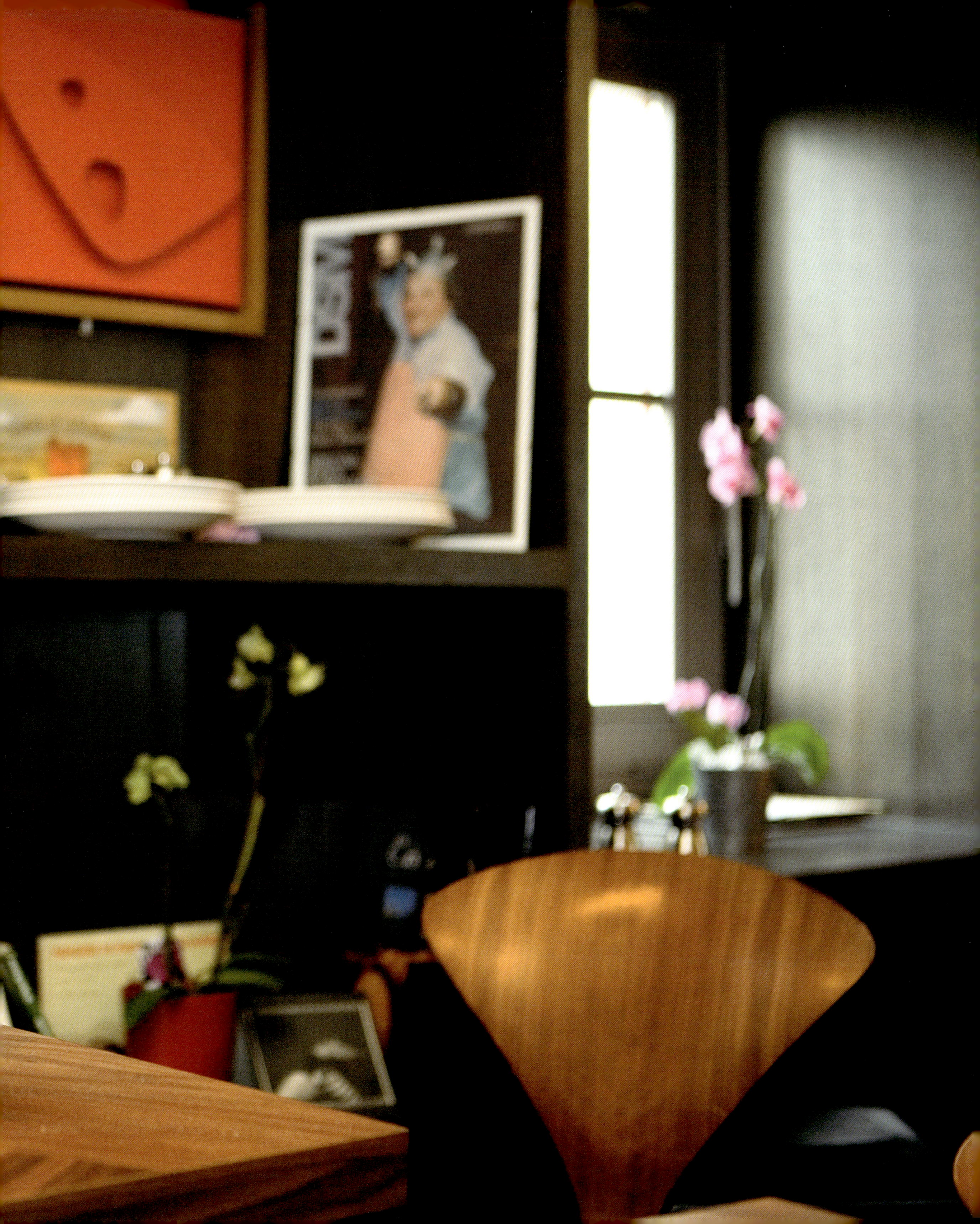

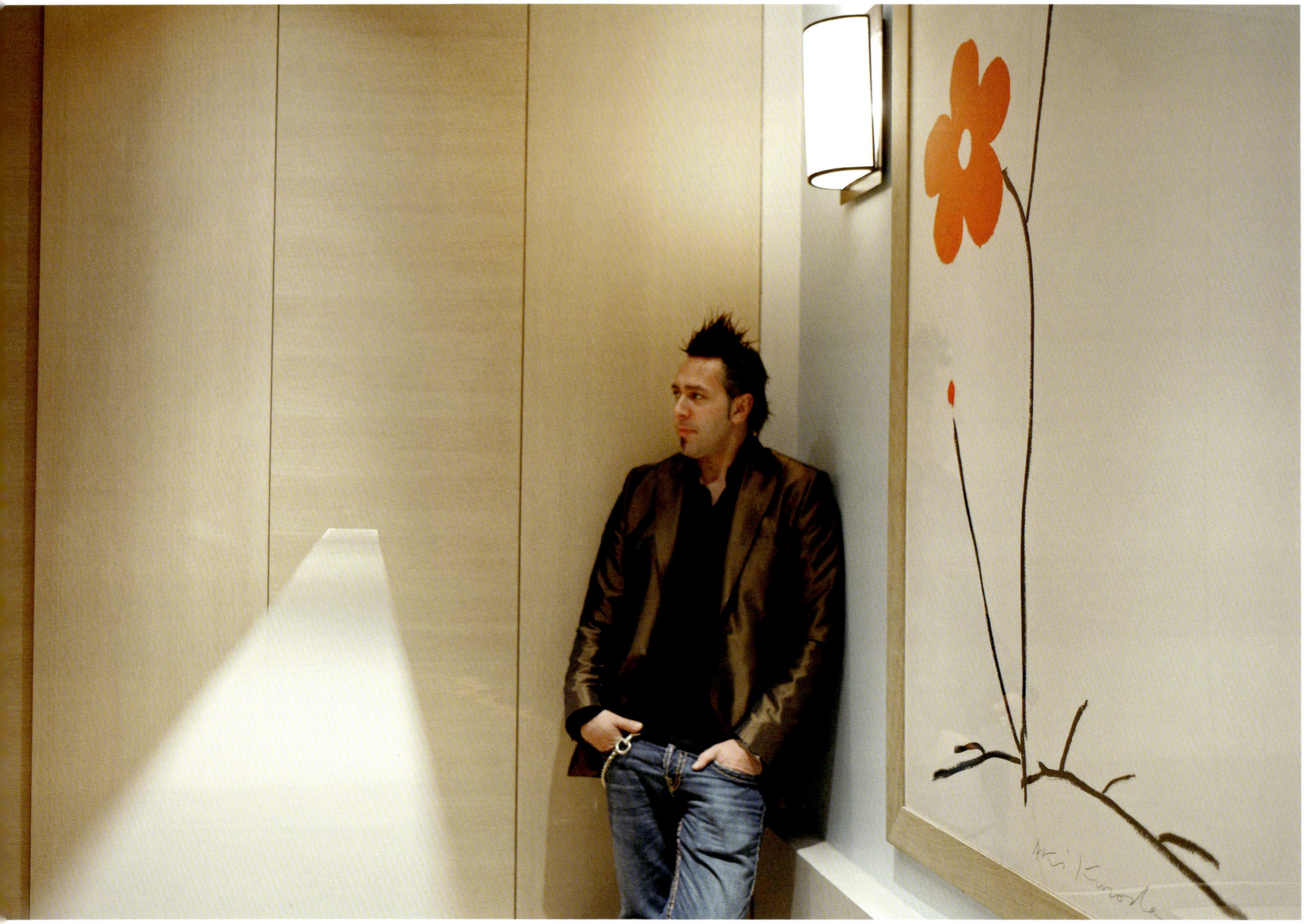

TRETTL 261

Nick Nolte, 58 an trouvé des rôles à la me

Pour vous faire une idée de la santé de Nick Nolte, observez ses compagnons de virée! Dans un couloir de l'hôtel Crillon, James Caveziel, jeune premier de *la Ligne rouge*, dort comme un enfant, recroquevillé dans un fauteuil de velours princier. Son teint est livide mais son costume soyeux ne fait pas un pli. Entre deux interviews, d'autres acteurs du film de

Omaha, Nebraska. 1978. Les Guerriers de l'enfer, de Karel

DEPARDIEU

262 DEPARDIEU

-moi mâle

LA HISTORIA ME ABSOLVERA

STEVIE WONDER
FULFILLINGNESS' FIRST FINALE

Norman Mailer The Fight

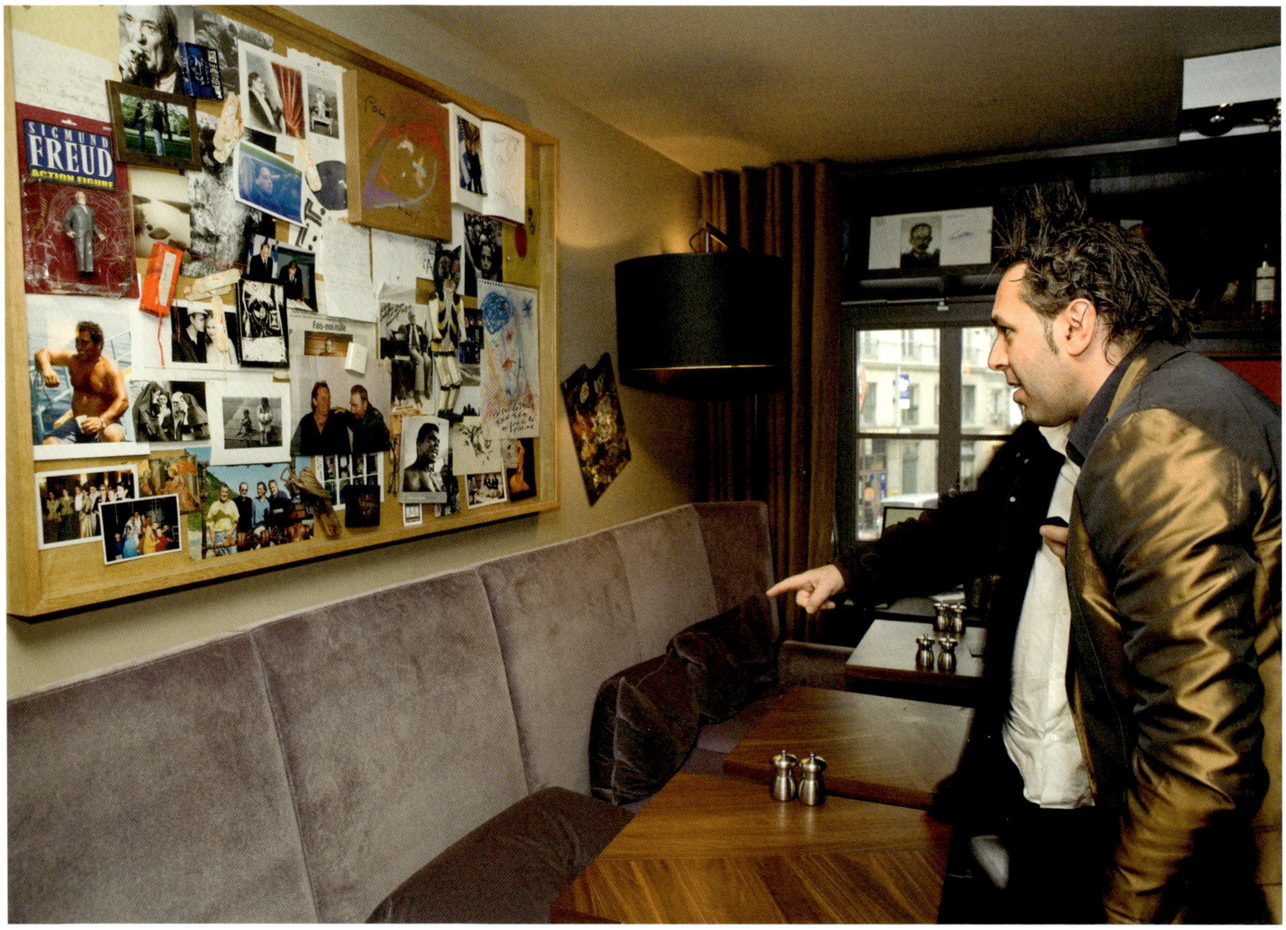
SIGMUND
FREUD
ACTION FIGURE

TRETTL 265

»GÉRARD ist alles andere als konventionell.«

Catherine Deneuve zum Dépardieu-Biografen Paul Chutkow

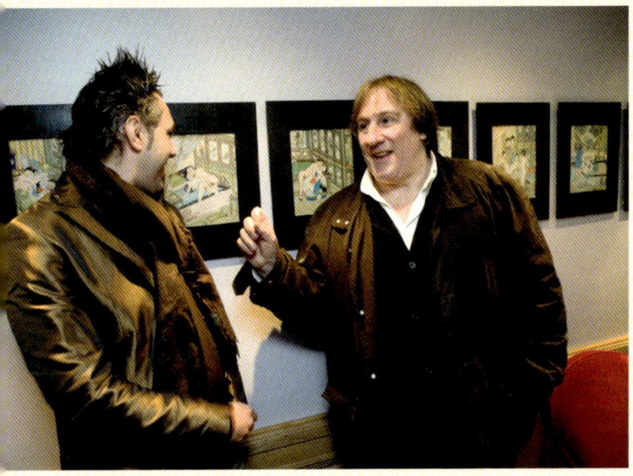
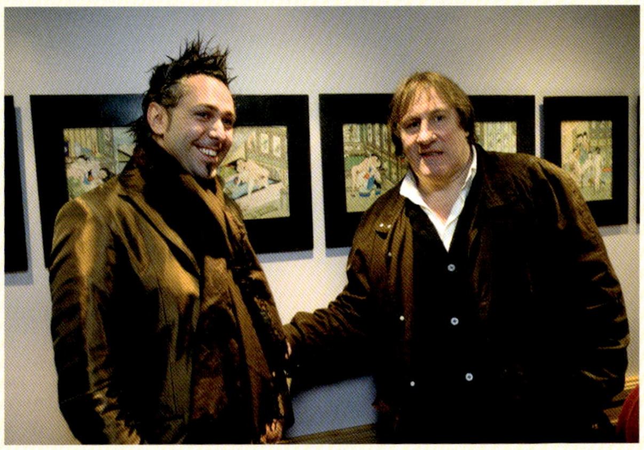
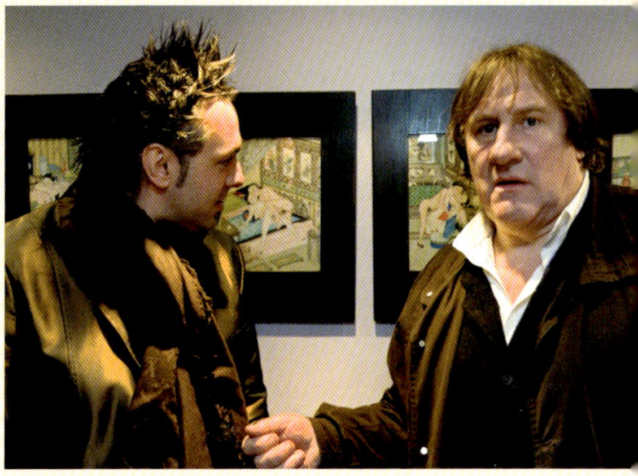

268   DEPARDIEU

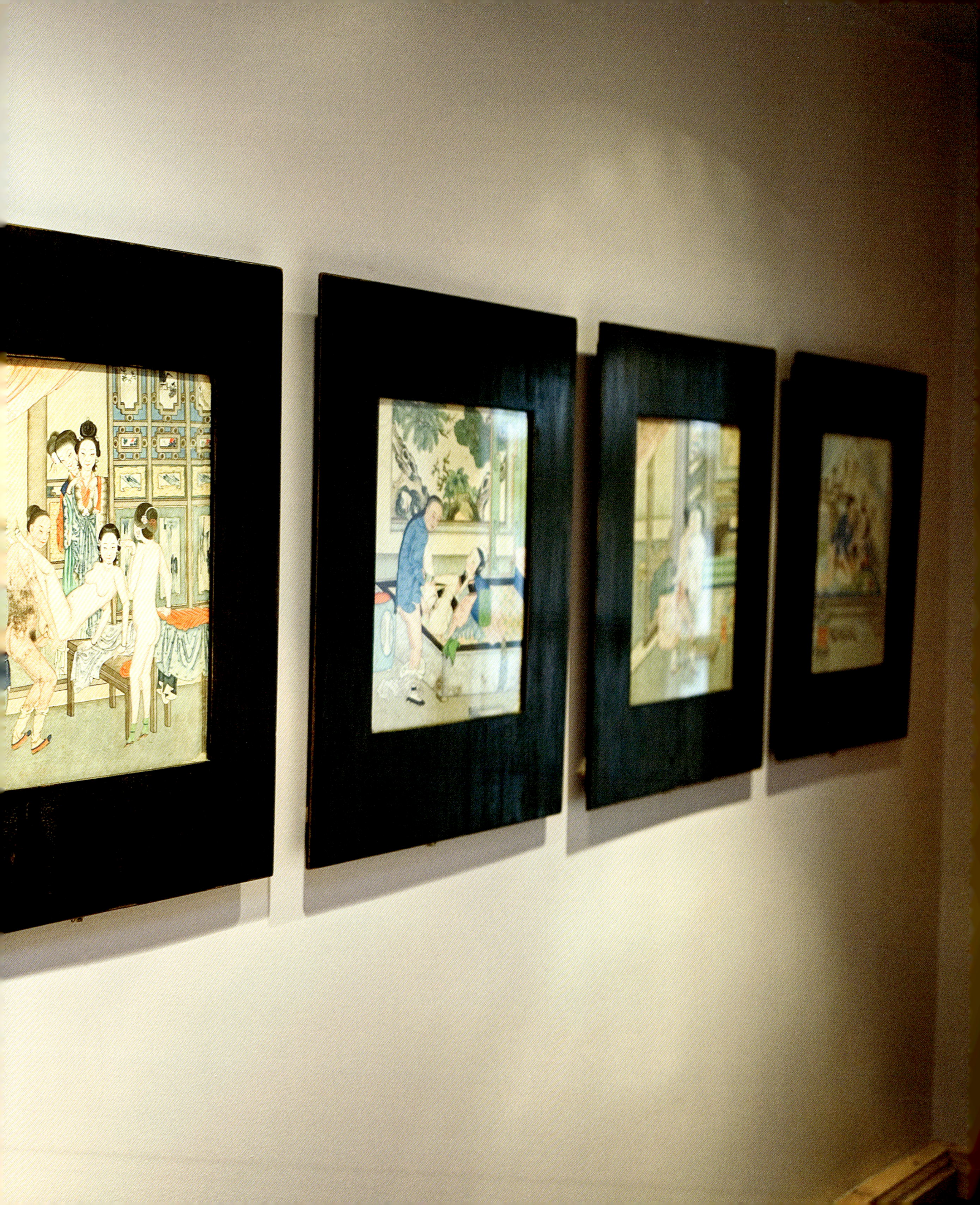

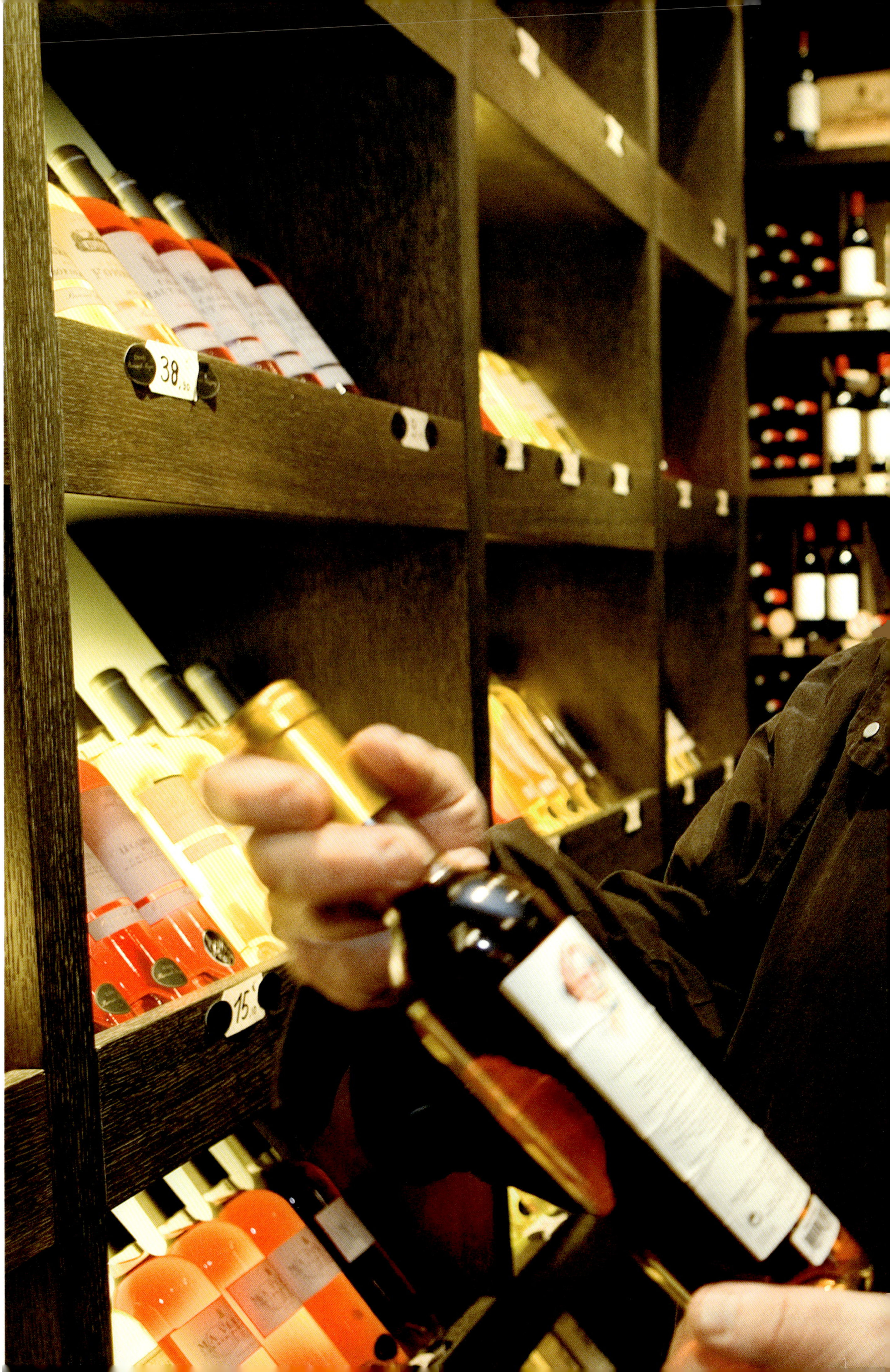

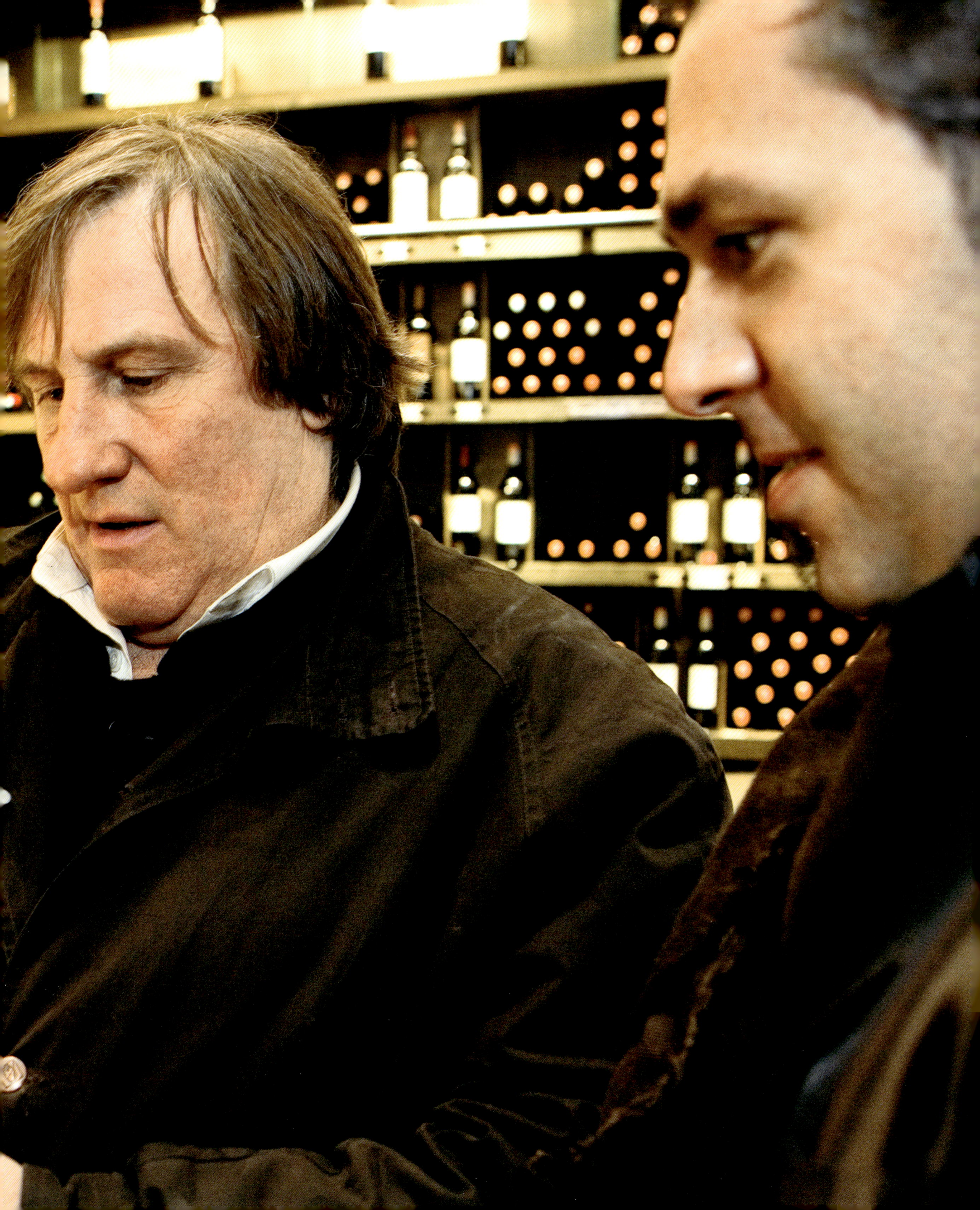

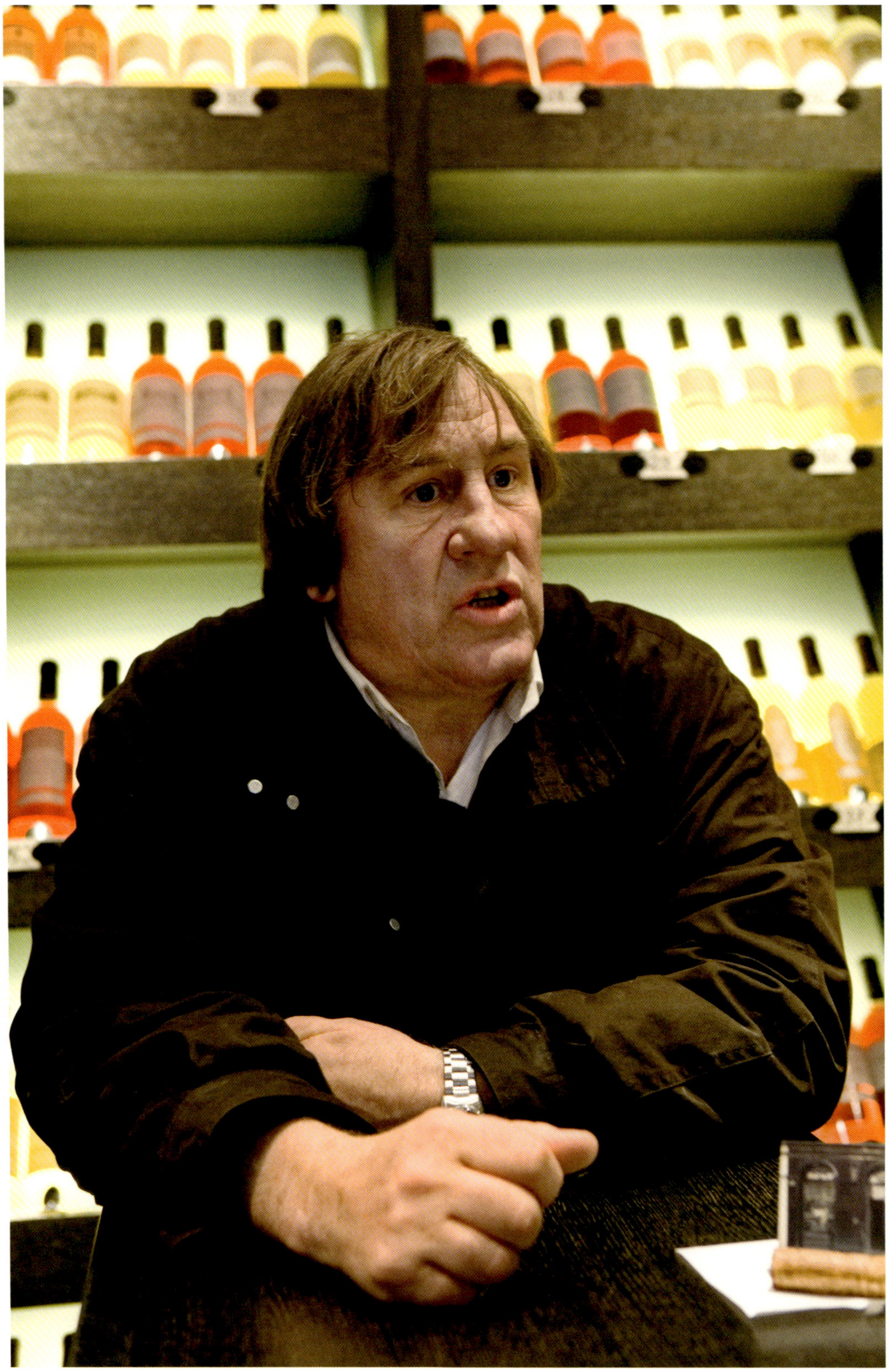

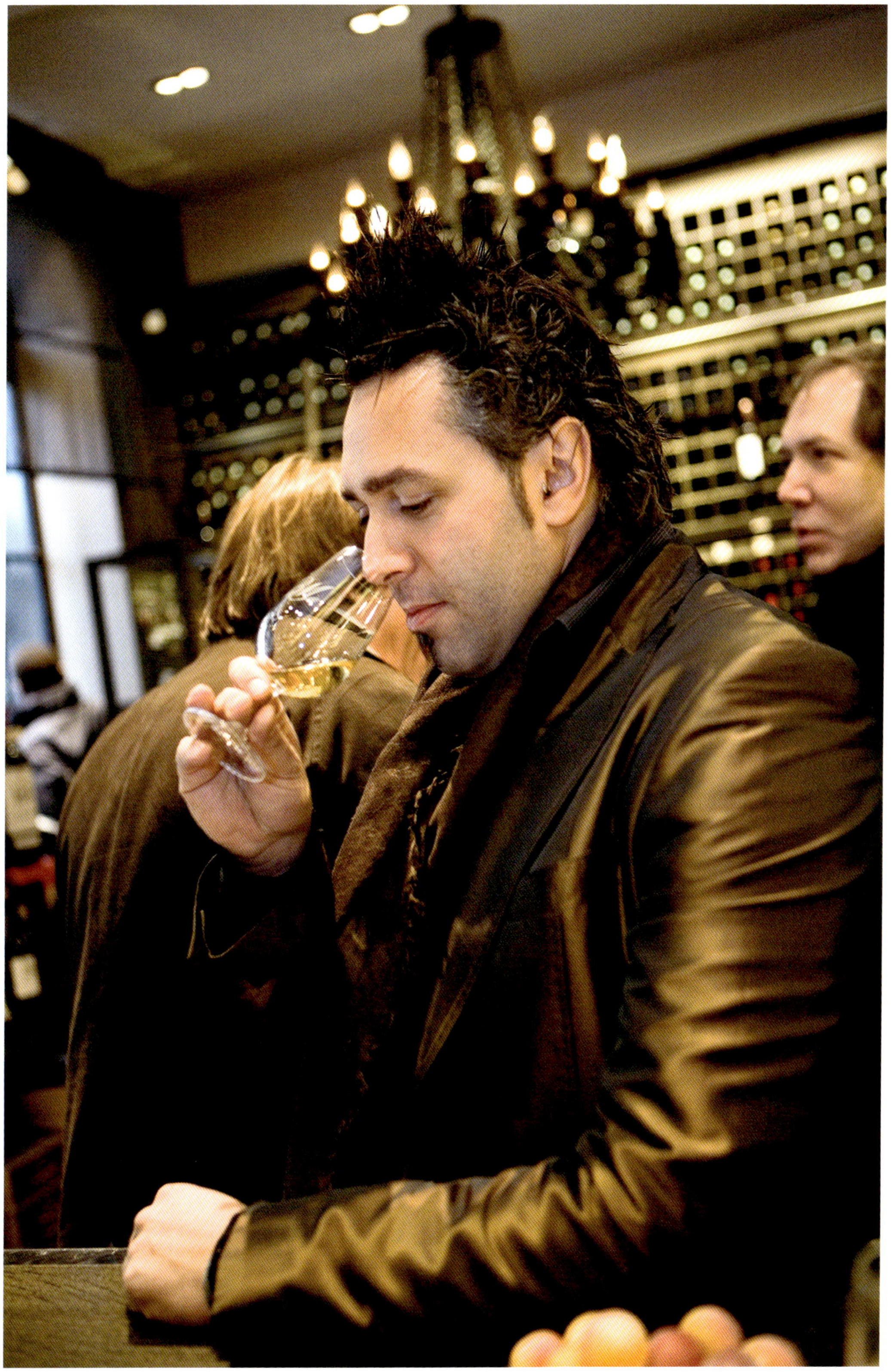

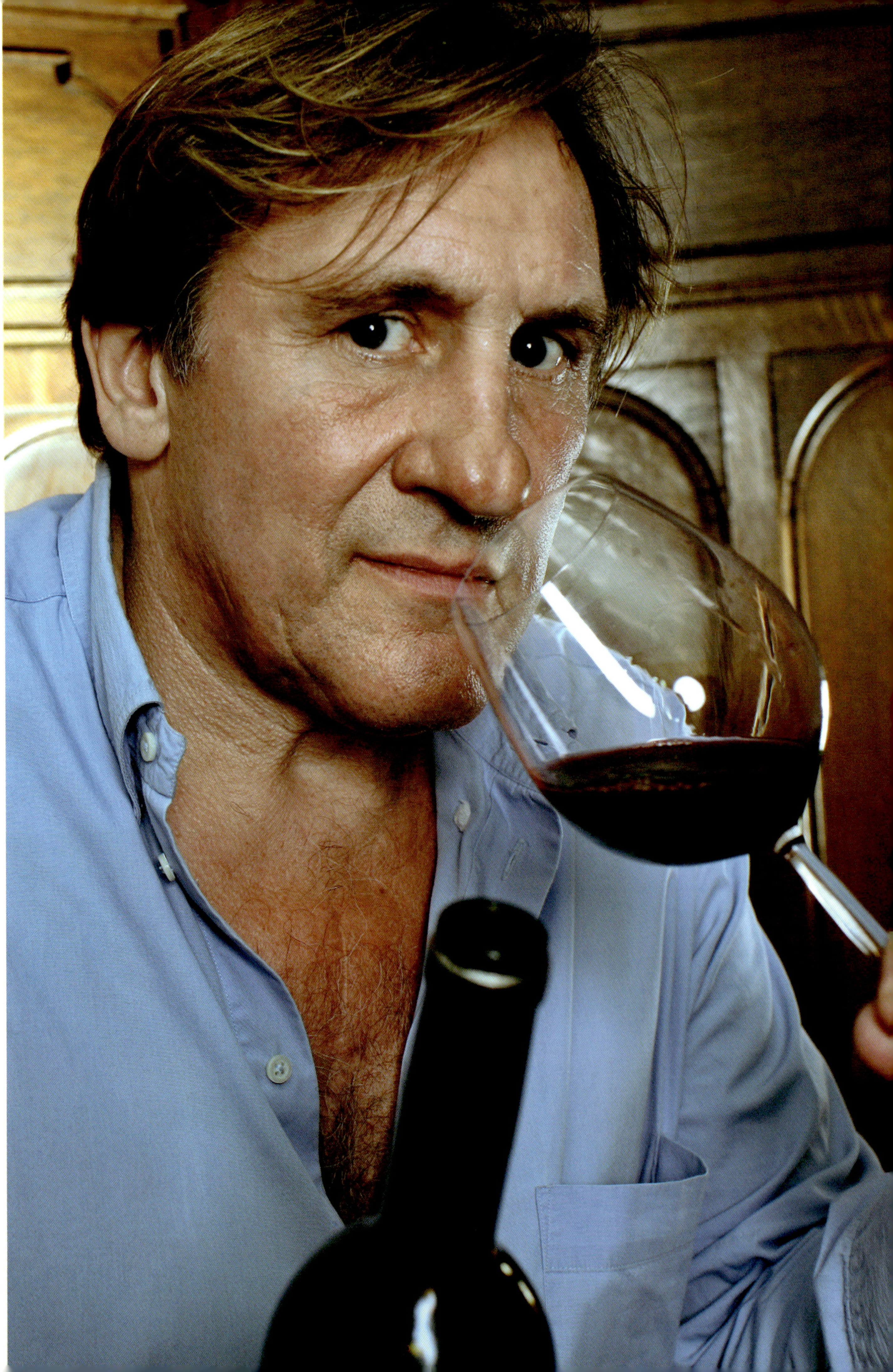

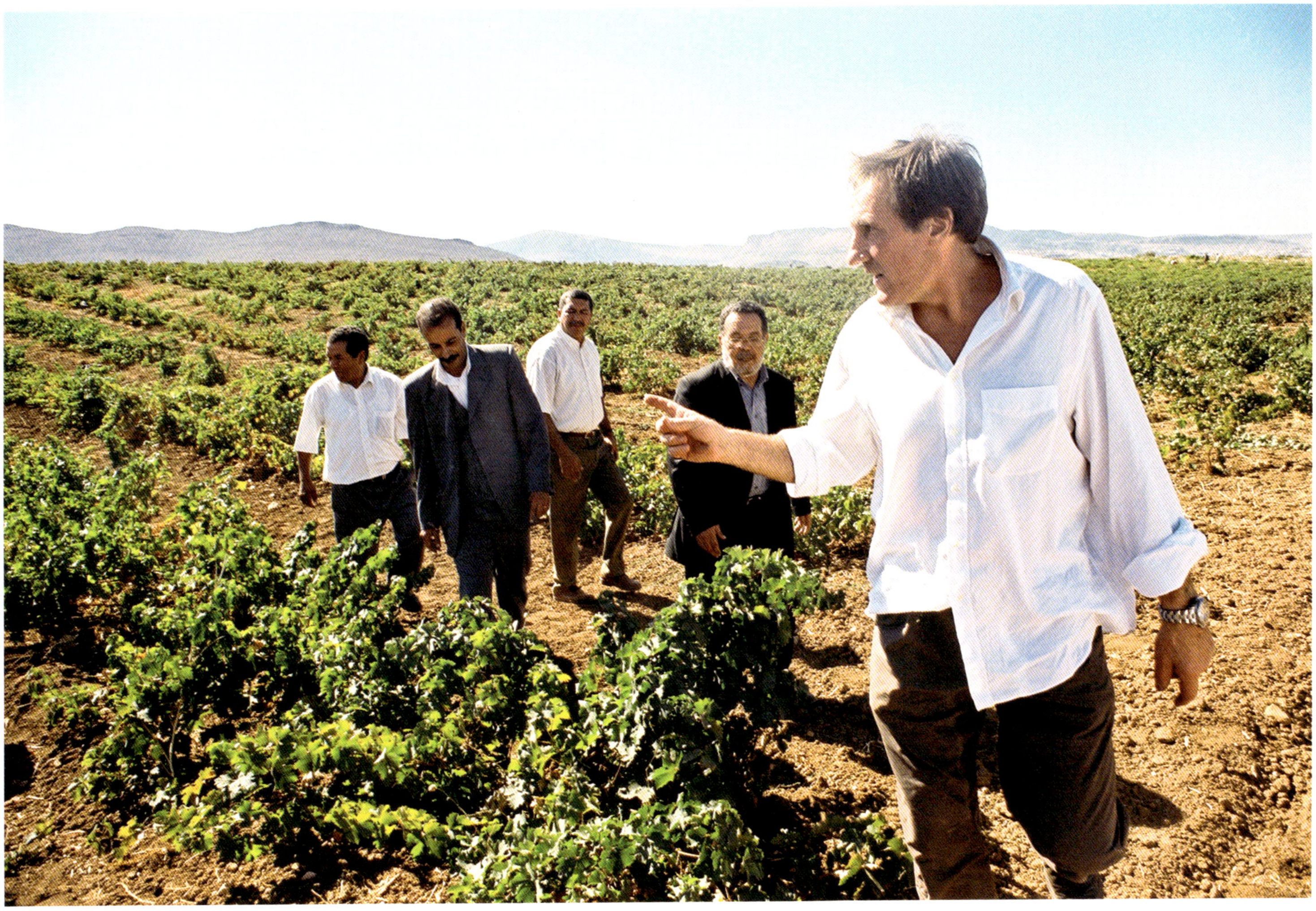

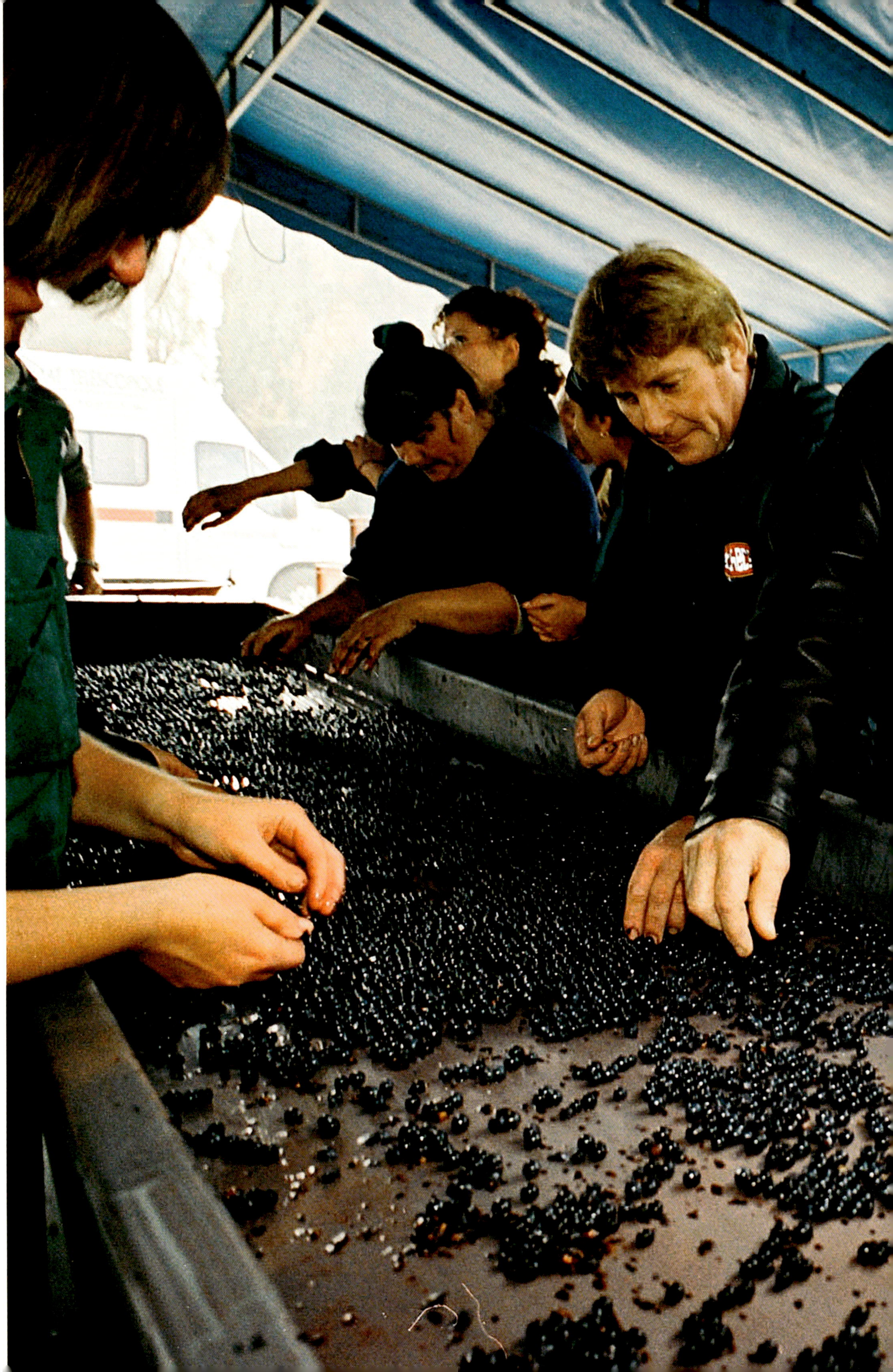

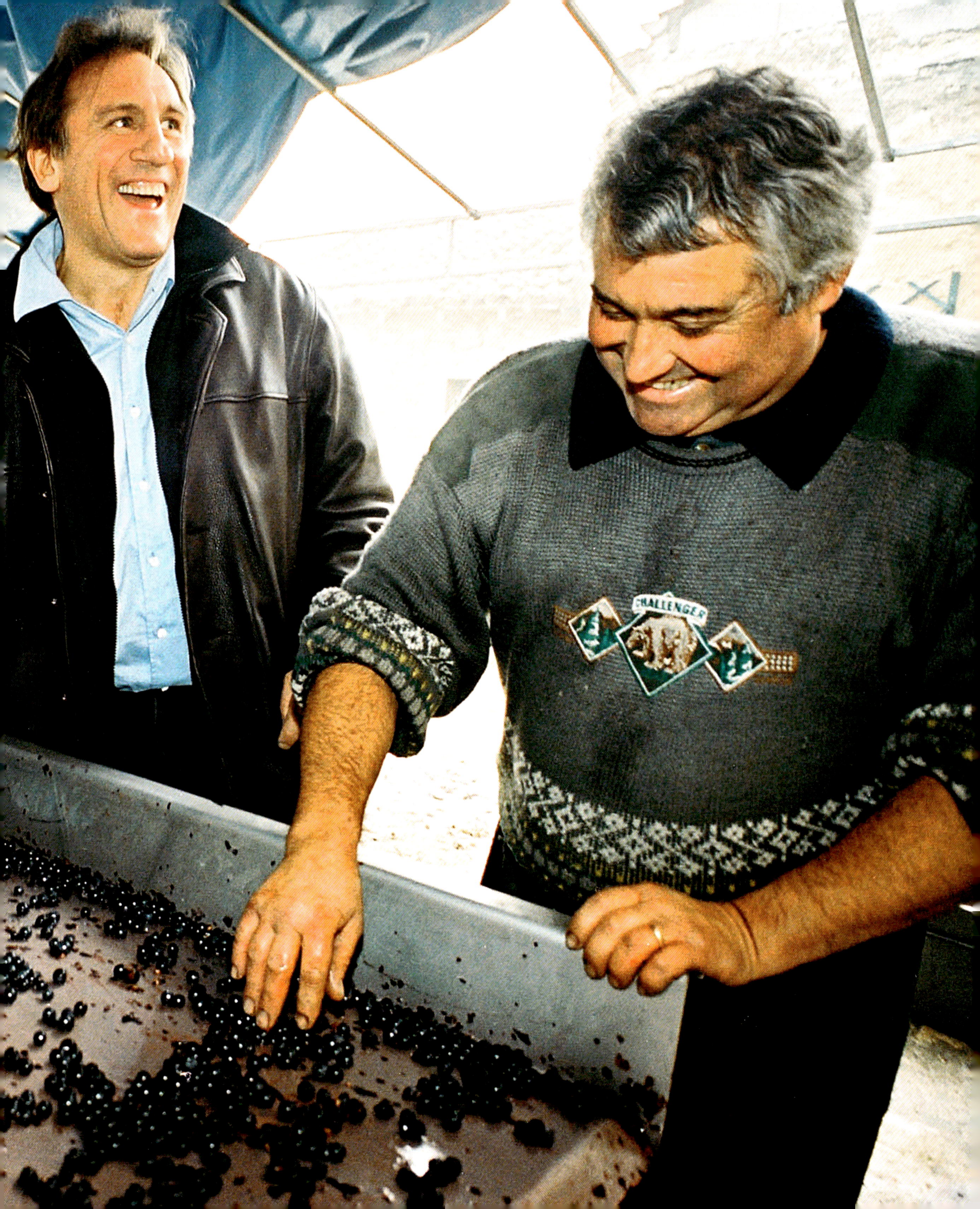
CHALLENGER

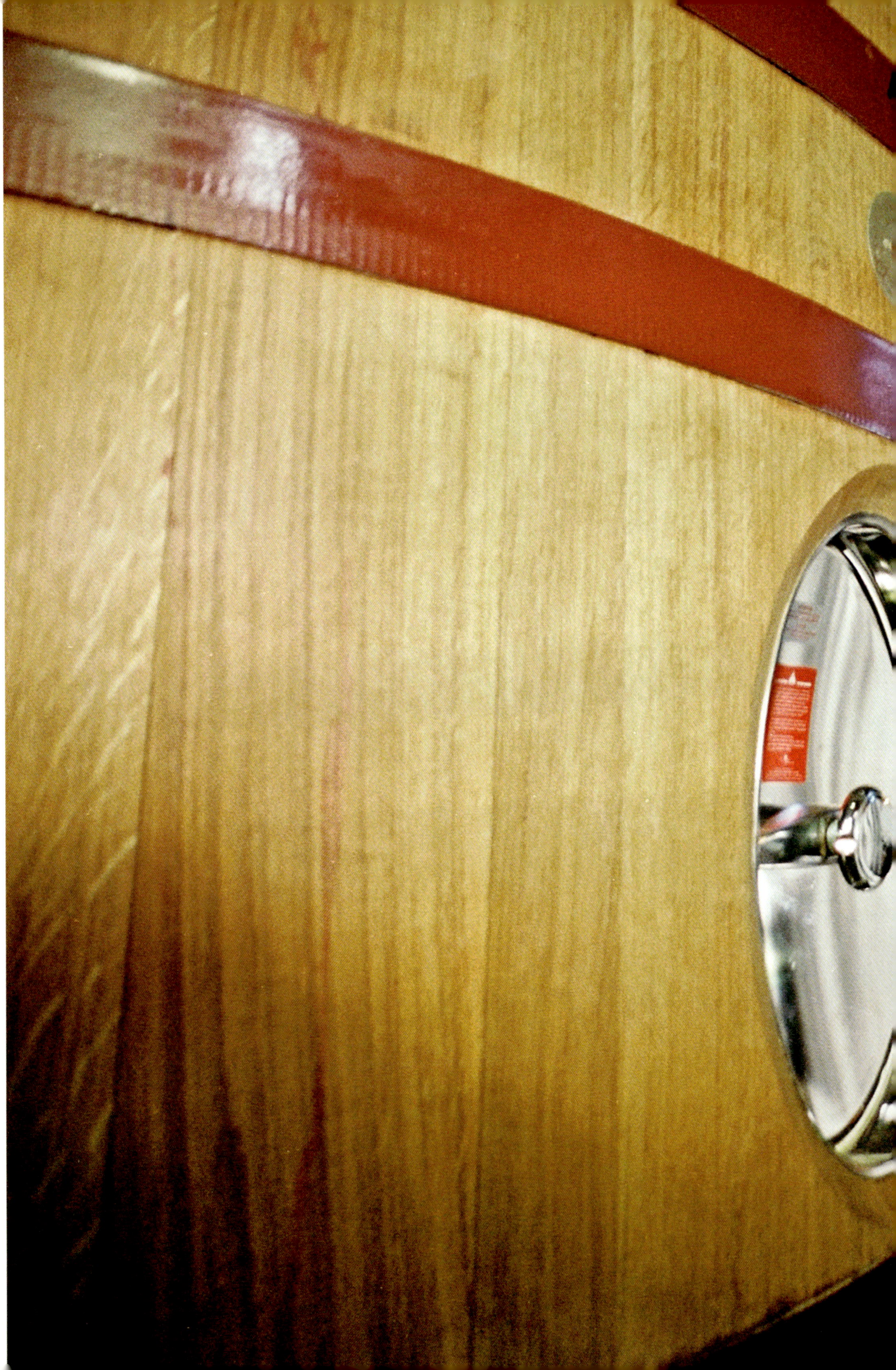

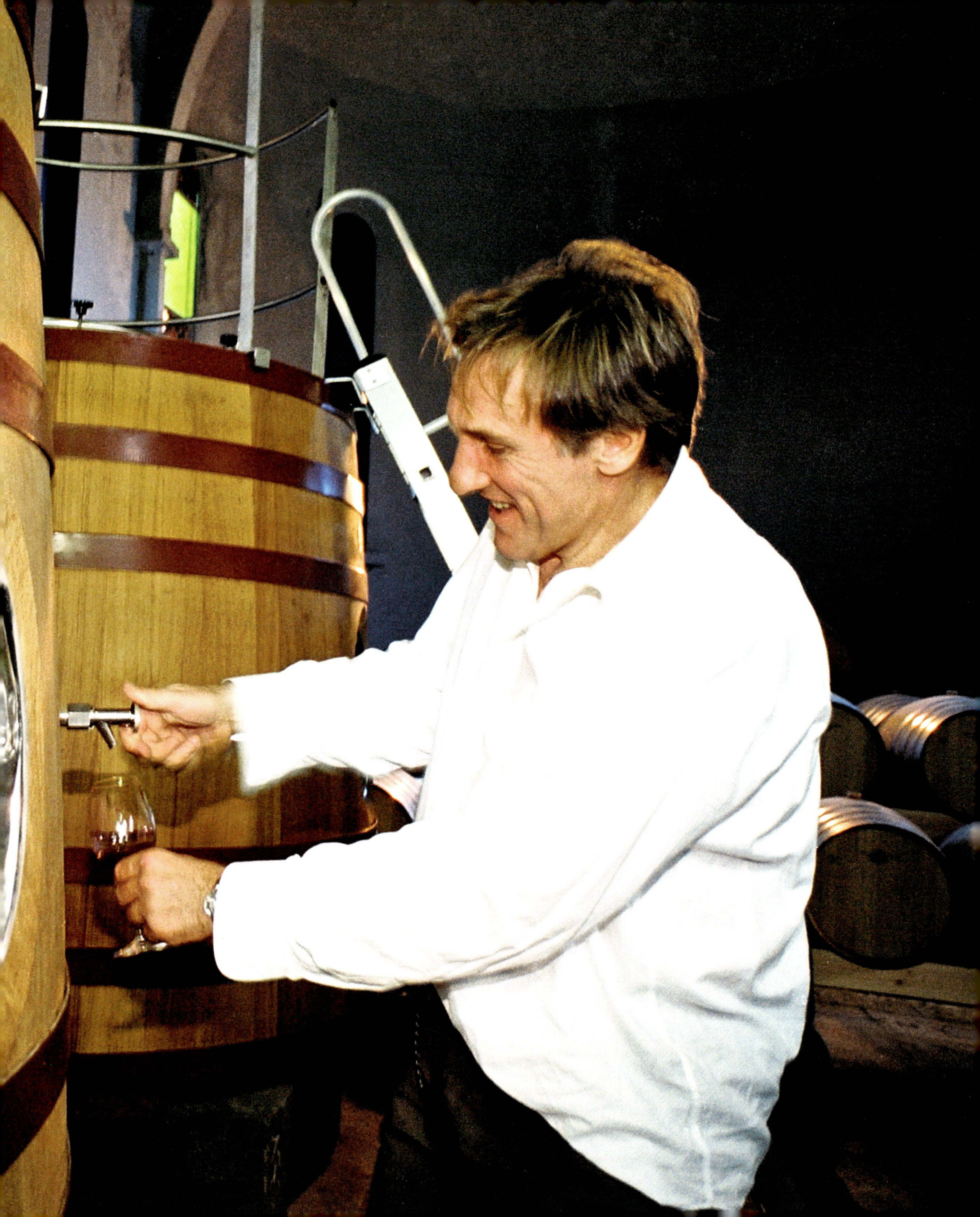

»Wenn ich im Weinberg stehe und zusehen kann, wie die Natur wirkt, dann stellt sich bei mir ein innerer Friede ein. Ich möchte ihn mit anderen teilen.« Gérard Depardieu in »Welt am Sonntag«

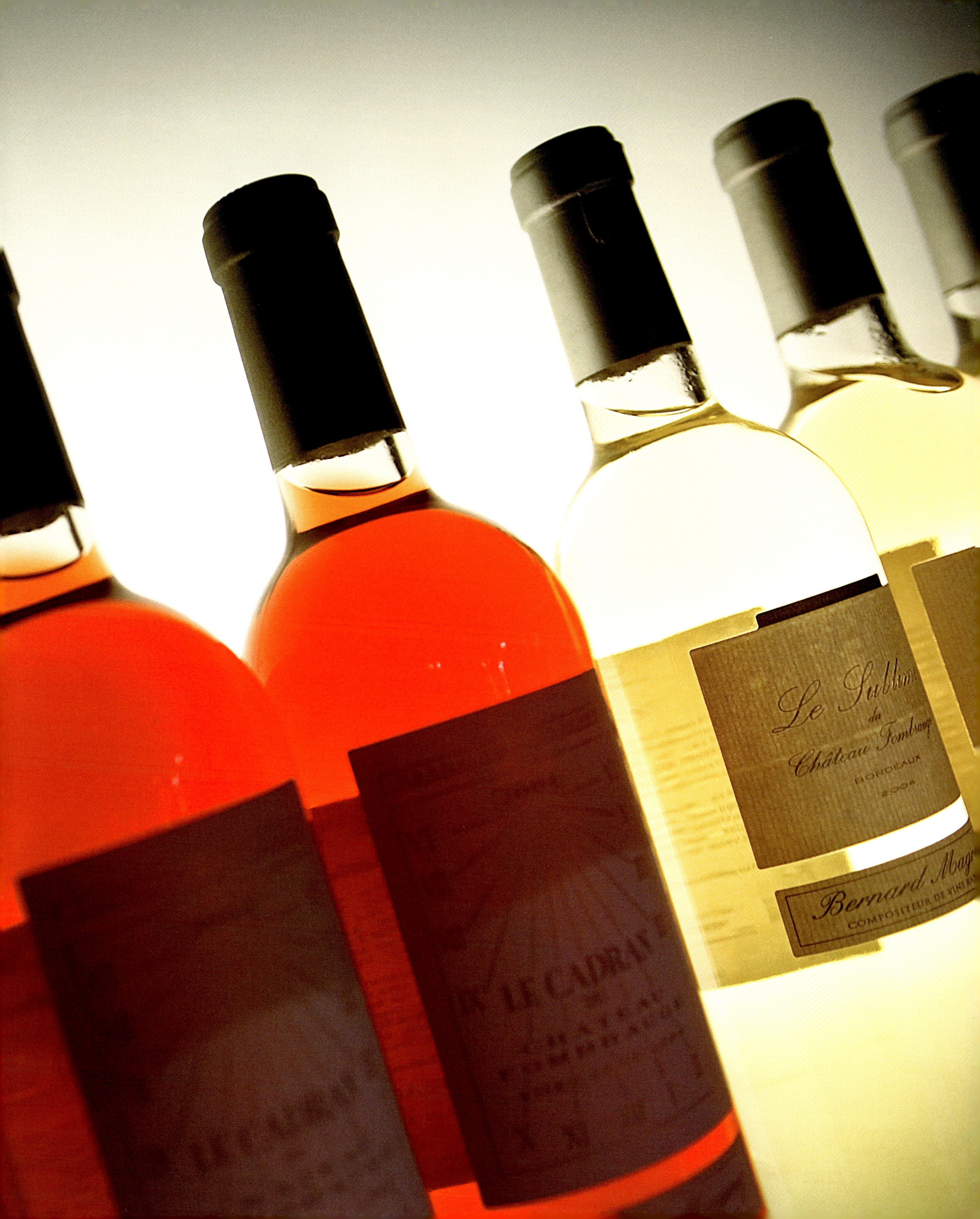
BORDEAUX
2004

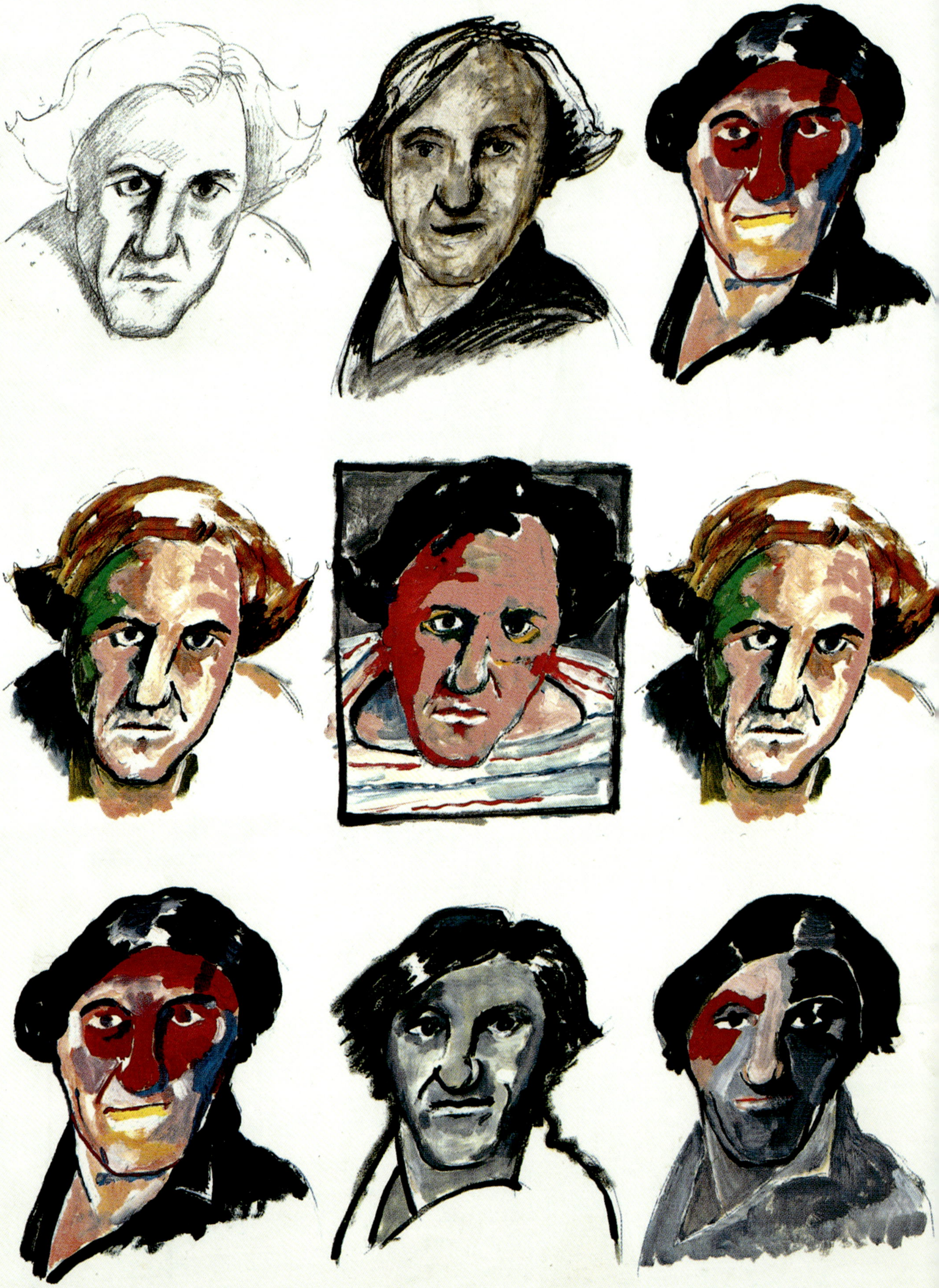

Tavoularis

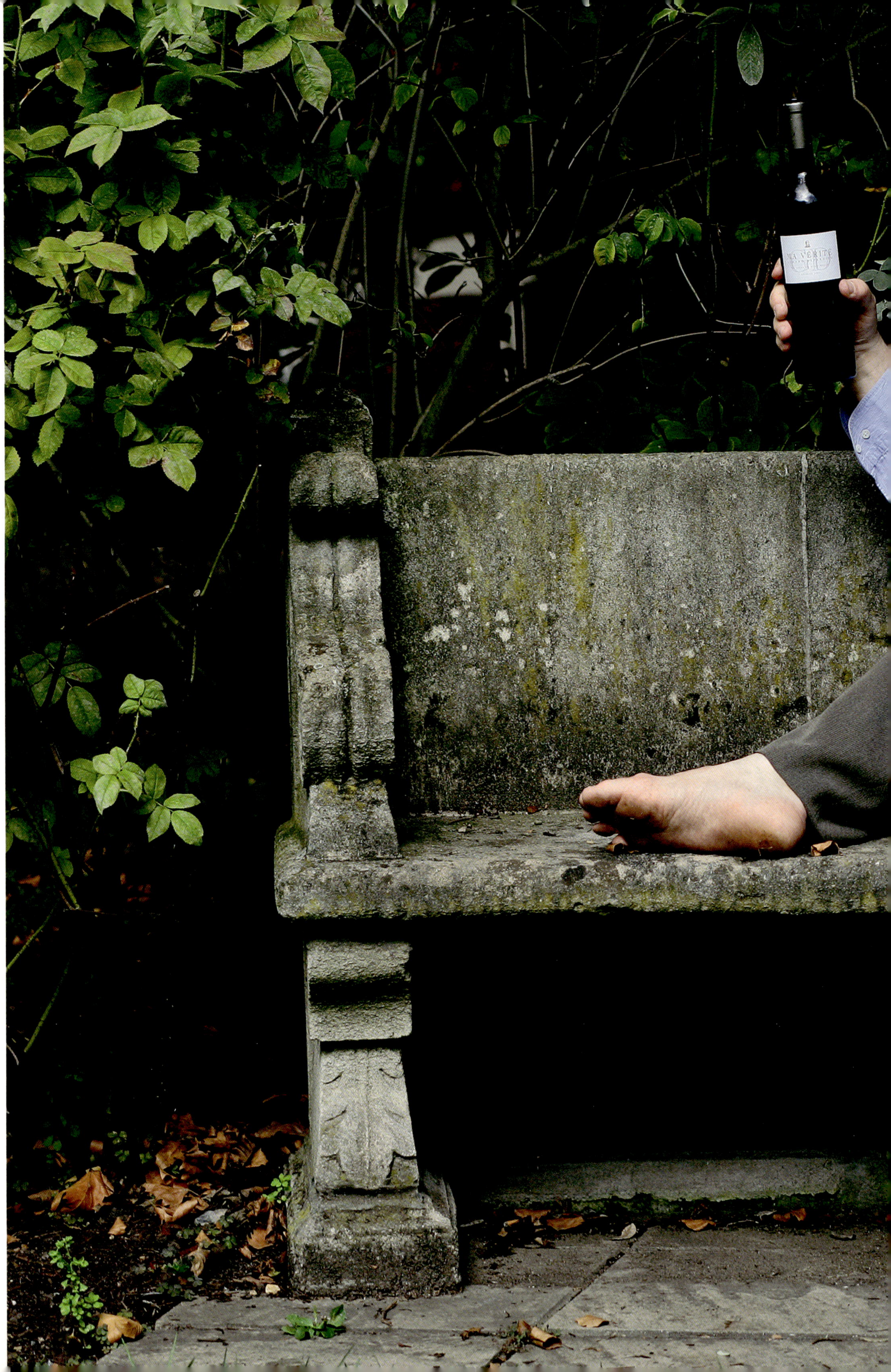
MA VÉRITÉ

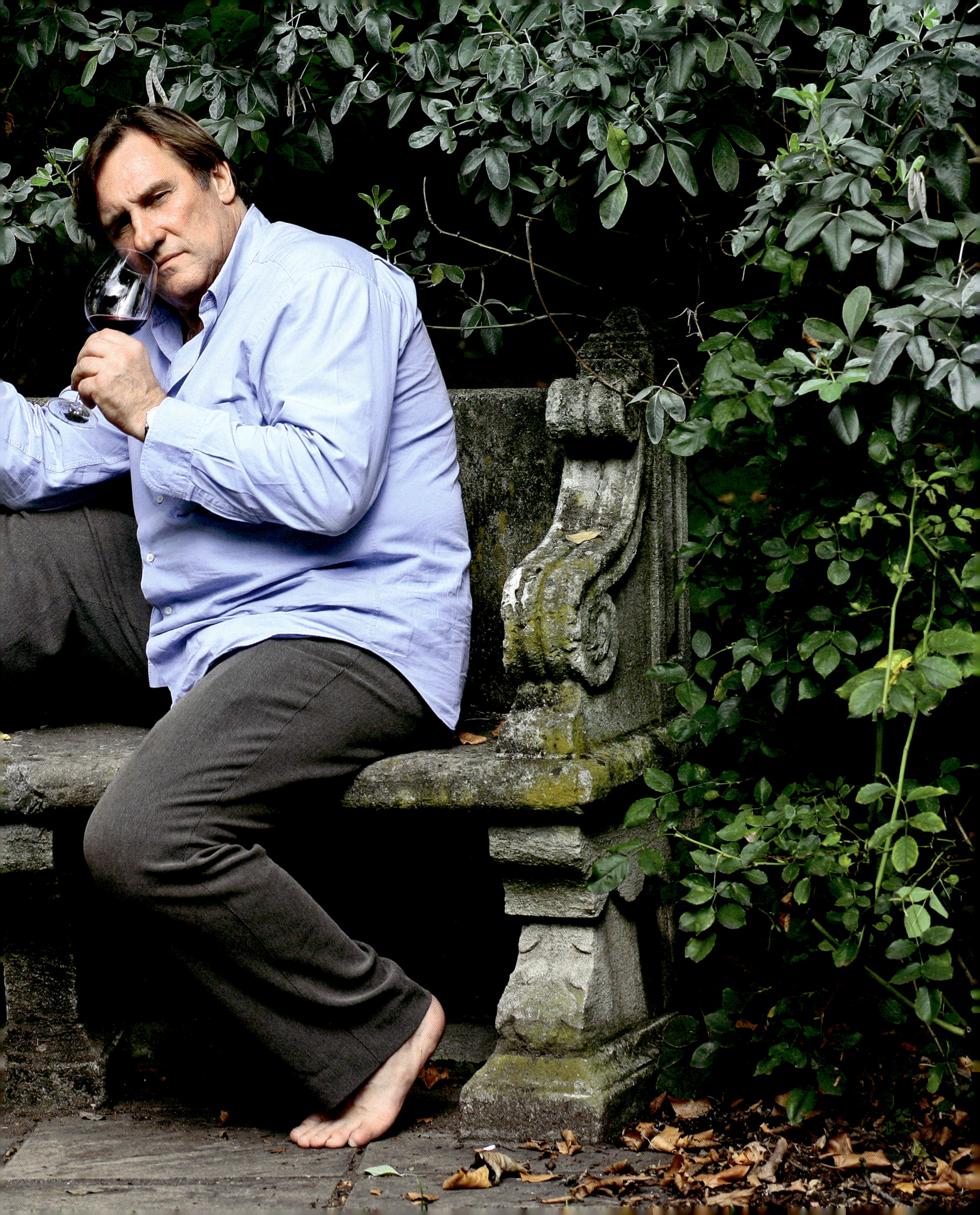

Rezeptregister

Der Zaubertrank	141
Flusskrebse mit Burrata-Ravioli und Gemüse im Minestronesud	196
Gebackener Merlan mit Kartoffel-Gurken-Salat und Sauce Tartare	171
Gebratene Bresse-Taube mit Gänsestopfleber-Ravioli und Rucola	174
Gebratene Seezungenstreifen mit Bohnengemüse und Perigord-Trüffel	149
Gebratene Sot-l'y-laisse auf Sellerie-Pfirsich-Tarte	202
Gebratener Wolfsbarsch mit falschen Chorizo-Gnocchi und Bohnen-Kapern-Ragout	222
Gebratenes Bisonfilet »Rossini«	224
Geschmorte Milchlammschulter mit Auberginenlasagne und Paprikacoulis	206
Glasierte Kalbshaxe mit Kartoffelpüree, Steinpilzen und Pfifferlingen	153
Gold	210
Lachscarpaccio mit Basilikumöl	164
Langostinoravioli mit Schmortomaten und Zitrone	148
Opera	158
Parfait von der Gänsestopfleber mit marinierten Artischocken	145
Poelierter Alpenlachs mit getrüffelten Grießnocken und grünem Spargel im Räuchersud	200
Sauté von Calamari, Tomaten und Knoblauch	165
Sautierte Jakobsmuscheln mit geschmortem Chicorée und Orangen-Saubohnen-Vinaigrette	169
Sautierte Jakobsmuscheln mit Rucola-Crêpes, Pfifferlingen und Kartoffel-Tomaten-Vinaigrette	218
Schokoladen-Himbeer-Tarte	175
Silber	228
Taschenkrebs mit Guacamole und Gazpachosauce	143
Terrine vom Thunfisch und grünem Spargel mit Toro und geeistem Kräutersüppchen	216
Zweierlei vom Bacalao auf Tomatengelee, Aioli und Saubohnen	198
Zweierlei vom bretonischen Hummer mit mediterranem Quinoa und Tomatencroutons	220

Danksagung

Gérard Depardieu, der Weltstar, und Roland Trettl, das »Enfant terrible« der internationalen Kochelite. Zwei starke Persönlichkeiten, die sich auf Anhieb zu schätzen wussten. Und die beide ganz schnell beschlossen, »zusammen ein Buch zu machen«.

Doch ein gemeinsamer Plan ist das eine, ihn auch umzusetzen ist das andere. Wie schafft man es, mit einem global agierenden Weltstar ein Buch zu erstellen? Letztendlich – und deswegen sei es an dieser Stelle ausdrücklich und dankbar erwähnt – nur mit der Hilfe seines engen Freundes Jean-Paul Scarpitta. Ohne ihn wäre dieses Buch nicht möglich gewesen. Jean-Paul Scarpitta war die treibende Kraft in Paris, Jean-Paul Scarpitta schrieb uns den einfühlsamen Text über seinen Freund Gérard Depardieu, und es war ebenfalls Jean-Paul Scarpitta, der uns zahlreiche private, bislang noch nie veröffentlichte Fotos überließ. Letztendlich kann ein jedes Buch nur mit der Hilfe vieler entstehen – doch ohne Jean-Paul hätten wir erst gar nicht anzufangen brauchen...

Remerciements

Gérard Depardieu, la star mondialement connue et Roland Trettl, l'enfant terrible parmi l'élite internationale des chefs cuisiniers : de la rencontre de ces deux fortes personnalités est né le projet d'écrire un livre ensemble.

Un projet, c'est une chose, mais la réalisation en est une autre. Comment réussir à rédiger un livre avec une star internationale? Au fond – et il faut le mentionner avec reconnaissance – c'est uniquement grâce à Jean-Paul Scarpitta, son ami très proche. Sans lui, ce livre n'aurait pas pu être réalisé. A Paris, Jean-Paul Scarpitta a mené à bien son projet. C'est lui qui a rédigé avec beaucoup de sensibilité le texte sur son ami Gérard Depardieu et c'est lui qui a mis à notre disposition de nombreuses photos privées et inédites jusqu'à ce jour. En définitive, pour qu'un livre voie le jour, beaucoup de personnes doivent y travailler. Mais sans Jean-Paul, on n'aurait même pas éprouvé le besoin de le commencer...

Impressum

www.collection-rolf-heyne.de

Copyright © 2008 by Collection Rolf Heyne GmbH & Co. KG, München

Alle Rechte, insbesondere der Vervielfältigung, vorbehalten. Kein Teil des Werks darf in irgendeiner Form (durch Fotokopie, Mikrofilm oder ein anderes Verfahren) ohne schriftliche Genehmigung reproduziert oder unter Verwendung elektronischer Systeme vervielfältigt oder verbreitet werden.

UMSCHLAGGESTALTUNG: HELGE KIRCHBERGER Photography GmbH, Salzburg; Atelier Seethaler, Hallein

LAYOUT UND SATZ: Atelier Seethaler, Hallein

FOTOGRAFIE: © Helge Kirchberger, © Jörg Lehmann, © Oskar Anrather, © Silvia Anrather, © Marc Ginot, © Jean-Paul Scarpitta, © Seitenblicke Magazin / Stefanie Starz, © Wolfgang Lienbacher, © www.riccardomuti.com
Seite 274, 275, 276-277, 278-279, 284-285: www.corbis.com, Cinetext

AUTOR: Christoph Schulte

HERSTELLERNACHWEIS: Teller und Schalen: Nachtmann – A Divison of Riedel Glass, www.nachtmann.com
Leinentischtücher: Leitner Leinen, www.leitnerleinen.com

REDAKTION DER REZEPTE: Marianne Glaßer, Röslau

LITHOGRAFIE: Lorenz & Zeller, Inning am Ammersee

DRUCK UND BINDUNG: Offizin Andersen Nexö, Leipzig

Printed in Germany

ISBN 978-3-89910-407-3

www.hangar-7.com